PIERRE CURIE

Collection

FIGURES DE LA SCIENCE

DARWIN par Peter Bowler.

Louis DE BROGLIE par Georges Lochak.

EINSTEIN par Jacques Merleau-Ponty.

LAVOISIER par Bernadette Bensaude-Vincent.

NEWTON par Richard Westfall.

HUBBLE par Alexander S. Sharov et Igor D. Novikov.

A paraître

VON NEUMANN par Dominique Pignon.

ANNA HURWIC

PIERRE CURIE

Préface de Pierre-Gilles de Gennes

FIGURES DE LA SCIENCE

FLAMMARION

ISBN : 2-08-211562-3
Imprimé en France

PRÉFACE

Pierre Curie fut un extraordinaire créateur scientifique. La piezoélectricité et le magnétisme sont, dans une large mesure, les enfants de sa pensée. Il était à la fois un observateur remarquable, un inventeur d'instruments et un théoricien profond. C'est lui, plus que tout autre, qui a installé à l'École de physique et chimie ce style très particulier où théorie et expérience sont intimement mêlées. Nous lui devons beaucoup – et nous le connaissons mal. Jeanne d'Arc est restée pendant cent ans emprisonnée dans le cadre qu'avait fixé le texte (admirable) de Michelet. Pierre Curie, lui, nous était décrit presque uniquement par des témoignages familiaux. Depuis longtemps, nous espérions en savoir plus sur ses motivations et sur ses doutes personnels. Voici enfin un livre écrit dans ce but ; un livre citant (dans toute la mesure du possible) des textes originaux plutôt que des commentaires. Et montrant, sans fausse pudeur, les incertitudes de ce grand esprit ; en même temps que sa rigueur.

J'ai beaucoup appris dans ce texte ; et je suis très reconnaissant à Anna Hurwic d'avoir mis en chantier un travail aussi considérable. Voici près de vingt ans que j'ai près de moi une photo de Pierre Curie : aujourd'hui, j'ai l'impression de comprendre un peu mieux son regard. J'espère que nous serons nombreux à partager ce bonheur.

Pierre-Gilles de Gennes

Septembre 1995.

REMERCIEMENTS

Je tiens à remercier tout particulièrement Bernadette Bensaude-Vincent qui a bien voulu lire le manuscrit et a attiré mon attention sur ses inexactitudes et lacunes. Merci également à Monique Bordry, Elisabeth Crawford, Daniel Curie, Vincent Duclert, Nicole Hulin, Monique Monnerie, Regina Nowak, Olivier Laborde et Christer Wijkström, ainsi qu'à Solange Dupont et à Josette Grobon pour leur aide amicale, leurs conseils et leur patience.

INTRODUCTION

Pierre Curie est de nos jours aussi peu connu que Marie Curie est célèbre. Epoux obscur d'une femme illustre, il n'évoque, pour beaucoup, qu'un nom associé à celui de Marie. On se souvient seulement que, avec sa femme, il découvrit le radium en purifiant des tonnes de minerai dans un hangar devenu légendaire. Or, en 1906, au moment de la mort de Pierre Curie, les deux époux partageaient la même notoriété et personne ne songeait à les dissocier dans leur gloire commune. Depuis, la renommée de Marie n'a cessé de croître, jusqu'à faire d'elle, rapidement, une sorte de mythe ; Pierre, en revanche, tomba peu à peu dans un oubli presque total. Pourtant, bien avant de rencontrer Marie Skłodowska, sa future femme, avant de commencer à étudier la radioactivité, ce qui les rendit célèbres, Pierre Curie était déjà un savant reconnu, l'auteur de travaux suffisamment importants pour lui assurer, pour toujours, une place dans l'histoire des sciences. Quinze ans avant la découverte de la radioactivité, il mit en évidence, avec son frère Jacques, la piézoélectricité, phénomène peu connu aux applications pourtant très nombreuses et touchant de près à la vie quotidienne, depuis les microphones et les allume-gaz jusqu'aux télécommunications, aux sonars, à l'échographie. Avant que le nom de Curie désigne l'unité de mesure de l'activité radioactive, on appela température de Curie la température de transition entre l'état ferromagnétique et l'état paramagnétique, transition qu'il avait découverte au cours de ses études sur le magnétisme, domaine dont il posa les fondements. Il inventa également de nombreux appareils de mesure. Surtout, il découvrit le principe de symétrie, un des plus fondamentaux de ceux qui régissent la physique, d'une importance chaque jour grandissante, mais trop abstrait pour attirer l'attention. Il suffit de jeter un coup d'œil sur le recueil des principaux travaux scientifiques de Pierre Curie : soixante et un articles remplissant plus de six cents pages, écrits entre 1880, quand il avait vingt et un ans, et 1906, l'année de sa mort. La majeure partie concerne les recherches antérieures à 1898, date du début de sa collaboration avec Marie, qui ne dura d'ailleurs, au sens strict, que deux ans. A titre de comparaison, les publications scientifiques de Marie sont, en quantité et en volume, sensiblement aussi abondantes ; cependant elles portent toutes sur le même domaine et s'étalent sur trente-sept ans.

Pierre Curie mérite qu'on s'intéresse à lui pour bien d'autres raisons. Tout en étant l'un des derniers de ces savants individualistes et marginaux qui poursuivaient en solitaires leur quête de la vérité scientifique, il fut aussi un précurseur de la « grande science », celle qui ne peut se faire sans des moyens financiers énormes et qui exige l'appui et l'engagement de la société. A cheval sur deux époques, il resta toujours en décalage par rapport aux structures existantes mais il ouvrit le chemin à ses successeurs. Il fut le témoin actif des transformations les plus radicales de la société, des institutions et de la science. Le laboratoire où il commença ses recherches n'avait pas d'installation électrique ; vingt ans plus tard Pierre Curie découvrit l'énergie contenue dans l'atome. Passionnément convaincu des bienfaits du progrès que devait apporter le développement de la science, il fut un des premiers à prendre conscience des dangers qu'il pouvait entraîner.

Sa vie, il est vrai, n'eut rien d'exceptionnel. Il ne participa à aucune entreprise spectaculaire, voyagea peu, ne fut l'objet d'aucun scandale, ne se battit jamais en duel ; on ne lui connaît ni maîtresses ni aventures. En réalité, on sait étrangement peu de choses sur sa vie, tous les documents – ou presque – ayant été irrémédiablement perdus.

Il reste quelques papiers officiels. Des copies pour tout ce qui touche à son enfance, à cause de l'incendie de l'Hôtel de Ville qui, en 1871, détruisit toutes les archives parisiennes. Des originaux pour la suite : diplômes, nominations, promotions. Une volumineuse correspondance administrative concernant ses emplois universitaires, qui n'occupent, cependant, qu'une place relativement réduite dans sa carrière. Peu de choses sur son travail à l'Ecole de physique et de chimie industrielles, où il enseigna tout de même vingt-deux ans : la majorité des archives de l'Ecole furent accidentellement détruites il y a quelques années. A partir de 1903, date de son prix Nobel et de sa gloire éphémère, une quantité de témoignages, d'articles de presse et de reportages ; ils sont aussi monotones que nombreux.

On peut même dire qu'un mystère entoure sa vie privée. En 1921, Marie Curie écrivit un petit livre [1] sur son mari, une note biographique d'une centaine de pages où est scrupuleusement consigné ce qui lui paraissait essentiel dans la vie de Pierre. Ce livre, avec la biographie de Marie Curie écrite par leur fille Eve [2], est considéré comme la base des connaissances sur Pierre Curie. Il est d'ailleurs difficile de parler de deux sources différentes, le livre d'Eve Curie, née peu de temps avant la mort de son père, reprenant les informations du livre de sa mère.

Il existe aussi des manuscrits originaux, déposés par la famille à la Bibliothèque nationale : essentiellement des carnets de notes, des lettres écrites à Marie Skłodowska à l'époque de leurs fiançailles, la correspondance avec son ami Georges Gouy et quatre pages de son journal de jeunesse. De larges extraits de ces écrits ont déjà été cités par Marie et Eve Curie, repris ensuite dans de nombreux autres ouvrages, dans lesquels, en particulier dans les citations du journal, certains passages ont été coupés, l'ordre des phrases interverti ; ni ces modifications ni les omissions n'ont jamais été signalées, alors qu'elles changeaient souvent le sens du texte. Inversement, quelques passages du journal cités par Eve et Marie Curie sont maintenant introuvables. Dans d'autres manuscrits des mots, ou parfois quelques lignes, ont été découpés, quand il ne manque pas des pages entières. L'image de Pierre Curie qui résulte de cette censure est unidimensionnelle, peu convaincante et parfaitement inintéressante. C'est celle qu'on retrouve dans tous les textes ultérieurs sans exception. C'est le portrait stéréotypé d'un savant génial, pauvre et dépourvu de tout sens pratique, obligé à lutter pour subvenir à ses besoins matériels aux dépens de son travail de chercheur, sans poste ni laboratoire par la faute d'une société qui n'a pas su le comprendre et l'apprécier. Cet être désincarné, bon et généreux, ne manifeste ni défauts ni faiblesses. Tout n'est pas faux dans ce tableau, mais chaque affirmation est à nuancer, chaque événement à replacer dans son contexte. La personnalité de Pierre Curie, extrêmement complexe, attachante et même fascinante, mérite une analyse plus approfondie.

Les documents qui restent ne permettent de brosser qu'un portrait conventionnel de Pierre Curie et il serait peu prudent de tenter une reconstitution à partir de sources aussi incomplètes. La seule correspondance conservée est celle qu'il entretint avec Georges Gouy, faisant ainsi de ce dernier l'unique ami, le seul confident de Pierre Curie. Or rien d'interdit d'imaginer que Gouy n'a joué, dans la vie de Curie, qu'un rôle marginal, qu'il a été qu'un ami parmi d'autres dont les lettres n'auraient pas été conservées ou qui, habitant Paris, ne lui auraient pas écrit. On ne peut que s'interroger par ailleurs sur l'absence de toute trace de correspondance avec son frère, alors que ce dernier habitait Montpellier et que l'on sait qu'ils s'écrivaient.

On a peu d'informations sur la famille de son père, encore moins sur ses parents du côté maternel, avec lesquels il est toujours resté très lié, comme le prouvent leurs brèves mais importantes apparitions à diverses reprises dans sa vie.

On dispose, en revanche, d'un dossier remarquablement complet concernant la candidature de Curie au poste de professeur à l'université de Genève en 1900. Un paquet de lettres relatives à un seul événement et couvrant une période de quatre mois à peine jette un éclairage nouveau sur la personnalité de Pierre Curie. D'autres dossiers pourraient, peut-être, la modifier encore.

Ainsi les périodes dont on ne connaît presque rien alternent avec d'autres que caractérise une profusion de détails liés à quelques situations particulières, sortes de « zooms » ponctuels et disparates. Cependant, en dépit de leur caractère fragmentaire, les informations convergent ; la personnalité qui s'en dégage reste remarquablement constante, malgré sa complexité. Mais tout cela ne permet pas de retracer une histoire continue. On ne parvient qu'à évoquer une succession d'images, et le puzzle reconstitué reste incomplet.

La correspondance administrative est alors d'un grand secours. A l'époque de Pierre Curie on écrivait beaucoup, et bien. Il serait dommage de se priver du plaisir de lire certaines lettres, qui, outre les informations, transmettent également l'atmosphère, les nuances des situations et permettent de saisir les personnalités des correspondants. Les lettres de Pierre Curie lui-même enfin, imprégnées d'un humour mordant particulier, écrites dans un style très vivant et direct, le montrent beaucoup mieux que toute description qui s'en inspirerait et lui donnent la possibilité de se présenter personnellement. Souvent donc, nous avons préféré les citations aux résumés et aux paraphrases ; elles ont de plus l'avantage d'éviter des interprétations qui inévitablement resteraient discutables.

Chapitre I

LES CURIE

Les Curie appartenaient à la bourgeoisie modeste de l'Est de la France et personne n'aurait songé, à la fin du XVIIIe siècle, à prédire un avenir brillant aux descendants du capitaine Curie, un militaire inconnu servant sa patrie. Il s'agit pourtant d'une famille qui n'a produit que des hommes remarquables. Paul, Eugène, puis Jacques et Pierre Curie : en trois générations, quatre personnalités hors du commun. Médecins et savants, ils affichèrent tous les quatre leur foi sans limites à l'égard de la science et du progrès. Dépourvus d'ambition et ne manifestant aucun intérêt pour les honneurs, sans fortune et sans prétentions, ils disposaient d'une énergie inépuisable pour mener à bien les tâches qu'ils s'étaient eux-mêmes fixées. Ils possédaient également ce sens pratique qui caractérise souvent la bourgeoisie modeste : ils ne comptaient que sur eux-mêmes, connaissaient le prix de chaque chose, dépensaient peu et faisaient des petites économies qu'ils plaçaient en valeurs sûres. Par ailleurs, leurs caractères ne se ressemblaient guère.

Paul Curie

Paul François Gustave Etienne Curie, fils posthume d'un officier – son père était capitaine –, naquit à Grand-Charmont, près de Montbéliard, le 16 novembre

1799. Après des études médicales à Paris – il soutint sa thèse en 1824 –, il travailla quelques mois comme chirurgien auxiliaire au Val-de-Grâce, puis, en 1825, vint s'installer à Mulhouse. Augustine Hofer, qu'il épousa dès son arrivée, était un excellent parti : fille d'un riche fabricant de tissus, elle était apparentée, par sa mère, Juliana Dollfus, aux meilleures familles de la ville. Elle avait vingt ans, était très jolie et bien plus instruite que la majorité des jeunes filles de l'époque. Passionnément amoureuse de Paul Curie, elle arriva à convaincre sa famille d'accepter ce mariage qui n'avait rien de particulièrement avantageux : Paul n'avait pas de fortune et la profession médicale était alors relativement peu lucrative et pas très respectée. Les bourgeois trouvaient les médecins trop intellectuels et pas assez riches ; pour les gens du peuple, ils étaient excessivement chers sans être vraiment efficaces. Pour Paul Curie cependant, la médecine était une véritable vocation ; il commença par visiter les quartiers pauvres, soignant gratuitement les malades sans ressources, proposant la création de comités de salubrité publique et l'institution de médecins cantonaux. Par ailleurs, il était un membre actif de l'Eglise réformée de Mulhouse : diacre à partir de 1828, il devint ensuite secrétaire de l'assemblée. Puis, assez vite, ses relations avec l'Eglise se gâtèrent ; sa profession de foi saint-simonienne, qu'il n'hésita pas à faire imprimer en 1831, fut très mal reçue par les autorités ecclésiastiques et amena sa rupture définitive avec le christianisme.

Les adeptes du saint-simonisme, doctrine inspirée par les idées de Claude Henri de Rouvroy, comte de Saint-Simon, qui visait à établir, notamment, une société de travailleurs gouvernés par une élite d'intellectuels et d'artistes, se recrutaient surtout dans les professions libérales et dans l'armée. Après la mort de Saint-Simon en 1825, le mouvement devint une sorte de présocialisme érigé en secte religieuse très hiérarchisée. Les saint-simoniens estimaient que dans une société industrielle juste et organisée le développement économique répartirait équitablement les richesses. Ils voulaient construire des routes et des chemins de fer, créer des banques et instaurer un système de crédit généralisé ; ils proposaient une importante réforme de l'éducation. Le mouvement, qui mettait en cause la propriété privée, l'héritage et les hiérarchies existantes, fut combattu par Louis-Philippe et, en 1832, ses dirigeants furent jugés et condamnés à de petites peines.

Paul Curie devint un saint-simonien fervent. Il espérait parvenir, avec l'aide de la métaphysique et de la théologie, à « l'amélioration des hommes sous l'aspect moral, intellectuel et physique ». « Nous pouvons déjà sur cette terre – écrivit-il dans un des textes qu'il fit imprimer à Mulhouse – ce que le christianisme n'a fait que demander pour l'autre vie. »

Même s'il prit, peu après, ses distances à l'égard du mouvement, il continua à partager pratiquement toutes les idées des saint-simoniens ; indigné par les conditions de vie misérables des travailleurs exploités par de riches oisifs, il s'engagea avec passion dans des projets éducatifs destinés aux jeunes sans fortune désirant se consacrer au commerce ou à l'industrie ; il tenta notamment d'ouvrir un cours de sciences naturelles, discipline peu et mal enseignée à l'époque.

Il ne négligeait pas pour autant son travail médical et fut nommé, en 1832, chirurgien-major de la Garde nationale. C'est vers cette époque qu'il s'intéressa à l'homéopathie. Cette méthode, créée par l'Allemand Samuel Hahnemann une quinzaine d'années plus tôt et qui était encore à peine connue, devint immédiatement une grande passion de Paul Curie.

Augustine, entre-temps, lui avait donné six enfants, deux fils et quatre filles dont deux étaient mortes peu de temps après leur naissance.

Paul Curie s'attendait à ce que ses idées – sociales et médicales – rencontrent un grand enthousiasme parmi les notables de Mulhouse. Or elles ne trouvèrent ni approbation ni intérêt. Vexé et déçu, il décida, en 1833, de tenter sa chance à Paris, où le cousin germain de sa mère, Georges Louis Duvernoy, était chercheur au Muséum d'histoire naturelle. Il semblerait qu'il ait été très apprécié par ses collègues de l'institut de sourds-muets où il appliqua l'homéopathie pendant deux ans ; il partit cependant en Angleterre en 1835, appelé par un négociant qu'intéressaient ses projets. Il laissa à Paris, pour ne plus les revoir, sa femme et ses enfants. A Londres, il aurait fondé un hôpital spécialisé en homéopathie et créé une société de médecins homéopathes. Il y mourut le 5 octobre 1853 [1].

Le docteur Eugène

Après son départ, Augustine éleva seule les enfants. Leur fils aîné Eugène, né le 28 août 1827, passa son baccalauréat ès lettres en 1843, et le baccalauréat ès sciences en 1846 ; il étudia la médecine, soutint sa thèse en 1852 et commença à exercer dès l'âge de vingt-cinq ans. Au cours de la révolution de juin 1848, encore étudiant, il soigna les blessés, ce qui lui valut une médaille d'honneur décernée « au nom du peuple ». Il travailla quelques années comme préparateur particulier de son parent Duvernoy, fit de la recherche en sciences naturelles avec Pierre Gratiolet au Muséum d'histoire naturelle, publia quelques articles dans des revues scientifiques *.

Le 20 juillet 1854, quelques mois après la mort de son père (qu'il avait à peine connu), Eugène épousa à Paris, à l'église réformée, Sophie-Claire Depoully, de cinq ans plus jeune que lui **, fille de Joseph Charles Depoully et de Catherine Adèle Gonin, négociants lyonnais qui, ruinés par la révolution de 1848, s'étaient établis à Puteaux. Ils eurent deux fils, Paul-

* Eugène Curie mentionne ses publications scientifiques dans une lettre au ministre de l'Instruction publique du 4 juillet 1884 (Archives nationales, F17/22812). Cependant, elles restent introuvables.

** Sophie-Claire Depoully naquit à Lyon le 15 janvier 1832.

Jacques (appelé Jacques tout court), né le 29 octobre 1855, et Pierre, né le 15 mai 1859.

Père de famille, Eugène abandonna la recherche pour se consacrer exclusivement à la pratique médicale. Pendant le siège de 1870-1871, il était chirurgien de la 2e légion du génie et fut chargé de l'organisation des ambulances du VIIe arrondissement ; lors d'une épidémie de choléra, il s'occupa des malades dans un quartier déserté par les médecins.

Eugène Curie était grand et mince, il portait une petite barbiche et la moustache. Son fils Pierre avait dû hériter de ses yeux, car toutes les descriptions du regard de Pierre Curie semblent copiées sur celle que Maris Curie fit de son beau-père : « Il avait de beaux yeux bleus dont la fraîcheur et l'éclat étaient demeurés intacts dans une vieillesse avancée ; ces yeux, qui avaient une expression d'enfant, reflétaient à la fois la bonté et l'intelligence [2]. » Une forte personnalité, une curiosité intellectuelle intarissable, le désintéressement et la bonté, la modestie, le goût pour la nature sont autant de caractéristiques qui reviennent dans tous les portraits du père et du fils. Eugène Curie était en outre légèrement autoritaire, d'un tempérament vif qui pouvait devenir violent. Il était républicain, radical-socialiste comme son ami Henri Brisson, et anticlérical convaincu. Sans jamais chercher à se singulariser, il n'hésitait pas à mettre ses opinions en pratique dans la vie de tous les jours. Ainsi, il ne fit pas baptiser ses fils. D'origine protestante lui-même, il ne leur donna aucune éducation religieuse. Jacques fit une partie de ses études secondaires au lycée, mais Pierre étudia uniquement à la maison, ce qui semblait mieux lui convenir. L'éducation originale donnée à ses fils était en accord avec les idées du docteur Eugène, mais en désaccord total avec celles de la société. Cinquante ans plus tard, les enfants de Pierre et de Marie Curie étudieront auprès des amis de leurs parents avec un petit groupe d'enfants d'intellectuels.

La famille déménagea plusieurs fois : de la rue Cuvier au VIIe arrondissement dans les années 1860, puis, en 1883, à Fontenay-aux-Roses à une quinzaine de kilomètres au sud-ouest de Paris ; en 1891, ils s'installèrent à Sceaux. C'est là qu'Eugène Curie prit effectivement sa retraite. La maison située sur une colline, au numéro 13 de la rue des Sablons (actuellement rue Pierre Curie), était grande, composée de deux étages et entourée d'un vaste jardin qu'il aimait cultiver. Il jouait aux boules et aux échecs, lisait et, le dimanche, recevait des amis. Là comme à Fontenay, on voyait peu sa propre famille. Son neveu Edouard Curie, militaire de carrière, ne se rappelle que d'une seule visite à son oncle Eugène :

« Mon père, Jules Curie, décédé en 1904, avait une très grande affection pour les parents de Pierre Curie ; – écrivit-il en 1924 à Marie Curie qu'il n'avait jamais rencontrée personnellement – mais par suite des difficultés de communication entre Versailles et Fontenay-aux-Roses, et des charges de famille que mes parents avaient (sept enfants), nos familles se voyaient rarement ; peut-être aussi au point de vue religieux, ma famille étant restée protestante.

« Pourtant je me souviens qu'une fois, en été 1895 *, je crois, mon père avait loué un break et nous avons été à Fontenay-aux-Roses ; c'était la seule fois que j'ai vu mes cousins Jacques et Pierre, qui du reste sont partis presque aussitôt, ayant de l'occupation à Paris.

« Plusieurs fois, par contre, cousin Eugène Curie est venu à Versailles pour voir mes parents [3]. »

Pour Sophie-Claire en revanche, les réunions de dimanche offraient l'occasion de revoir ses frères et neveux, chimistes, ingénieurs ou rentiers à Paris ; elle était petite, très vive et gaie mais de santé fragile. Elle mourut le 27 septembre 1897 et, peu après, Eugène Curie vint vivre avec Pierre et sa femme à Paris. Appelé « grand-pé » par ses petites-filles, il fut témoin de la gloire de son fils (auquel il survécut quatre années) et de la renommée grandissante de sa belle-fille. Il n'a jamais fait carrière ni connu aucune noto-

* La visite eut lieu, probablement, quelques années plus tôt.

riété, ni même atteint une situation vraiment stable et confortable. Il était passé alternativement de la pratique privée au secteur public, cumulant les deux pendant les périodes difficiles, chargé des soins aux ouvriers du Service des eaux et machines de la Ville de Paris pendant vingt ans, puis inspecteur des enfants en bas âge, enfin médecin scolaire. Le proviseur du lycée Lakanal de Sceaux, où il travailla entre 1885 et 1891, n'appréciait guère son engouement pour l'homéopathie mais le trouvait dévoué [4]. Celui que tout le monde considérait comme un « excellent homme » mourut le 25 février 1910.

Jacques Curie

Excepté les années qui suivirent son mariage, Pierre Curie habita toujours avec son père dont la personnalité remarquable influençait fortement son entourage. Le docteur Curie avait une rare ouverture d'esprit mais aussi ses faiblesses ; ses opinions étaient parfois empreintes d'un léger dogmatisme, d'où ses fréquentes disputes avec son fils aîné. Le caractère de Jacques ressemblait beaucoup à celui de son père : il était violent, intransigeant, et ne tenait pas compte dans ses convictions et ses sentiments des valeurs en vigueur dans la société. Avec sa compagne, Virginie Masson, fille d'un cantonnier alsacien, il partit en 1883 pour Marseille – il espérait y obtenir un poste à l'université –, puis pour Montpellier, où il fut nommé maître de conférences à la faculté des sciences en 1883 ; il y deviendra professeur de minéralogie en 1904. Il gardera pendant longtemps l'appartement parisien qu'il partageait avec Virginie, au 82 de la rue Mouffetard. C'est là que naquirent, le 7 novembre 1886, sa fille aînée, Madeleine, et, deux ans plus tard, le 12 octobre 1888, son fils Maurice. Ce n'est qu'en 1896 que Jacques et Virginie contractèrent un mariage officiel, légalisation tardive d'une situation de fait. Il semblerait que le refus du docteur Curie ait retardé cette union. Virginie, modèle aux Beaux-Arts où Jacques l'avait rencontrée à l'occasion de ses cours de dessin, n'était pas, aux yeux du docteur Curie, très libéral par ailleurs, un parti convenable. En réalité, depuis l'âge de vingt-cinq ans, Jacques n'avait plus besoin du consentement familial pour se marier, mais il devait, d'après la loi, solliciter l'accord de ses parents par un « acte respectueux [5] ».

Jacques Curie partit enseigner trois ans à Alger, entre 1887 et 1890 ; il effectua alors une importante étude des roches éruptives de l'Algérie. Revenu à Montpellier, il devint membre du Conseil de l'université en 1911 et prit sa retraite en 1925. S'il continuait ses recherches personnelles sur la science antique, en revanche, après la publication de sa thèse, soutenue à Paris en 1888, suite des travaux sur les propriétés électriques des cristaux qu'il effectua en collaboration avec Pierre, il n'obtint pas de résultats remarquables en minéralogie. Sa surdité presque complète rendait difficile le travail d'équipe et il fréquentait beaucoup plus la bibliothèque que le laboratoire [6]. Il garda toujours ses convictions anticléricales mais sympathisa, au cours des dernières années de sa vie, avec le mouvement royaliste. Il resta très lié avec Marie Curie, recevant ses enfants en vacances à Montpellier, la soutenant en toutes circonstances. Elle, de son côté, l'aida dans la mesure de ses moyens et s'occupa beaucoup de son fils Maurice, lui aussi physicien, qui travailla longtemps dans le laboratoire de sa tante. Jacques Curie mourut à Montpellier le 19 février 1941.

Chapitre II

UN JEUNE HOMME QUI PROMET

Pierre Curie naquit le 15 mai 1859 à Paris. Ses parents habitaient alors au numéro 16 de la rue Cuvier, près du Muséum, où son père faisait des recherches. Ils déménagèrent peu après sa naissance pour s'installer dans le VIIe arrondissement, quartier bourgeois où le docteur Eugène espérait trouver une clientèle fortunée. Jusqu'à l'âge de vingt-quatre ans Pierre vivra dans la maison de l'angle de la rue Saint-Simon et de la rue de la Visitation, à quelques mètres du boulevard Saint-Germain qui venait d'être inauguré par Haussmann. L'appartement était éclairé au gaz et, comme tous les appartements parisiens de l'époque, n'avait pas d'eau courante. On peut imaginer qu'il possédait une petite cheminée dans chaque pièce et que ce chauffage était complété par celui d'une cuisinière à charbon en fonte moulée servant également à chauffer l'eau et à préparer les repas. Les employés de maison étaient alors très bon marché et Mme Curie était sans doute aidée par au moins une domestique, comme toutes les femmes de la bourgeoisie, même très modeste.

C'était l'époque des débuts de la mécanisation de la vie quotidienne, marquée par une succession ininterrompue d'inventions techniques variées. A la naissance de Pierre Curie, la photographie, qui avait déjà vingt ans, était largement répandue, le télégraphe commençait à se généraliser, la machine à coudre venait d'être inventée, de même que l'aspirine. Le téléphone, le phonographe, la voiture automobile viendront peu après, dans les années 1870, quand Pierre sera déjà assez grand pour s'étonner de ces nouveautés ; c'est seulement dans les dernières années de sa vie qu'il pourra admirer l'avion et le cinéma.

Paris même, en pleine transformation haussmannienne, prenait tout juste son aspect moderne, avec le percement de grandes artères qui commença en 1853. Les monuments qui forment le paysage parisien actuel n'existaient pas encore : l'Opéra fut inauguré en 1875, la construction du Sacré-Cœur, entreprise en 1876, ne s'acheva qu'en 1910, la tour Eiffel date de 1889, le pont Alexandre-III de 1900. On commençait à asphalter les rues. Dans ce Paris en mutation, les bateaux-mouches étaient, à partir de 1867, le moyen de transport public le plus rapide, mais leur réseau était nécessairement limité. Les omnibus et les tramways, tirés par des chevaux, s'arrêtaient à la demande et s'enlisaient déjà dans d'interminables embouteillages. A partir de 1878, les dames furent admises sur les impériales, auxquelles on accédait par un escalier extérieur en colimaçon. On se déplaçait beaucoup à pied, à cheval également : on dénombrait à Paris près de cent mille chevaux en 1900.

C'est dans ce cadre que grandit l'un des « pères » de l'énergie atomique.

Une éducation sur mesure

Afin d'aider sa belle-sœur à écrire la biographie de Pierre, Jacques Curie rédigea en 1920 quelques souvenirs [1]. C'est, avec le livre de Marie Curie, la seule source d'information sur l'enfance de Pierre Curie. On y apprend qu'elle se passa entièrement en famille, calme et sereine, remplie de promenades et de la lecture de livres de la bibliothèque paternelle. La nature et la campagne passionnaient d'ailleurs tous les Curie qui avaient l'habitude de partir marcher dans les environs de Paris le dimanche. Ils empruntaient le chemin de fer, dont plusieurs lignes avaient été ouvertes au cours des années 1840. Pierre connaissait les noms de toutes les plantes et de tous les animaux, mais manifestait une prédilection particulière pour les mares, s'intéressant aussi bien à leur végétation qu'aux grenouilles, tritons et salamandres.

Quels ont été ses camarades de jeux en dehors de son frère ? En a-t-il eu ? Faute de sources, on doit se contenter de cette image sans relief d'un enfant original et studieux, portrait un peu trop stéréotypé d'un futur savant ; on sera encore confronté au même manque d'informations pour plusieurs autres périodes de la vie de Pierre Curie.

Il était toujours méditatif, rêveur, capable d'une concentration intense et prolongée. Il aimait lire, s'intéressait à tout mais semblait ne pas pouvoir s'adapter facilement au rythme scolaire. C'était en tout cas l'avis de ses parents, qui décidèrent de ne pas l'envoyer à l'école. Lui-même approuva toute sa vie cette décision, qui, d'ailleurs, n'était pas exceptionnelle à l'époque. Avant la loi Ferry de 1881, l'école n'était ni obligatoire ni gratuite et nombre de familles bourgeoises préféraient instruire leurs enfants à la maison plutôt que de les envoyer dans des établissements primaires, publics ou privés. Pierre Curie ne fréquenta pas non plus le lycée. Mais c'est surtout dans le type d'enseignement qu'il reçut que résidait l'originalité de sa formation.

En 1852, la réforme de « bifurcation » de Hippolyte Fortoul, fruit de longues années de réflexion et de débats, instaura, après la 4e, deux sections parallèles et équivalentes, littéraire et scientifique, sanctionnées par deux types de baccalauréat de même valeur *. Cependant, les cours communs suivis par les élèves

* Il existait déjà deux baccalauréats depuis 1808, mais ils n'avaient pas le même statut : on ne pouvait passer le baccalauréat des sciences qu'un an après celui des lettres. (Nicole Hulin, *Organisation de l'enseignement des sciences : la voie ouverte par le Second Empire.*)

des deux sections étaient tous littéraires ; les lettres semblaient en effet seules capables de cultiver l'esprit ; l'enseignement des sciences en revanche n'était donné qu'en vue d'applications pratiques [2]. Les manuels de physique du lycée [3] (dont le contenu allait rester sensiblement le même tout au cours de la deuxième moitié du XIXe siècle) comportaient des présentations extrêmement détaillées de divers instruments de mesure mais ne faisaient presque pas mention de théories générales afin d'« écarter de l'enseignement des sciences les recherches trop subtiles et de pure curiosité [4] ». De toute manière, la bifurcation, très critiquée pour diverses raisons, fut supprimée en 1864 par Victor Duruy ; on revint alors à la conception classique de l'enseignement, même si on créa une section spéciale, sans latin (et plus courte). Le thème latin restait une sorte de gage d'instruction et, surtout, un brevet d'appartenance à une catégorie sociale respectable. La rhétorique et l'apprentissage du discours visaient, à travers des modèles nobles et édifiants de personnages antiques, une éducation morale plutôt que l'acquisition d'une culture véritable. On évitait soigneusement toute étude du monde contemporain, rempli de mauvais exemples. Les humanités étaient censées former les esprits élevés, les sciences exactes (qui, au dire de certains, risquaient de conduire aux idées matérialistes et d'abaisser l'âme) étaient essentiellement réservées aux élèves des sections professionnelles. Dans son ensemble, l'enseignement, assez dogmatique et fondé sur l'apprentissage par cœur, laissait peu de place à la réflexion personnelle et encore moins à l'expérimentation.

Ce que craignait le docteur Curie, ce n'était pas de corrompre ses fils par l'étude des sciences, c'était d'encombrer leur mémoire par le latin, à son avis inutile. On retrouve là une idée des saint-simoniens.

Pierre étudia uniquement à la maison, d'abord avec sa mère et son frère, puis avec des précepteurs, enfin seul. Son éducation, irrégulière et incomplète, était en revanche approfondie en certains domaines, exempte de préjugés, fondée sur l'observation et le raisonnement. Ainsi, avec des connaissances très poussées en géométrie et en sciences naturelles, il ne savait pas grand-chose de la littérature ni des langues.

Jacques raconte comment, vers l'âge de quatorze ans, on confia Pierre à M. Bazille, « qui lui enseigna les mathématiques élémentaires et les mathématiques spéciales ; et qui, l'ayant compris et apprécié, comme il méritait de l'être, s'attacha à lui, et s'efforça de le développer de son mieux.

« Il paraît certain que c'est à partir de ces leçons que l'esprit de Pierre Curie s'est ouvert et développé et que c'est au remarquable enseignement de M. Bazille qu'il dut sa transformation cérébrale, l'approfondissement de ses facultés et la naissance de ses capacités scientifiques [5]. » Marie Curie mentionne trois amis de jeunesse de son mari : Albert Bazille, fils de son professeur et futur ingénieur des postes et télégraphes et deux futurs médecins, son cousin Louis Depoully et Louis Vauthier [6].

Le 9 novembre 1875, Pierre Curie fut reçu bachelier ès sciences. Il avait seize ans, l'âge normal pour passer le bac à cette époque.

De l'Ecole de pharmacie à la licence ès sciences

Les voies qu'ouvrait le baccalauréat dans les années 1870 étaient bien différentes de celles que peut emprunter un bachelier actuel. Elles n'avaient non plus rien à voir avec celles qui lui auraient été ouvertes tout juste dix ans plus tard. En 1875, on pouvait poursuivre des études dans les écoles de médecine, de pharmacie et de droit, ou encore dans les établissements spéciaux, tels l'Ecole polytechnique, le Muséum d'histoire naturelle ou le Collège de France. L'Ecole normale supérieure formait les enseignants. Les facultés, en revanche, créées en 1808 pour décerner les diplômes professionnels, ne dispensaient pratiquement pas d'enseignement. *Le Petit Larousse* de 1877 donne comme définition de l'étudiant : « Jeune homme qui étudie le droit ou la médecine [7]. »

Les « grades » délivrés par les facultés étaient nécessaires pour enseigner dans le secondaire. La licence donnait droit au poste de titulaire dans le primaire et s'obtenait après un an d'études. En fait, il ne s'agissait que d'un baccalauréat supérieur portant uniquement sur le programme des dernières classes du lycée et « un bon élève de rhétorique pouvait y réussir d'emblée [8] ». Les candidats étaient généralement des répétiteurs et des maîtres de collège. Quant aux professeurs, ils appartenaient aux jurys d'examens, faisaient peu de cours, mais donnaient volontiers des conférences publiques qui leur permettaient de se faire connaître dans la société. Ils n'avaient, jusqu'en 1845, aucune obligation de faire de la recherche (pour laquelle il n'y avait ni budget ni matériel) et une nomination dans une faculté parisiennc était souvent synonyme de fin de carrière [9].

En 1868 * cependant, on décida, à l'instigation de Victor Duruy, de donner une certaine importance à l'enseignement des sciences à la Sorbonne. Le laboratoire de physique de Paul Desains devint alors le « laboratoire d'enseignement » (le seul pour la physique), ouvert aux manipulations des élèves. C'est là que « les aspirants à la licence apprendront à manier les instruments de précision et s'exerceront à répéter une série d'expériences classiques (...) [10] », annonça le doyen Milne Edwards. Quarante élèves fréquentaient ce laboratoire au cours de l'année 1872-1873.

De plus, la faculté des sciences de Paris fut équipée, en 1868 également, d'un second laboratoire de physique, le « laboratoire de recherche » installé dans des bâtiment neufs et dirigé par Célestin Jamin [11].

C'est la fondation de trois cents bourses de licence accompagnée de la création du poste de maître de conférence, chargé d'assurer la préparation sérieuse

* 1868 est aussi l'année de la création de l'enseignement secondaire des jeunes filles.

des boursiers qui, en 1877, transforme les facultés en véritables établissements d'enseignement. La construction de la Sorbonne actuelle débute en 1885. Le regroupement des facultés en université sera effectué par Louis Liard en 1896.

Cet état de choses permet de comprendre la décision de Pierre Curie de s'inscrire à l'Ecole de pharmacie. Le choix dont il disposait était très limité. N'étant pas attiré par le droit, et encore moins par la carrière militaire, il ne lui restait – outre la préparation de concours, éventualité tellement incompatible avec son tempérament qu'il ne l'envisagea même pas – que les études de pharmacie ou de médecine. Or il avait, de même que son frère, rejeté définitivement l'idée de devenir médecin pendant qu'il aidait son père à soigner les blessés de la Commune ; la vue du sang et des souffrances lui était insupportable. La pharmacie apparaissait ainsi comme l'unique possibilité.

Pierre Curie s'inscrivit donc à l'Ecole de pharmacie, située rue de l'Arbalète dans de vieux bâtiments menacés de ruine [12] (sur l'emplacement actuel de l'Institut agronomique). On ne sait ni s'il fut un étudiant assidu, ni si ces études l'intéressaient vraiment. Les certificats de présence établis régulièrement depuis septembre 1876 jusqu'à la fin de 1878 par un pharmacien de la rue du Bac, voisin de l'appartement des Curie, M. Vigier, attestent qu'il prenait au sérieux son rôle d'élève stagiaire. Mais il ne passa aucun examen de pharmacie. En revanche, il obtint la licence ès sciences physiques le 21 novembre 1877.

Admirer, après quelques biographes, les capacités exceptionnelles de Pierre Curie qui passa sa licence – diplôme de peu de valeur – deux ans après son bac, n'est qu'un anachronisme. Ce qui est digne d'admiration en revanche, c'est que cet autodidacte soit parvenu à atteindre un niveau de connaissances exceptionnel en physique théorique et surtout en mathématique. D'autant plus que ces sciences étaient, comme tout le reste d'ailleurs, en mutation très profonde ; ce qui constitue aujourd'hui les bases les plus solidement établies et figure dans le programme du secondaire depuis plusieurs décennies venait seulement d'être connu à l'époque. Faraday découvrit l'induction électromagnétique en 1831, la loi de conservation de l'énergie date de 1841, le second principe de la thermodynamique a été énoncé en 1850. La théorie électromagnétique de Maxwell (1864) et la théorie cinétique des gaz de Boltzmann (1877) ont été formulées du vivant de Pierre Curie ; l'électron a été découvert en 1897 et on doutait fort de l'existence des atomes.

Dans les manuels de physique conformes aux programmes des « questionnaires d'admission à l'Ecole polytechnique et de Saint-Cyr [13] » ou à l'usage des « jeunes gens qui se préparent aux premières épreuves des facultés des sciences ou de médecine, et à ceux qui aspirent aux écoles du gouvernement [14] », la théorie de Maxwell n'était pas mentionnée ; la notion d'énergie n'y figurait pas non plus ; l'équivalence mécanique de la chaleur y fut introduite vers 1870 [15].

Pour en savoir plus, pas de livres, peu de repères, pas de conseillers non plus. Les physiciens français étaient alors, presque tous, des expérimentateurs. S'ils étudiaient des lois empiriques et construisaient des appareils, les théories ne les attiraient guère ; plus elles étaient générales, moins elles étaient jugées dignes d'intérêt. Curie a dû faire seul le tri entre les nombreuses informations sans importance et les lois fondamentales. Et surtout saisir leur portée.

Période « initiatique »

La vie de Pierre Curie peut être divisée en plusieurs périodes, de durées inégales, mais très clairement délimitées. En 1877 commence une sorte d'initiation, brillante et prometteuse. Jeune licencié doué et travailleur, Curie fait ses premiers pas dans la recherche et, presque immédiatement, découvre un nouveau phénomène, la piézoélectricité. Durant ces années, il n'est pas possible de dissocier son histoire de celle de son frère aîné. Ils sont inséparables. Le début du parcours scientifique de Pierre semble copié sur celui de Jacques, qu'il suit fidèlement partout, de poste en poste, d'école en école.

Celui-ci était devenu, à vingt ans, en 1875, préparateur de chimie à l'Ecole de pharmacie, chez Riche et Jungfleisch (sa nomination lui permit, de plus, d'être dispensé du service militaire [16]). Pierre s'y inscrit comme étudiant un an plus tard, aide à la préparation des cours et des travaux pratiques. Puis Jacques quitte l'Ecole pour le laboratoire de minéralogie de la faculté des sciences. Pierre l'y suit immédiatement. Alors que l'aîné travaille comme préparateur de minéralogie dans le laboratoire de Friedel, le cadet est préparateur de physique sous la direction de Desains. Et tous les deux étudient, dans le laboratoire de Jacques, les propriétés des cristaux. Cette collaboration étroite ne sera interrompue qu'en décembre 1883, quand Jacques quittera Paris.

Ces expériences constituent le point de départ de l'itinéraire scientifique de Pierre Curie. Il ne les aurait sans doute pas entreprises si son frère avait travaillé ailleurs ou étudié un autre sujet. Mais il est certain que la cristallographie, même s'il l'a découverte par un concours de circonstances, devint pour lui une passion véritable. Elle est à l'origine de la majorité de ses travaux.

On peut imaginer les deux frères quittant chaque matin l'appartement de leurs parents pour se rendre, à pied sans doute, au Quartier latin. Marchant d'un bon pas, un quart d'heure pour arriver à la Sorbonne, et quelques minutes de plus pour atteindre l'Ecole de pharmacie. Vaquant chacun à ses cours et à ses occupations mais se retrouvant dès que possible pour préparer leurs expériences communes. Rentrant ensemble le soir, discutant encore en chemin de la science, des personnes rencontrées pendant la journée, de la vie en général.

Ils passaient ensemble les dimanches à parcourir la campagne, à nager, à observer les animaux. Le départ de Jacques rendit ces escapades plus rares sans les interrompre définitivement. C'était, comme Pierre le dira plus tard, « l'époque où nous vivions toujours ensemble : nous en étions alors arrivés à avoir, sur toute chose, les mêmes opinions ; à ce point, que pensant de même, il ne nous était plus nécessaire de parler pour nous comprendre. Cela était d'autant plus étonnant que nous avons des caractères entièrement différents [17] ».

Bien sûr, ils eurent chacun sa vie propre. On sait que Jacques apprenait le dessin, qu'il avait une fiancée ; il paraît que Pierre, grand amateur de musique, allait aux concerts. Etait-il alors accompagné de son frère, de ses parents, de quelqu'un d'autre encore ? En tout cas, il avait des amis que Jacques ne connaissait que de vue. Georges Gouy, camarade d'études de Pierre et ami de toute la vie, écrivit en 1922 à Marie Curie : « Je ne connaissais rien de la vie dc jeune homme de Pierre, je ne connaissais aucun de ses amis, jamais je n'en vis aucun, et il ne m'en parlait jamais. J'étais même très peu lié avec son frère à cette époque, et je ne vis son père que bien après votre mariage [18]. » Dans la même lettre, Gouy raconte : « Je me rappelle que nos premières conversations roulèrent sur la politique. C'était au lendemain de la Commune : Pierre me trouvait bien Versailles, je le trouvais un peu communard. Mais bientôt nous n'en parlâmes plus, étant plus intéressés par les sujets scientifiques. Et en effet, toutes nos conversations roulèrent sur la Physique, et sur rien d'autre. »

C'est le seul témoignage direct sur Pierre Curie de cette période.

Il faut y ajouter quelques pages qu'il écrivit lui-même, uniques traces de sa vie intime. Elles sont peu nombreuses mais d'une qualité exceptionnelle, aussi bien par leur style que par la remarquable finesse de l'analyse psychologique.

Ce sont d'abord les lettres adressées en 1894 à sa fiancée, Marie Skłodowska, dans lesquelles il évoque sa jeunesse, comme celle-ci, datée du 14 août :

« (...) je croyais à cette époque qu'il fallait être excessif en tout et ne faire aucune concession au milieu qui nous entoure. Je croyais qu'il fallait exagérer ses défauts comme ses qualités, je ne mettais que des chemises bleues comme les ouvriers, etc. »

Ou encore celle du 7 septembre, avec cette confidence qu'il voulut rendre moins bouleversante en la plaçant entre deux remarques philosophiques impersonnelles : « (...) quand j'avais vingt ans, il m'est arrivé un grand malheur, j'ai perdu une amie d'enfance que j'aimais beaucoup, dans des circonstances terribles – je manque de courage pour vous raconter cela... J'ai été très coupable, j'en ai et j'aurai toujours des remords. J'ai passé ensuite des jours et des nuits avec une idée fixe, j'éprouvais comme une jouissance à me torturer moi-même. Puis je m'étais voué de bonne foi à une existence de prêtre, je m'étais promis de ne plus m'intéresser qu'aux choses et de ne plus penser ni à moi ni aux hommes. Je me suis souvent demandé depuis si ce renoncement à l'existence n'était pas simplement un artifice dont j'usais vis-à-vis de moi-même pour acquérir le droit d'oublier [19]. »

C'est encore ce court passage, unique morceau conservé d'une sorte de journal qu'il tenait à l'époque :

« 4 janvier 1881.

« Etourdir de grelots un esprit qui veut penser.

« Pour que faible comme je le suis je ne laisse pas ma tête aller à tous les vents, cédant au moindre souffle qu'elle rencontre il faudrait que tout fût immobile autour de moi ou que lancé comme une toupie qui ronfle, le mouvement même me rende insensible aux choses extérieures.

« Une mère ne comprendra jamais cela. Lorsqu'en train de tourner lentement sur moi-même j'essaye de me lancer – un rien, un mot, un récit, un journal, une visite m'arrêtent et m'empêchent de devenir gyroscope ou toupie.

« Non, une mère ne comprendra pas qu'un baiser qu'elle me donne à certains moments puisse reculer ou retarder à jamais l'instant où pourvu d'une vitesse suffisante je pourrais malgré ce qui m'entoure me concentrer en moi-même. Une mère ne comprendra pas au contraire sans s'en douter au fond elle comprend et proteste. La femme bien plus que nous aime la vie pour vivre. Les femmes de génie sont rares. Aussi, lorsque poussés par quelque amour mystique, nous voulons entrer dans quelque voie antinaturelle, lorsque nous donnons toutes nos pensées à quelque œuvre qui nous éloigne de l'humanité qui nous touche, nous avons à lutter contre les femmes. La mère veut avant tout l'amour de son enfant doit-il en rester imbécile. La maîtresse veut aussi pousser son amant et comme B. l'a dit " trouverait tout naturel que l'on sacrifie le plus beau génie du monde pour une heure d'amour ". La lutte presque toujours est inégale. Les femmes ont pour elles beaucoup de bons instincts et de mauvais et puis elles ont la bonne cause, c'est au nom de la vie et de la nature qu'elles essayent de nous ramener. Il nous faut manger, boire, dormir, paresser, baiser, aimer, c'est-à-dire toucher aux choses les plus douces de cette vie et pourtant ne pas succomber, il faut qu'en faisant tout cela les pensées antinaturelles auxquelles on s'était voué restent dominantes et continuent leur cours, impassibles, dans notre pauvre tête ; il faut faire de la vie un rêve et faire d'un rêve une réalité.

« Un baiser donné à sa maîtresse est moins dangereux qu'un baiser donné à sa mère parce que le premier peut répondre seulement à un besoin du corps [20]. »

Il n'abandonnera jamais son aspiration à l'autonomie intellectuelle complète représentée par la métaphore de la toupie qui doit sa stabilité à son propre mouvement. Et il lui faudra quinze ans encore pour en finir avec l'antagonisme entre le monde extérieur, monde de la nature, du corps et des sensations et la création intellectuelle, scientifique et spirituelle. Le premier est représenté par les femmes, incarnation de la vie ; le second est celui de la pensée et de la recherche. Pourquoi oppose-t-il la pensée à la nature ?

C'est un « amour mystique » qui le pousse vers la science, cet amour qu'il croit « antinaturel », quoique légitime. Aussi légitime que la résistance que, fatalement, la femme, qu'elle soit mère ou maîtresse, doit lui opposer. On ne sait rien sur les autres femmes qu'il a pu connaître à cette époque. Quant à sa mère, qui, comme le dira Marie Curie, « fit preuve d'un dévouement extrême pour faciliter la vie de son mari et de ses enfants [21] » et dont il parle, bien avant l'avènement de la psychanalyse, avec une lucidité troublante, elle semble avoir été particulièrement envahissante pour ce jeune homme torturé, si exigeant envers lui-même et, déjà, passablement orgueilleux, quoi qu'il en dît. Pour le jeune Curie, ces deux mondes sont incompatibles et il se croit obligé de choisir, pour la vie, entre l'amour et la science. Il trancha en faveur de la seconde, mais cette décision, si difficile à tenir, le fera beaucoup souffrir.

A ce texte, il faut ajouter encore deux autres fragments du même journal, que Marie et Eve Curie citent dans leurs livres et dont toute trace a maintenant disparu.

Le premier est serein et rempli de joie :

« Oh ! quel bon temps que j'ai passé là, dans cette solitude bienfaisante, bien loin de mille petites choses agaçantes qui, à Paris, me mettent au supplice. Non, je ne regrette pas mes nuits passées dans les bois et mes journées qui coulaient toutes seules. Si j'avais le temps, je me laisserais bien aller à raconter toutes les rêvasseries que j'ai faites. Je voudrais aussi décrire ma délicieuse vallée, tout embaumée de plantes aromatiques, le beau fouillis si frais et si humide que traversait la Bièvre, le palais des fées aux colonnades de houblon, les collines rocailleuses et rouges de bruyère sur lesquelles on était si bien. Oui, je me souviendrai toujours avec reconnaissance du bois de la Minière ; c'est de tous les coins que j'ai vus jusqu'ici celui que j'ai le plus aimé et où j'ai été le plus heureux. Je partais souvent le soir et je remontais la vallée ; je revenais avec vingt idées en tête [22]. »

Dans le second on retrouve le jeune homme intérieurement agité qui, tourmenté par des dilemmes insolubles, acquiert une surprenante capacité d'auto-analyse :

« Que serai-je plus tard ? Bien rarement je suis tout à moi ; ordinairement, une portion de moi est endormie. Il me semble que chaque jour mon esprit s'alourdit. Avant, je me lançais dans des divagations scientifiques ou autres, aujourd'hui j'effleure à peine les sujets et je ne me laisse plus absorber par eux. Et tant, et tant de choses que j'ai à faire.

« Mon pauvre esprit, es-tu donc si faible que tu ne puisses réagir sur mon corps ? O mes pensées, que ne pouvez-vous remuer mon pauvre esprit – vous êtes donc bien peu de chose ! Et vous, Orgueil, Ambition, ne pourriez-vous au moins me pousser, et allez-vous me laisser vivre ainsi ? C'est en mon imagination que j'aurais le plus confiance pour me tirer de l'ornière. Elle séduira peut-être mon esprit, et l'entraînera avec elle. Mais j'ai bien peur qu'elle ne soit morte [23]. »

La séduction intellectuelle restera toujours un mobile essentiel pour Pierre Curie : celle de l'imagination, celle d'une idée ou d'un raisonnement, ou encore celle de l'aspect esthétique d'un problème. Spontanément, Curie n'agissait que séduit.

Marie Curie note qu'il recopiait des poèmes. Elle parle également d'un passage du journal, lui aussi perdu selon toute apparence, intitulé *Un jour comme bien d'autres,* « récit, écrit-elle, des événements puérils qui avaient rempli une de ses journées sans laisser de place au travail utile. Il concluait : " Voilà ma journée et je n'ai rien fait. Pourquoi [24] ?" »

Pierre Curie, on le verra, changera très peu au cours de sa vie ; il demeurera toujours excessif dans ses sentiments et ses jugements (quoique, en même temps, singulièrement pratique et raisonnable), il gardera toujours ses contradictions d'adolescent et ce côté idéaliste et intransigeant d'un « saint » convaincu de sa vocation. L'influence de sa famille restera pour lui d'un grand poids. Il conservera toute sa vie la même admiration pour son père : même marié et lui-même père de famille, il aura souvent besoin de l'approbation du docteur Eugène. Devant sa mère, à laquelle il était extrêmement attaché, il se sentira toujours un enfant, coupable d'avoir une vie propre et indépendante. Sa relation avec Jacques restera une des plus fortes de sa vie. Ses proches étaient seuls capables de lui donner le sentiment de sécurité dont il éprouva toujours un très grand besoin.

En tout cas, malgré ses craintes, Pierre Curie parvenait à se concentrer quand il le fallait. Alors « les pensés antinaturelles » ne le fuyaient pas, au contraire. Il publie, entre l'âge de vingt et un et vingt-quatre ans plus de dix articles scientifiques qui prouvent incontestablement que son esprit n'était pas encore totalement alourdi. C'est plutôt l'excès de vivacité des deux frères qui aurait pu poser des problèmes au début de leur carrière, comme le suggère cet incident relaté en 1906 par Paul Langevin (qui, sans doute, le tenait de Pierre Curie lui-même) :

« La curiosité réveillée et l'esprit aventureux de jeunes expérimentateurs ne suppléaient pas toujours à l'insuffisance de leur information. Jacques ayant eu par exemple l'ingénieuse idée d'augmenter beaucoup la force électromotrice des piles par l'emploi des métaux alcalins, ils se trouvèrent naturellement conduits à plonger une électrode de sodium dans l'acide nitrique concentré. Le dégât qui s'ensuivit fit scandale dans la maison, et la turbulence d'aventures de ce genre éveilla quelque défiance dans l'esprit du maître de céans, qui fut forcé de conclure “ qu'on ne ferait jamais rien de ces petits Curie [25] ”. »

Cela se passait encore à l'Ecole de pharmacie. A partir de 1877, Pierre travailla de plus en plus au laboratoire d'enseignement de physique de la faculté des sciences, situé dans les vieux locaux de la rue Saint-Jacques. L'équipement se limitait aux appareils de mesure de la chaleur rayonnante, sujet de recherches de Paul Desains, son directeur [26]. Pierre se mit, tout naturellement, à aider Desains quand le préparateur

Rolland tomba malade. Il continua, toujours bénévolement, après la mort de Rolland à la fin de l'année 1877. Cette situation sera régularisée en janvier de l'année suivante. C'est à ce moment que Pierre Curie obtient son premier poste, celui de préparateur * adjoint, avec le même traitement que son prédécesseur, 1 200 francs par an, soit à peu près le salaire d'un ouvrier qualifié. Curie s'engage à travailler pendant dix ans sans interruption dans l'enseignement, ce qui lui permet d'être dispensé du service militaire. D'après ses convocations au conseil de révision, il mesurait 1,74 mètre [27].

Quentin Paul Desains, âgé alors de soixante ans, était un expérimentateur connu, auteur de nombreux travaux sur le rayonnement infrarouge. C'est sur ce sujet que portent leurs recherches communes, dont les résultats sont présentés le 28 juin 1880 à l'Académie des sciences. « Le principal mérite de ce travail, écrira plus tard Pierre Curie, a été d'être un des premiers en date : la méthode employée par nous a été utilisée depuis dans des recherches plus précises [28]. » En effet, si l'objectif des recherches sur « La Détermination des longueurs d'onde des rayons calorifiques à basse température [29] » était essentiellement expérimental, l'habileté de manipulateurs seule n'aurait pas permis de parvenir aux résultats. Car tous les dispositifs utilisés jusqu'alors dans les études du rayonnement infrarouge (qu'on appelait calorifique à l'époque) devenaient opaques au-dessous d'une certaine température. Desains et Curie eurent l'idée de remplacer les systèmes de polariseurs et analyseurs par un réseau de fils métalliques (réseau de Fraunhofer) et par une pile thermoélectrique pour effectuer les mesures. Cette méthode leur permit de descendre jusqu'à 150°C et de déter-

* C'est par le poste de préparateur que les jeunes licenciés commençaient souvent leur travail de recherche. Ils se présentaient alors au directeur du laboratoire où ils désiraient travailler et, s'ils étaient acceptés, profitaient de cette situation pour effectuer leur premier travail personnel et pour préparer une thèse de doctorat.

miner alors la loi reliant la quantité de chaleur émise et la longueur d'onde du rayonnement infrarouge.

Les cristaux entrent en scène

Ce fut l'unique recherche de Pierre Curie effectuée dans le laboratoire de Desains, où il travaillera pourtant trois ans encore.

Immédiatement après la publication de la note dans les *Comptes rendus des séances de l'Académie des sciences* (mais le lien entre ces deux événements n'est pas certain), le préparateur adjoint Pierre Curie est nommé préparateur avec un traitement augmenté de 300 francs par an. Ce salaire serait toujours insuffisant pour assurer sa subsistance si Pierre Curie n'habitait chez ses parents.

C'est ici que Jacques Curie intervient encore dans la destinée de son frère, qui vient l'assister dans son travail de recherche au laboratoire de minéralogie de Charles Friedel. Ce dernier était à la fois chimiste organicien (en particulier, il venait de mettre au point, avec l'Américain Crafts, la réaction de synthèse des carbures aromatiques qui porte leurs noms) et minéralogiste (il imagina notamment la réaction de synthèse des diamants artificiels) ; il étudiait, entre autres, les propriétés pyroélectriques de divers composés organiques et des minéraux.

Ce n'était donc pas par hasard que les frères Curie commencèrent leur collaboration par l'étude des propriétés électriques des cristaux. Elle allait les mener, en quelques semaines, à la découverte de la piézoélectricité.

Les phénomènes de « l'électricité polaire dans les cristaux hémièdres * à faces inclinées » sont beaucoup plus faciles à comprendre que ne le laissent présager

* On appelle hémièdres les cristaux dans lesquels une forme donnée ne caractérise que la moitié des faces (on dit encore que leur symétrie est égale à la moitié de celle du réseau).

les titres rébarbatifs des articles résumant les travaux de Jacques et de Pierre. La pyroélectricité – du radical grec *pyro,* « feu » –, c'est-à-dire l'apparition des charges électriques sur un minerai chauffé, était connue depuis l'Antiquité. Le Français Jean-Mothée Gaugain décrivit les lois physiques qui régissent le phénomène en étudiant les cristaux de tourmaline en 1856.

Tous les cristaux ne sont pas pyroélectriques. La condition nécessaire pour que le phénomène puisse se produire est liée à l'architecture interne du cristal, et plus précisément à l'absence de centre de symétrie (caractéristique justement des cristaux hémièdres à faces inclinées comme la tourmaline, et aussi le quartz, ou encore la topaze, la blende, le chlorate de soude, etc.). Il semblait aux deux frères que les variations des dimensions du cristal étaient à l'origine de l'électrisation. Dans ce cas, il devait exister d'autres moyens de provoquer des effets analogues, par exemple une action mécanique qui comprimerait le cristal. Si l'analyse de la symétrie cristalline faite par les frères Curie était juste, l'électrisation par compression devait même être plus fréquente que l'électrisation par la chaleur, les conditions de symétrie étant ici moins restrictives que pour la pyroélectricité. La vérification expérimentale de cette hypothèse constitue la découverte de la piézoélectricité (mais le mot, formé à partir du grec *piezein,* « presser », ne sera introduit que quelques années plus tard).

Les explications de Pierre et Jacques Curie, claires et précises, tiennent en quelques lignes et comportent la description détaillée de l'expérience : comment tailler et préparer le cristal, comment observer le phénomène et quelles sont ses propriétés.

La rapidité avec laquelle ils obtiennent les résultats est surprenante. Alors que l'article sur l'infrarouge écrit avec Desains paraît fin juin 1880, les deux premiers textes concernant l'« électricité polaire » datent du mois d'août de la même année. Pierre était obligé de circuler en permanence entre les deux laboratoires, continuant d'assurer les fonctions de préparateur chez Desains et poursuivant, parallèlement, deux sujets de recherche totalement différents. Paul Desains appréciait d'ailleurs suffisamment le travail de Pierre sur les cristaux pour réserver bientôt aux deux frères une pièce écartée du laboratoire où ils pourraient continuer leurs expériences. Et, en alternance avec Friedel, il présentera leurs travaux à l'Académie.

Desains et Friedel ont été les premiers protecteurs de Pierre Curie. Après la mort de Desains en 1885, Pierre causera bien des soucis à Charles Friedel, ami toujours également dévoué.

Ainsi, entre août 1880 * et décembre 1881, paraissent dans les *Comptes rendus des séances de l'Académie des sciences* six courts articles signés par deux jeunes gens totalement inconnus, Jacques ** et Pierre Curie. Le premier annonce l'existence d'un phénomène nouveau, l'apparition des charges électriques à la surface de certains cristaux soumis à des variations de pression, et comporte déjà une première tentative de généralisation :

« Quelle que soit la cause déterminante, toutes les fois qu'un cristal hémièdre à faces inclinées, non conducteur, se contracte, il y a formation de pôles électriques dans un certain sens ; toutes les fois que ce cristal se dilate, le dégagement d'électricité a lieu en sens contraire [30]. »

Les articles suivants énoncent les lois qui régissent le phénomène, puis une théorie concernant son origine. D'après les frères Curie, les propriétés des molécules mêmes seraient en cause.

Le mot « molécule » n'a pas ici la signification qu'on lui donne actuellement. D'abord, il ne désigne pas, *a priori*, la même chose que la molécule des chimistes,

* Leur premier article, « Electricité dégagée par pression dans les cristaux hémièdres », a été publié dans le *Bulletin de la Société minéralogique*, 9, p. 90.

** Jacques avait déjà publié quelques articles de chimie, dont le premier en 1876 (*Comptes rendus des séances de l'Académie des sciences*, LXXXIII).

avec laquelle il ne partage avec certitude qu'une chose : la fragilité de son statut. Pour les chimistes, ou plutôt ceux d'entre eux qui croient que la matière n'est pas infiniment divisible mais formée de corpuscules, la molécule, ou l'atome – car la distinction n'est pas encore très nette – est le plus petit « grain » de matière. En cristallographie, il s'agit d'un concept différent : la notion de molécule avait été introduite cent ans auparavant par l'abbé René Just Haüy, qui supposa que les cristaux étaient formés de « molécules intégrantes », entités qu'on appelle maintenant « mailles élémentaires ». Pour les chimistes comme pour les cristallographes, la molécule, trop petite pour être vue, reste, à la fin du XIXe siècle, une hypothèse opératoire féconde, un artifice de calcul sans réalité physique certaine, utile en attendant la découverte d'une explication plus satisfaisante.

L'existence des molécules des cristallographes (les seules qui nous intéressent pour le moment) était si peu assurée que Charles Soret, minéralogiste suisse très connu, écrit en 1893 dans son ouvrage fondamental, *Eléments de cristallographie physique* :

« A mesure que la physique se développe, le rôle des théories basées sur les conceptions moléculaires précises semble perdre de l'importance ; on tend à les regarder moins comme l'expression la plus probable de la réalité que comme représentations schématiques servant seulement à fixer les idées [31]. »

Les frères Curie disent, au contraire, que c'est « la manière de concevoir le phénomène qui nous semble la plus plausible ». Et un peu plus loin : « Nous en suivrons les conséquences, tout en ne nous faisant pas d'illusions sur la fragilité d'un pareil terrain. » Puis encore : « La nature de la matière semble donc ne pas entrer en ligne de compte, et la forme de la molécule paraît avoir l'influence prépondérante [32]. »

D'ailleurs, que les molécules aient ou non une existence réelle ne changeait rien à l'établissement de la théorie : la généralité des conséquences qui en découlent justifiait à elle seule le recours à l'hypothèse moléculaire.

En juillet 1881, Gabriel Lippmann (qui lui aussi deviendra bientôt, et pour toujours, un protecteur infatigable de Pierre Curie) écrivit un très bel article intitulé « Principe de la conservation de l'électricité [33] ». En appliquant le principe de conservation de la charge électrique (formulé ici pour la première fois d'une manière explicite) et le principe de conservation de l'énergie à divers phénomènes, il arriva à prévoir l'existence de phénomènes nouveaux. Il supposa en particulier un phénomène de piézoélectricité inverse, qu'il appela réciproque, c'est-à-dire la variation des dimensions d'un cristal sous l'influence d'une tension électrique. Il en décrivit, avec beaucoup de précision, les propriétés.

Pierre et Jacques Curie essayent immédiatement de mettre en évidence la piézoélectricité inverse. Lippmann a calculé les ordres de grandeur des dilatations éventuelles des cristaux. Ceux-là – pour un centimètre carré de surface, la variation devait être d'un millionième de la longueur – auraient dû décourager qui que ce soit de tenter de les déceler [34]. Ce ne fut pas le cas des deux frères Curie.

A défaut de disposer d'appareils de mesure perfectionnés, ils possèdent de l'enthousiasme et une énorme imagination. De toute manière, les mesures directes sont impossibles, exclues d'avance. Ce qui est envisageable, c'est une étude d'autres effets éventuels qui, indirectement s'il le faut, permettront de mesurer les déformations. Pour cela aussi il faut inventer des dispositifs nouveaux. Les réaliser. Comme il s'agit d'apporter les preuves de l'existence même d'un phénomène, il est essentiel d'éliminer tout soupçon de doute, d'être sûr que rien n'a été négligé, que ce qu'on mesure est bien ce qu'on cherche. Si la conception du dispositif doit être ingénieuse, l'exécution doit être un chef-d'œuvre de ce genre d'artisanat. Ensuite, pour procéder aux expériences, il faut une adresse manuelle exceptionnelle. Cependant, deux mois à peine après la publication des prévisions théoriques de Lippmann, les résultats sont là, l'hypothèse est vérifiée et les ordres de grandeur confirmés.

« Nous avons établi par trois méthodes expérimentales différentes l'exactitude de ces prévisions », écrit Curie en 1902 [35].

La dilatation dans la direction perpendiculaire au champ électrique a été déterminée par une méthode directe, « en augmentant seulement les déplacements au moyen d'un levier amplificateur dont on observait l'extrémité au microscope (...) Un effet (...) encore plus petit, qui se produit dans le sens du champ électrique [a été mesuré] par un procédé indirect extrêmement sensible et qui pourrait recevoir d'autres applications. » Il s'agissait de la mesure de pression nécessaire pour compenser la variation de longueur. L'application, trouvée immédiatement (et perfectionnée encore par la suite), est le dynamomètre piézoélectrique, capable de déceler une force dont l'intensité ne dépasse pas quelques grammes.

Un nouveau type d'électromètre à quadrants, inventé également pour les circonstances, et lui aussi amélioré à plusieurs reprises, permet de mesurer les quantités d'électricité extrêmement faibles. L'idée de Curie a été de remplacer, dans le système d'amortissement, essentiel pour la précision des mesures, le liquide dans lequel est plongée une palette attachée à l'aiguille par un champ magnétique ; le mouvement de l'aiguille crée alors des courants (dits de Foucault) qui s'opposent aux oscillations [36]. La grande fécondité de Curie provenait, entre autres, de son exceptionnelle ouverture d'esprit : si l'idée de son appareil était simple, personne n'avait songé à chercher du côté du magnétisme le procédé d'amortissement pour un électromètre.

Une découverte exemplaire

Un autre instrument, le quartz piézoélectrique pouvant servir d'étalon de quantité d'électricité, n'eut au début qu'un intérêt théorique ; plus tard, il rendra possible notamment l'étude quantitative de la radioactivité. Sa description détaillée est donnée dans la thèse de doctorat de Jacques [37].

D'autres appareils de mesure ont été inventés par Pierre Curie au cours de ses recherches sur la piézoélectricité : manomètre piézoélectrique, condensateurs, d'autres électromètres. Théoricien et expérimentateur à la fois (ce qui était extrêmement rare), Curie prend autant de plaisir à inventer des méthodes expérimentales, sûres, simples et rapides, qu'à les mettre en pratique. Il devient alors un véritable artiste pour qui l'expérience n'est pas seulement une suite indispensable à la théorie, mais un but en soi. Elle permet de faire preuve d'un autre type d'ingéniosité, de créativité et d'adresse. Il construisait lui-même, quand c'était possible, les prototypes de ses appareils ; sinon, il assistait personnellement le constructeur professionnel, remédiait aux moindres problèmes, tels que l'influence de l'humidité ou l'argenture des miroirs attachés à l'aiguille. C'est ce qu'il fit d'abord avec Bourbouze, qui présenta à l'Exposition de l'électricité de 1885 l'électromètre à quadrants ; puis Curie assista la Société centrale de produits chimiques (que l'on retrouvera encore dans diverses occasions), qui construisit le modèle suivant, où l'action du champ magnétique a été remplacée par le frottement de l'air, procédé encore plus simple et présentant moins d'inconvénients.

En réalité, le sens pratique n'a jamais fait défaut à Pierre Curie.

La découverte de la piézoélectricité a souvent été qualifiée d'exemplaire : les considérations théoriques (sur la symétrie des cristaux) ont conduit à la prévision et à la mise en évidence, avec un minimum de moyens et en un temps record, d'un phénomène inconnu ; elle a été suivie par l'élaboration de la théorie générale et la vérification de ses conséquences ; par des applications pratiques enfin. Ce sera exactement l'opposé dans le cas de la radioactivité.

L'Académie des sciences jouait alors un rôle central dans la vie scientifique française. D'abord, comme carrefour d'échange des informations. Chaque résultat de recherche était présenté et discuté au cours de ses séances hebdomadaires, relaté ensuite en détail dans les *Comptes rendus,* publication prestigieuse lue par absolument tous les chercheurs, en France comme à l'étranger. Ensuite, l'Académie exerçait une sorte de mécénat par l'intermédiaire des prix qu'elle attribuait en décembre de chaque année et dont les montants relativement importants ont aidé de nombreux chercheurs à poursuivre leurs travaux. Dans les années 1890, plusieurs prix ont été fondés grâce à divers legs. Les donateurs spécifiaient toujours très précisément quel type de recherche ils voulaient couronner ainsi que les conditions qui devaient être remplies par les candidats [38]. Ainsi le prix Planté que l'Académie décerna en 1895 à Jacques et Pierre Curie pour la découverte de la piézoélectricité à été institué grâce au don du physicien Gaston Planté, mort en 1889, qui, dans son testament, légua à l'Académie une rente de 1 500 francs annuels pour constituer un prix de 3 000 francs décerné tous les deux ans à « l'auteur français d'une découverte, d'une invention ou d'un travail important dans le domaine de l'électricité [39] ». Le premier prix Planté a été obtenu en 1893 par René Blondlot de Nancy, qui, plus tard, construira avec Curie quelques appareils. D'autres prix de l'Académie seront attribués à Pierre et Marie Curie par la suite, fournissant à chaque fois une aide précieuse.

Une autre institution importante, la Société de physique, créée en 1873, jouait un grand rôle. Ses membres se réunissaient un vendredi sur deux dans les locaux situés au 44, rue de Rennes pour s'entretenir mutuellement de leurs recherches. Bien plus informelle que l'Académie et limitée à son domaine, elle contribuait elle aussi à modeler la vie scientifique, ne serait-ce que par l'aide qu'elle apportait à la publication des travaux de ses membres. Pierre Curie fut accepté comme membre de la Société en 1881.

A la séance du 20 janvier 1882, il fit, avec Jacques, un exposé très complet intitulé « Phénomènes électriques des cristaux hémièdres à faces inclinées ».

Les propriétés du quartz piézoélectrique ont été presque oubliées après la mort de Pierre Curie. C'est au cours de la Première Guerre mondiale que Paul Langevin eut l'idée de les appliquer dans le sonar, appareil analogue au radar et permettant de repérer notamment les sous-marins ; le quartz piézoélectrique y est utilisé aussi bien pour produire que pour détecter les ultrasons. On s'est rendu compte depuis que, d'une manière générale, la piézoélectricité, qui est un moyen de conversions réciproques entre les énergies mécanique et électrique, permet la production de vibrations électriques et mécaniques stables, essentielles en télécommunications par exemple. Elle fait maintenant partie de la vie courante avec les microphones, les allume-gaz et les montres à quartz ; jusqu'à la fin des années 1980 on s'en servait dans les têtes de lecture de tourne-disques. Précisons que 10 % des revenus des brevets pris par Langevin pour les diverses applications de la piézoélectricité iront à la famille Curie (5 % à Jacques et 5 % aux filles de Pierre [40]).

Chapitre III

UN PENSEUR SOLITAIRE

L'année 1883 est une année charnière pour Pierre Curie. Elle inaugure onze années solitaires de maturation et de réflexion marquées par sa découverte peut-être la plus importante, en tout cas la plus profonde : celle du principe de symétrie, passée alors presque inaperçue. Onze années qui séparent deux collaborations exceptionnellement étroites, la première avec Jacques, la seconde avec sa femme, Marie. Entre les deux, Curie vécut une très grande solitude intellectuelle et, sans doute, affective.

Après les vacances de 1882, Pierre Curie quitte la faculté des sciences, nommé à partir du 1er novembre préparateur à l'Ecole de physique et de chimie industrielles (EPCI) où il travaillera jusqu'en 1905. En 1883, Jacques part de Paris et la famille Curie déménage pour s'installer à Fontenay-aux-Roses. C'est aussi l'année de la mort de la grand-mère de Pierre et de Jacques, Augustine Hofer-Curie, âgée de quatre-vingt-trois ans. On ne sait rien ni d'elle ni du rôle éventuel qu'elle aurait joué dans la vie de ses petits-fils.

Circulant d'abord entre Paris et le Midi, puis installé définitivement à Montpellier, Jacques a maintenant sa propre vie de famille. Il profite de quelques séjours à Paris pour reprendre sa collaboration avec Pierre, qui à son tour le rejoint parfois pendant les vacances. On peut supposer qu'ils s'écrivaient, mais aucune lettre n'a été conservée. Quoi qu'il en soit, les deux frères Curie mènent désormais deux vies indépendantes.

Pierre Curie a toujours été entouré. De personnes qui lui étaient chères, comme ses parents, sa famille maternelle, à laquelle il était attaché, et d'un ou deux amis intimes dont on ne sait presque rien. De scientifiques qu'il admirait et estimait ; de ses élèves avec lesquels il était très lié. Curie a toujours eu besoin d'une « âme sœur », d'un ami privilégié, d'un compagnon inséparable avec lequel partager la vie quotidienne, les loisirs, les travaux scientifiques, les idées et les sentiments. Son frère aîné joua ce rôle pendant vingt-quatre ans et Pierre Curie, qui n'avait jamais connu autre chose, vécut cette situation comme si elle avait été naturelle. Puis Jacques fonda sa propre famille et Pierre se retrouva seul face à lui-même. On peut supposer qu'il se sentit alors abandonné. Il est difficilc dc juger à quel point il en était conscient. Sa tendance à l'introspection et l'incroyable finesse avec laquelle il savait, dès son adolescence, analyser ses états psychologiques, laissent supposer une grande lucidité (qualité qui peut avoir des contreparties). Onze ans après la séparation avec Jacques, il rencontrera Marie Skłodowska. En devenant son épouse, elle prendra également le rôle tenu par Jacques, redonnant à Pierre un sentiment de plénitude et de sécurité. Mais il semble être resté marqué par ces onze années de vide.

A vrai dire, de ces années nous ne savons absolument rien concernant la vie privée de Pierre Curie ; durant toute cette période, l'homme demeure pour nous entièrement caché derrière le scientifique. Que faisait-il le dimanche ? Comment passait-il les étés ? Continuait-il ses promenades à la campagne ? Seul ? avec ses cousins Depoully ? Quand, avec qui, apprit-il à monter à bicyclette ? Lisait-il ? Nous ne disposons d'aucune piste pour répondre à ces questions.

L'Ecole de physique et de chimie

L'Ecole de physique et chimie industrielles était un établissement tout à fait particulier. Elle avait pour objectif la formation des scientifiques se destinant à l'industrie et se proposait d'enseigner, en trois années d'études, les dernières découvertes de la physique et de la chimie ainsi que les techniques industrielles, alliant une approche expérimentale directement applicable à l'acquisition d'un raisonnement personnel rigoureux. Les élèves, dont on exigeait une solide préparation préalable, étaient recrutés par concours à la fin de l'école primaire supérieure * [1]. Agés de quinze ans minimum, issus généralement de familles bourgeoises très modestes, ces fils d'employés, d'artisans, de petits industriels n'auraient pas pu poursuivre leurs études si l'enseignement de l'Ecole n'avait pas été entièrement gratuit. Outre une « indemnité », ou allocation d'études, de 600 francs annuels, accordée automatiquement à chaque élève admis à l'Ecole, sur simple demande de la famille, les garçons en situation particulièrement difficile pouvaient obtenir une aide supplémentaire, votée par le conseil d'administration. Cette école, méprisée par les élites, forma des physiciens éminents et plusieurs prix Nobel. Créée notamment grâce à Friedel, Léon Schützenberger (chimiste d'origine alsacienne, professeur au Collège de France) et Charles Lauth (industriel chimiste, administrateur de la manufacture de Sèvres et membre du conseil municipal de Paris), elle commença à fonctionner en novembre 1882 dans les vieux bâtiments du collège Rollin, 42, rue Lhomond. Ils étaient vétustes, situés au-dessus d'anciennes carrières effondrées et permettaient tout juste une installation provisoire avant leur

* Les écoles primaires secondaires étaient gratuites et constituaient, en principe, une étape intermédiaire entre les écoles élémentaires et les collèges. En réalité, la majorité des élèves, âgés de treize à dix-huit ans, arrêtaient là leurs études.

démolition et dans l'attente de la construction de nouveaux locaux. Cette dernière ne commencera qu'après la mort de Pierre Curie.

Le salaire de préparateur était de 4 000 francs par an, plus que le double de ce que gagnait Pierre Curie à la faculté. Ce n'était pas beaucoup, assez cependant pour une vie modeste. Curie assistait le professeur Dommer, chef du laboratoire des applications de la chaleur.

Au moment de son ouverture, l'Ecole comptait trois professeurs de physique, autant de chimie, deux de mathématiques (ces derniers reçurent, jusqu'en 1890, un salaire équivalent à celui des préparateurs car leurs cours, ne nécessitant pas de manipulations, étaient considérés comme moins fatigants !). Il y avait six préparateurs, un répétiteur et six garçons de laboratoire.

Tous les préparateurs étaient licenciés et certains terminaient leur thèse de doctorat. L'attitude de l'Ecole, à l'égard de leurs recherches personnelles, était cependant ambiguë. Dès l'inauguration, il avait été décidé que : « Les préparateurs passeront leurs journées entières à l'Ecole, ils seront chefs de travaux et aideront les élèves dans les laboratoires ; ils devront s'abstenir de faire des recherches personnelles qui ne leur permettraient pas de consacrer tout leur temps à la surveillance des élèves [2]. » Au sujet des professeurs, il fallait être plus nuancé : « Si dès à présent il n'est pas possible d'interdire aux professeurs de l'EPCI d'occuper plusieurs chaires, il est une obligation qu'on peut et qu'on doit immédiatement leur imposer, c'est leur présence effective dans les laboratoires de l'Ecole, et non pas seulement quelques visites accidentelles [3]. » Enfin, il fut affirmé très nettement : « Les professeurs ne pourront travailler ordinairement dans d'autres laboratoires que ceux de l'Ecole et là devra être le siège habituel de leurs travaux et de leurs recherches. »

En réalité, cette attitude rigide, qui ne correspondait guère à la personnalité de Schützenberger, le premier directeur, ne fut jamais respectée. Les recherches des préparateurs étaient non seulement tolérées mais encore favorisées. En ce qui concerne Curie, il était entendu qu'il pouvait utiliser le laboratoire des élèves avec tout son matériel. Il préféra cependant s'improviser un coin à lui, qu'il installa dans un « passage exigu compris entre un escalier et une salle de manipulations ; c'est là qu'il fit tout son long travail sur le magnétisme [4] ». Par la suite, il exprima souvent sa reconnaissance à Schützenberger. Sans la liberté qui lui avait été accordée et sans appui de la direction, il n'aurait pas pu faire ses travaux sur la balance ni sur le magnétisme (ni, plus tard, sur la radioactivité). Mais, plus probablement, il ne serait pas resté dans un établissement où la légitimité de ses activités de chercheur aurait pu être mise en doute. Cela étant, il est vrai que l'équipement, très insuffisant au début, ne fut complété que petit à petit, qu'il resta toujours modeste et que les crédits ne furent jamais élevés. Un tiers des élèves seulement optait pour la physique après le troisième semestre et on n'accordait par conséquent aux laboratoires de physique que la moitié de ce qui était prévu pour la chimie ; la totalité des dépenses, répartie entre sept laboratoires et neuf ateliers, ne dépassait pas 500 francs par élève et par an [5].

Chef des travaux

Curie connaissait déjà certainement deux des trois professeurs de physique, Jean-Baptiste Baille et Edouard Hospitalier, qu'il rencontrait deux fois par mois depuis plus d'un an à la Société de physique. Edouard Hospitalier, chargé du cours d'électricité et magnétisme, était un ingénieur des arts et manufactures. Baille, professeur d'optique et d'acoustique à l'EPCI, était répétiteur à l'Ecole polytechnique ; les frères Curie utilisèrent ses déterminations des valeurs électriques dans leurs études de la piézoélectricité. Seul Dommer, dont Curie devenait préparateur, ne faisait pas, jusqu'à 1892, partie de la Société. Ingénieur des arts et manufactures, agrégé de l'université, il enseignait l'hydrostatique et la chaleur. Enfin Charles-Marie Gariel, membre du conseil d'administration et futur directeur par intérim de l'Ecole, était également membre de la Société de physique ; il était ingénieur des Ponts et Chaussées et professeur agrégé à la faculté de médecine.

Pierre Curie savait – quand il se sentait à l'aise – créer autour de lui une atmosphère d'affectueuse complicité. « Il avait vingt-neuf ans lorsque j'entrai moi-même comme élève, raconte Paul Langevin ; la maîtrise que lui avaient donnée dix années entièrement passées au laboratoire s'imposait même à nous malgré notre ignorance, à travers la sûreté de ses gestes et de ses explications, à travers l'aisance nuancée de timidité de son attitude. On retournait avec joie dans ce laboratoire, où il faisait bon travailler près de lui parce que nous le sentions travailler près de nous, dans la grande pièce claire remplie d'appareils aux formes encore un peu mystérieuses où nous ne craignions pas d'entrer souvent pour le consulter, où il nous admettait aussi quelquefois pour une manipulation particulièrement délicate. Les meilleurs souvenirs peut-être de mes années d'école sont ceux des moments passés là, debout devant le tableau noir où il prenait plaisir à causer avec nous, à éveiller en nous quelques idées fécondes, à parler de travaux qui formaient notre goût des choses de la science. Sa curiosité vivante et communicative, l'ampleur et la sûreté de son information faisaient de lui un admirable éveilleur d'esprits. »

Langevin, futur inventeur du sonar, auteur de recherches dans des domaines aussi divers que le magnétisme, la relativité, les gaz ionisés ou la thermodynamique, vulgarisateur infatigable, d'abord disciple de Curie, en deviendra rapidement l'ami.

Pierre Curie put faire venir de la Sorbonne son garçon de laboratoire, Petit, qui l'assistera dans ses expériences et dont il ne se séparera jamais. Aussi, toujours d'après Langevin, « il se sentait parfaitement heureux entre sa famille, ses élèves et son laboratoire, dans la fécondité de son travail scientifique dont il ne songeait même pas à tirer parti pour améliorer une situation très modeste, craignant de perdre, en changeant, la liberté de sa vie laborieuse ». Il était, dit Langevin, parfaitement à l'aise « seul dans son laboratoire pour s'occuper d'un nombre restreint d'élèves sous la discipline paternelle de Schützenberger [6] ». En fait, tout n'était pas aussi idyllique. Il y eut 30 élèves la première année, mais déjà 60 l'année suivante, puis 90 à partir de 1884. Il incomba à Pierre Curie notamment d'organiser les laboratoires et son travail, qui consistait à diriger les travaux pratiques de garçons tout à fait inexpérimentés et à peine moins âgés que lui, était difficile et épuisant. En revanche, le rôle de pionniers qu'ils jouaient tous avait pour conséquence de resserrer les liens entre enseignants et élèves. D'après Charles Féry, élève de la première promotion, c'étaient de véritables « tours de force qu'il fallut accomplir pour transformer en laboratoires les vieux bâtiments du collège Rollin [7] ».

Jacques, comme Marie Curie, insiste beaucoup sur le retard introduit dans la carrière scientifique de Pierre par cette interruption forcée de la recherche expérimentale lorsque le jeune homme fut obligé de gagner sa vie au lieu de se consacrer à un travail personnel. Cette opinion semble pourtant discutable.

Les recherches sur la piézoélectricité étaient à ce moment achevées et le sujet à peu près épuisé. Coupé provisoirement de tous les laboratoires de recherche, Pierre Curie aurait effectivement eu du mal à se lancer tout seul dans une nouvelle étude expérimentale, à trouver immédiatement un nouveau sujet. Mais cette longue période solitaire fut celle d'une formation extrêmement importante au cours de laquelle il approfondit notamment sa connaissance des mathématiques, de la théorie des groupes en particulier.

Les études qu'il entreprit alors ne furent influencées ni par son entourage ni par son frère, ni par un directeur de recherche. Sans contrainte extérieure mais en connaissance de cause, Pierre Curie put choisir librement les sujets de ses travaux personnels, découvrir et confirmer des centres d'intérêt qui n'allaient plus changer jusqu'à la fin de sa vie.

Par ailleurs, la situation de la recherche expérimentale française était si catastrophique à cette époque que les petits laboratoires de l'EPCI pouvaient paraître magnifiques comparés à ceux des institutions publiques bien plus prestigieuses, et la situation de Pierre Curie, chercheur débutant de vingt-trois ans, enviable par rapport aux conditions de travail de certains des plus grands savants.

Claude Bernard, qui avait effectué ses recherches dans des locaux déplorables, avait déclaré quelques années auparavant que « les laboratoires sont les tombeaux des savants ». Marcelin Berthelot était installé dans un laboratoire à peine digne de ce nom à l'Ecole de pharmacie (et qui fonctionnait grâce à l'aide apportée par sa famille), les laboratoires de l'Ecole polytechnique n'avaient pas été modernisés depuis leur ouverture en 1794 [8].

Louis Pasteur lançait, en vain, des cris d'alarme : « Qui voudra me croire quand j'affirmerai qu'il n'y a pas, au budget de l'Instruction publique, un denier affecté aux progrès des sciences physiques par les laboratoires ; que c'est grâce à une fiction et à une tolérance administrative que les savants, envisagés comme professeurs, peuvent prélever sur le trésor public quelques-unes des dépenses de leurs travaux personnels, au détriment des allocations destinées aux frais de leur enseignement. Aussi combien n'en nommerais-je pas parmi eux qui contribuent de leur patrimoine aux dépenses des recherches par lesquelles ils honorent leur pays [9] ! »

En effet, si quelques laboratoires corrects fonctionnent en France au milieu du XIXe siècle, c'est parce que les savants qui y travaillent sont riches : Hippolyte Fizeau, Léon Foucault, Jean-Baptiste Dumas, Jean-Baptiste Boussignault ont construit et équipé les leurs à leurs frais * [10]. François Magendie, en revanche, a dû se contenter, au Collège de France, de « quelques mètres carrés où même les rats ne pouvaient pas survivre [11] ».

« Le gros cristal qui mange les petits »

Pierre Curie sut profiter du peu qui lui était offert. Si sa curiosité intellectuelle, inépuisable, englobait des sujets extrêmement divers, on remarque, dans ses centres d'intérêt, quelques constantes. Les cristaux en particulier qui ont toujours été le point de départ de ses recherches. Fascination esthétique ? Admiration de la beauté et de la simplicité des formes minérales ? Souvenir des excursions à la campagne effectuées en compagnie de son frère, resté minéralogiste ? Toujours est-il que sa réflexion sur la piézoélectricité, la symétrie ou même le magnétisme, prend son origine dans l'observation des cristaux, et c'est aux propriétés des cristaux qu'aboutissent en fin de compte ses théories les plus abstraites dans la phase de leur vérification expérimentale.

D'un autre côté, on peut imaginer que, s'il n'avait pas été physicien, Pierre Curie aurait été mathématicien **. On sent que les mathématiques l'attirent énormément, il est séduit par leur côté abstrait, leur pouvoir de généralisation qui, avec un minimum de moyens et d'hypothèses, permet d'élaborer des théories cohérentes très simples et en même temps universelles. Une théorie qui, en quelques lignes, permet de rendre compte des propriétés des corps et de situations extrê-

* L'unique laboratoire public convenable était celui de Sainte-Claire Deville à l'Ecole normale supérieure, installé par l'empereur en tant que faveur personnelle.

** D'après Marie Curie (*Pierre Curie,* p. 18), il aurait aimé suivre les cours des mathématiques supérieures mais dut y renoncer pour travailler et continuer ses recherches. Cependant, ses activités n'étaient pas vraiment incompatibles avec la poursuite des études.

mement diverses émerveille Pierre Curie. Pouvoir l'appliquer aux cristaux, s'en servir pour expliquer ce qu'on avait observé, prévoir des faits nouveaux et vérifier qu'ils existent effectivement tels que la théorie les a décrits, lui procure une joie énorme. Il peut même, ensuite, se servir de tous ces résultats pour inventer un appareil très ingénieux, le construire de ses propres mains. Car si la théorie est d'autant plus belle et élégante qu'elle est générale, la plus simple de ses applications mérite une attention passionnée.

C'est au cours de ces années que Pierre Curie élabore la théorie de la symétrie des phénomènes physiques.

Mais avant de nous pencher sur une des contributions majeures de Pierre Curie à la science, le sujet qui l'a peut-être le plus passionné toute sa vie, signalons un bref article publié en 1885, intitulé « Sur la formation des cristaux [12] ». On peut retrouver, sur cette question marginale par rapport à l'ensemble de son œuvre publiée, tout ce qui caractérise sa démarche.

Il s'agit d'un travail théorique appliqué à un problème bien concret, à savoir la croissance cristalline, étudié alors pour la première fois. Une page de considérations absolument générales concernant l'équilibre des forces est appuyée par des calculs tout à fait élémentaires, valables pour tout autre type de problème. Pierre Curie le dit lui-même :

« La théorie qui précède permet donc de résoudre toute une série de questions ; elle est basée sur les principes généraux de la science, et ne faisant pas d'hypothèse particulière elle ne nous donne aucune notion précise sur le mécanisme de la formation des cristaux. »

En revanche, elle explique pourquoi « le plus gros cristal mange les petits », pourquoi ce sont certaines faces qui se développent et pas les autres, bref, pourquoi la forme des cristaux n'est pas quelconque mais parfaitement déterminée.

L'idée est étonnamment simple.

Elle concerne tout corps déformable, les cristaux n'étant qu'un cas particulier. En l'absence de forces extérieures, le corps tendra toujours à adopter la forme qui le rendra le plus stable, c'est-à-dire d'énergie interne minimale. Pour cela sa surface, lieu d'interactions avec le milieu extérieur, doit être minimale. Pour un corps homogène, la forme la plus stable est celle d'une sphère. Pour un cristal, dont la forme dépend de la nature des molécules qui le composent, la croissance, quand il est plongé dans une « solution mère », se fait toujours selon le même principe, mais en tenant compte des valeurs différentes des constantes capillaires qui caractérisent les faces. S'il était parfaitement homogène, il serait sphérique. Dans les autres cas, la connaissance des constantes capillaires et la forme du motif cristallin permettent de rendre compte des dimensions des diverses faces.

Pierre Curie revint dix ans plus tard, en 1896, sur le même problème. Il se proposait cette fois d'étudier l'aspect expérimental de la croissance des cristaux, à savoir la vitesse d'accroissement de différentes faces en fonction de la solubilité du cristal. Les manipulations étaient délicates et demandaient des conditions précises et parfaitement contrôlées. Il n'en publia jamais les résultats qu'il considérait comme incomplets au moment où il interrompit ses travaux (pour quelques semaines seulement, pensait-il), en décidant de s'associer temporairement avec sa femme dans la recherche de nouveaux éléments radioactifs [13]. Plusieurs pages au début du premier carnet de laboratoire consacré à la radioactivité comportent des notes sur les propriétés des cristaux [14]. On peut affirmer sans grand risque d'erreur que la radioactivité surgit tout à fait accidentellement dans la vie scientifique de Pierre Curie.

La symétrie des phénomènes

Le problème de la symétrie resta, en revanche, toujours présent dans la réflexion de Pierre Curie. Il lui consacra plusieurs articles à partir de 1884, dont le plus important, « Sur la symétrie des phénomènes physiques », fut d'abord présenté à la Société de physique, le 19 janvier 1894, puis publié en septembre 1894 dans le *Journal de physique* [15]. C'est là que le principe de symétrie trouva sa formulation définitive et, on peut le dire, parfaite.

A la fois abstrait et évident, son intérêt échappe facilement à un non-spécialiste. Mais la trivialité apparente du raisonnement de Curie ne doit pas tromper : il s'agit d'un des principes de base de toute la physique. Négligé pendant près d'un siècle, « redécouvert » autour de 1980, le principe de symétrie devient désormais « à la mode », cité plus de fois dans une année qu'il ne le fut au cours de tout le siècle. « En avance sur son temps », selon la formule consacrée, il constitue un fondement de la démarche de la mécanique quantique et de la physique des particules.

Si on veut remonter à l'origine de cette idée chez Pierre Curie, on tombe inévitablement sur les cristaux. L'étude de la symétrie cristalline n'est pas nouvelle et les travaux de René Just Haüy, d'Auguste Bravais, puis de Sohnke, de Schönflies et de Fedorov avaient déjà permis de classer toutes les formes des cristaux en 230 groupes de symétrie. En 1850, Louis Pasteur remarqua le rôle de la symétrie (ou plutôt de la dissymétrie) dans la matière organique. Depuis longtemps la recherche de la symétrie est le passage obligé de toutes les études cristallographiques. La particularité de Pierre Curie est de ne pas s'être arrêté là. Il s'est déjà servi des propriétés de la symétrie cristalline pour prévoir l'existence d'un phénomène nouveau, la piézoélectricité. Maintenant, il généralise sa méthode. « Je pense, écrit-il au début de son article, qu'il y aura intérêt à introduire dans l'étude des phénomènes physiques les considérations sur la symétrie familières aux cristallographes. » L'idée n'était apparemment pas évidente car : « Certains esprits peuvent hésiter à transporter à un milieu physique quelconque une classification qui a été établie d'abord au point de vue de la géométrie pure. » Pierre Curie prend donc soin de démontrer la légitimité de sa démarche.

Les cristaux sont l'exemple le plus frappant de la symétrie dans la nature. Mais pour Pierre Curie, la symétrie ne se manifeste pas seulement dans les objets, elle caractérise également les phénomènes, et par conséquent l'espace où ils ont lieu. Cela non plus n'a rien de nouveau. Pierre Curie lui-même en convient : « Les physiciens utilisent souvent les conditions données par la symétrie, mais négligent généralement de définir la symétrie dans un phénomène, parce que, assez souvent, les conditions de symétrie sont simples et presque évidentes *a priori* [16]. » Pourtant : « Les agents physiques produisent des effets différents dans les divers milieux cristallins, non seulement parce que ces milieux n'ont pas la même symétrie, mais aussi parce que les agents physiques eux-mêmes agissent avec une dissymétrie qui leur est propre [17]. »

La théorie des groupes constitue l'outil mathématique de base permettant d'utiliser le principe de symétrie. Elle fut élaborée vers 1830 par Evariste Galois, décrite dans un texte que ce jeune mathématicien écrivit la nuit précédant sa mort dans un duel, en 1832. En 1870, Camille Jordan compléta les travaux de Galois. Pierre Curie les découvrit quelques années plus tard ; le premier, il eut l'idée de les appliquer en physique, démarche qui, depuis, est devenue fondamentale. Un groupe est une structure algébrique générale que possèdent certains ensembles d'objets (quelconques), par exemple des ensembles de transformations mathématiques comme la rotation, l'addition ou la multiplication. Il permet de définir simplement les relations entre les éléments de l'ensemble. Les ensembles de transformations qui possèdent la structure de groupe conservent certaines propriétés des objets auxquels on les applique. Le produit de deux transformations qui forment un groupe fait encore partie du groupe, un groupe possède toujours un élément neutre, c'est-à-dire l'opération qui laisse l'objet inchangé. Les ensembles des transformations de symétrie – par rapport à un point, à un axe, à un plan – ne changent ni la forme ni les dimensions de l'objet et possèdent la structure de groupe.

Curie classa les groupes de symétrie possibles en 19 familles. Il remarqua que pour décrire les transformations symétriques consistant en une réflexion par un miroir accompagnée d'une rotation ou d'une translation, les éléments de symétrie connus, c'est-à-dire les plans et les centres, n'étaient pas suffisants ; il introduisit alors les notions nouvelles du plan de symétrie rotatoire et du plan de symétrie translatoire. Tout cela lui permit de définir les symétries caractéristiques des « agents physiques ». Il nota alors que les symétries qui concernent la majorité des phénomènes sont celles qui contiennent un axe d'isotropie. Ainsi, un corps comprimé dans un sens a la symétrie d'un cylindre circulaire droit. Au champ de gravitation et au champ électrique correspond la symétrie d'un tronc de cône (pas de centre de symétrie ni de plan de symétrie normal à l'axe d'isotropie) ; c'est aussi la symétrie d'une force et d'une vitesse. « Tous ces phénomènes sont très convenablement représentés par une flèche », note Pierre Curie. Le champ magnétique, en revanche, n'admet pas de plan de symétrie parallèle à son axe d'isotropie mais peut en posséder un qui lui est perpendiculaire (autrement dit, le champ magnétique est superposable à son image dans un miroir : celle-ci n'est pas inversée) : c'est la symétrie d'un cylindre tournant autour de son axe. C'est pour cela que la représentation du champ magnétique par une flèche est « défectueuse au point de vue spécial de symétrie ».

La définition précise des agents physiques et du milieu où ils agissent constitue l'étape préalable à l'application du principe de symétrie. Voici son énoncé donné par Pierre Curie en 1894 :

« La symétrie caractéristique d'un phénomène est la symétrie maxima compatible avec l'existence du phénomène.

« Un phénomène peut exister dans un milieu qui possède sa symétrie caractéristique ou celle d'un des intergroupes de sa symétrie caractéristique.

« Autrement dit, certains éléments de symétrie peuvent coexister avec certains phénomènes, mais ils ne sont pas nécessaires. Ce qui est nécessaire, c'est que certains éléments de symétrie n'existent pas. C'est la dissymétrie qui crée le phénomène. »

Il en découle que :

« Lorsque certaines causes produisent certains effets, les éléments de symétrie des causes doivent se retrouver dans les effets produits.

« Lorsque certains effets révèlent une certaine dissymétrie, cette dissymétrie doit se retrouver dans les causes qui lui ont donné naissance.

« La réciproque de ces deux propositions n'est pas vraie, au moins pratiquement, c'est-à-dire que les effets produits peuvent être plus symétriques que les causes. »

Et encore :

« Lorsque deux phénomènes de nature différente se superposent dans un même milieu, les dissymétries s'ajoutent [18]. »

D'une manière plus concrète, ces règles permettent de simplifier considérablement l'étude de nombreux phénomènes physiques.

« Un corps, écrit Pierre Curie, situé dans un champ électrique ou magnétique est assimilable à une matière cristallisée en ce sens que le corps est devenu anisotrope. N'est-il pas naturel d'énoncer alors les éléments de symétrie d'un pareil corps comme on le fait pour les cristaux ? (...) Beaucoup de questions se trouvent éclaircies par ces considérations sur la symétrie. Dans le cas de la pyroélectricité par exemple, l'action de la chaleur n'apporterait par elle-même aucune dissymétrie ; il faut que cette dissymétrie provienne du cristal lui-même qui doit avoir une symétrie égale ou inférieure à celle du champ électrique [19]. »

Prenons un exemple. Un fil de fer aimanté dans le sens de sa longueur est parcouru par un courant électrique. Il subit donc l'action de deux champs, électrique et magnétique, parallèles, mais de symétries différentes. Le champ électrique exclut la possibilité de l'existence d'un centre et d'un plan de symétrie perpendiculaire à l'axe du fil. Le champ magnétique interdit la présence des plans de symétrie passant par l'axe. L'axe du fil reste donc le seul élément de symétrie possible. Ce qui, d'après l'étude mathématique faite auparavant par Pierre Curie, correspond à la symétrie d'un cylindre tordu. Le fil devrait donc se tordre. C'est effectivement ce qui arrive. Le phénomène est connu sous le nom de l'effet de Wiedemann.

Cette manière de raisonner est absolument générale et s'applique à tous les phénomènes sans exception.

Citons maintenant la conclusion de l'article :

« *Il n'est pas d'effet sans causes.* Les effets, ce sont les phénomènes qui nécessitent toujours, pour se produire, une certaine dissymétrie. Si cette dissymétrie n'existe pas, le phénomène est impossible. Ceci nous empêche souvent de nous égarer à la recherche de phénomènes irréalisables. »

Actuellement encore on rencontre des travaux dont l'auteur, ignorant visiblement le principe de symétrie de Curie, se lance dans des recherches dont le résultat négatif est garanti d'avance. Quelques vérifications préalables auraient pourtant évité une perte de temps inutile.

« Les considérations sur la symétrie nous permettent encore d'énoncer une deuxième sorte de conclusions, poursuit Curie, celles-ci de nature positive mais qui n'offrent pas la même certitude dans les résultats que celles de nature négative. Elles répondent à la proposition : *Il n'est pas de cause sans effets.* »

La lettre que Curie adressa à Charles Lauth (membre, à cette époque, du conseil d'administration de l'EPCI) en septembre 1895, un an après la publication de son article, prouve à quel point il tenait à ses idées tout en craignant de ne pas se faire comprendre :

« J'ai publié dans le *Journal de physique* un article sur la symétrie dans les phénomènes physiques ; je trouve que ces notions de symétrie sont importantes et cependant j'ai grand peur que cette question ne tombe dans l'oubli parce que je l'ai présenté sous une forme familière aux cristallographes mais à laquelle les physiciens ne sont pas accoutumés. Je viens vous demander si vous ne voudriez pas prendre mon cours et réserver à cette question cinq ou six pages de votre ouvrage. Ce serait en quelque sorte une consécration officielle, à laquelle j'attache un grand prix [20]. »

La consécration officielle se fit attendre. La question ne tomba pourtant pas dans l'oubli ; les idées de Curie furent rapidement connues et appréciées par certains physiciens. Mais il s'agissait du cercle restreint des savants capables de saisir la portée d'un principe très abstrait et, par ailleurs, difficile à manipuler à cause de la complexité de la théorie des groupes, généralement ignorée à l'époque. Ce ne fut pas Charles Lauth, directeur de Curie, mais Paul Langevin, son élève, qui devait contribuer à la diffusion du principe de symétrie (que Langevin utilisa dans ses propres travaux). En 1904, dans une conférence consacrée aux méthodes de l'enseignement secondaire, Langevin proposera d'introduire le principe de symétrie dès le début de l'enseignement de la physique, en même temps que les deux principes de la thermodynamique [21].

Actuellement, la notion de symétrie, dont le sens a été élargi à plusieurs reprises, indissociable des lois de conservation (d'énergie, d'impulsion...) essentielles en physique, est devenue également le concept permettant la construction des théories « à symétrie de jauge » qui décrivent les interactions entre les particules élémentaires, comme l'électromagnétisme et les interactions nucléaires. La recherche de symétries nouvelles (dont la « supersymétrie » est la première), fondement possible d'une théorie unique englobant tous les phénomènes, est au centre des préoccupations des physiciens. Dans toutes ces théories, ce sont les exceptions au principe de symétrie, les situations où la symétrie des causes ne se retrouve pas dans les effets, qui, sous le nom de « brisures spontanées de symétrie », expliquent un grand nombre de phénomènes, depuis les plus familiers jusqu'à ceux qui concernent le monde des particules quantiques.

Magnétisme libre

Cette réflexion sur la symétrie et l'étude détaillée des symétries des « agents physiques » attira l'attention de Curie sur le magnétisme. C'est un phénomène très connu, mais ses propriétés exceptionnelles intriguent encore aujourd'hui. Elles sont d'autant plus étonnantes que le magnétisme est étroitement lié à l'électricité, qu'une charge électrique en mouvement crée un champ magnétique et inversement, qu'un courant électrique dévie une aiguille magnétique, que les deux sont décrits par une seule théorie, l'électromagnétisme. Cependant le magnétisme est un phénomène à part. Cela n'avait pas échappé à Pierre Curie. En effet, s'il existe deux sortes de charges magnétiques, « le pôle nord » et « le pôle sud », on n'a jamais réussi à les séparer comme on sépare les charges électriques positives et négatives. Aussi petit que soit un aimant, il possède toujours les deux pôles. Alors qu'il est possible de mettre les charges électriques en mouvement – ce qui donne le courant électrique –, personne n'a jamais observé de courant magnétique. Rien pourtant dans la théorie n'explique cette différence entre l'électricité et le magnétisme. Il parut donc logique à Pierre Curie que « le magnétisme libre » et la conductibilité magnétique devaient exister. C'est en s'appuyant sur les règles de symétrie qu'il devait tenter de déterminer *a priori* leurs propriétés.

Dans un article [22] de moins de deux pages écrit immédiatement après celui sur la symétrie, Pierre Curie formule la question :

« Le parallélisme des phénomènes électriques et magnétiques nous amène naturellement à nous demander si cette analogie est plus complète. Est-il absurde de supposer qu'il existe des corps conducteurs du magnétisme, des courants magnétiques, du magnétisme libre ? »

Pour s'en convaincre :

« Il convient d'examiner si des phénomènes de ce genre ne seraient pas en contradiction avec les principes de l'Energétique ou avec les conditions de symétrie. On constate qu'il n'y aurait aucune contradiction. Un courant magnétique dégagerait de la chaleur ; il aurait la symétrie du champ magnétique qui lui a donné naissance et jouirait de la curieuse propriété pour un courant d'être symétrique par rapport à un plan normal à sa direction. Le courant de magnétisme créerait un champ électrique comme le courant électrique crée un champ magnétique et suivant les mêmes lois. »

Il suffit d'une page pour décrire minutieusement les propriétés de ce magnétisme libre hypothétique, en se fondant uniquement sur les règles de symétrie et la conservation de l'énergie. « Il serait certes téméraire, admet Pierre Curie, d'induire de là que des phénomènes existent réellement. » Si toutefois ils existent, il devrait être possible de construire un transformateur magnétique analogue aux transformateurs de courants alternatifs. Il comporterait un noyau annulaire conducteur du magnétisme et transformerait un courant magnétique continu en un autre courant continu. Pierre Curie construit un appareil répondant à toutes les conditions théoriques, prend toutes les précautions possibles mais n'observe rien.

Ce problème, qu'il n'arrivait pas à résoudre, l'a préoccupé toute sa vie et il y est revenu à plusieurs reprises. Hormis le bref article de 1894, il n'en a jamais parlé, faute de résultats. Il n'a pas pu s'empêcher de rapprocher l'énigme du magnétisme d'un autre phénomène mystérieux qui l'intriguait et auquel il ne trouvait pas d'explication : le spiritisme. Il leur soupçonnait une origine commune et voulait entreprendre une étude scientifique systématique des phénomènes spirites. De nombreux scientifiques, et non pas des moindres – Richet, Flammarion, d'Arsonval, pour ne citer que ceux-là – étaient passionnés par ces phénomènes qui – croyaient-ils – allaient ouvrir un nouveau domaine à la science. Au moment même où Curie rédigeait son article, il écrivait à Marie Skłodowska, sa fiancée : « Je dois vous avouer que ces phénomènes spirites m'intriguent beaucoup. Je crois qu'il y a dedans des questions qui touchent de près à la physique. Il y a un agent inconnu dans ces phénomènes. Ne serait-ce pas simplement le magnétisme libre [23] ? » Convaincu de la réalité de ces phénomènes, il cherchera plus tard à les rapprocher des autres sujets de ses recherches dont l'origine lui échappait. Ce sera le cas de la radioactivité.

Quant au « magnétisme libre » ou, pour utiliser la terminologie plus récente, le monopôle magnétique porteur de la charge magnétique isolée, sud ou nord, il est toujours recherché par les physiciens, qui, de temps en temps, pensent l'avoir enfin détecté. Son existence découle de la mécanique quantique aussi logiquement que du principe de symétrie. Ses caractéristiques, qui sont étranges, ont été calculées par Paul Dirac dans le cadre de la théorie quantique dans les années 1930.

De la géométrie et des flèches

Deux autres questions sont liées à l'étude de la symétrie. La première est la représentation géométrique des phénomènes. Cette vision des choses, considérée comme « vulgaire » car ramenant au niveau de schémas imparfaits l'idéalisation théorique abstraite, était absente des travaux des autres physiciens ; elle ne se retrouvait que dans les textes de géométrie ou, en physique, dans quelques schémas annexes (et en cristallographie bien sûr, mais alors il s'agissait de la description des formes des pierres). Pierre Curie fait exception. Si l'abstraction et la généralité de sa pensée dépassent de beaucoup celle des autres auteurs, il ne répugne pas à donner à la représentation dans l'espace une importance capitale. C'est justement sa manière de considérer les phénomènes physiques comme intimement liés à l'espace, mieux, comme des conséquences des propriétés de l'espace, qui lui a permis ses découvertes sur la symétrie. C'est exactement ainsi que procède la physique actuelle. Cette vision moderne rejoint également les dernières tendances en mathématiques, marquées par un retour vers la géométrie et la représentation graphique.

Plus tard, dans sa première leçon de 1902 à la Sorbonne, Pierre Curie affirmera, contrairement à la majorité des enseignants, que très peu de mathématiques sont nécessaires à la compréhension de son cours. Mais ce minimum doit comprendre justement la géométrie, qui permet « la représentation graphique du phénomène. On peut ainsi voir mieux et même avec moins d'effort. C'est comme si on perfectionnait nos organes [24] ».

La deuxième question, une conséquence de la première, ou même un aspect particulier de la vision géométrique, est la notation des grandeurs physiques par les vecteurs. L'étude de la symétrie de chaque phénomène entraîne leur classification en grandeurs scalaires ou vectorielles. Procédé tellement évident actuellement qu'on oublie à quel point il est récent. Pierre Curie en est un des pionniers, il met en évidence et précise la représentation des phénomènes par « les flèches », introduit la notion de vecteur axial à côté de celle de vecteur polaire, attire l'attention sur l'importance des tenseurs. Ce type de représentation, traité par les procédés de symétrie, permet une très grande économie des moyens et une vision globale pratiquement immédiate. Ainsi, comme l'écrira plus tard Marie Curie : « Toute la physique cristalline peut être mise sous forme telle que les phénomènes particuliers dont il s'agit ne sont pas spécifiés, mais que seules sont étudiées les relations géométriques et analytiques entre les types de grandeur dont les unes sont considérées comme causes et les autres comme effets [25]. »

Voici quelques extraits du premier article sur la symétrie, très mathématique, écrit en 1884 :

« Une force, une vitesse, une intensité de champ électrique peuvent être représentées par une ligne d'une certaine grandeur et d'une certaine direction ayant son origine au point, et ces qualités ont un axe d'isotropie par lequel passent une infinité de plans de symétrie. » C'est la définition du vecteur polaire.

« (...) Une intensité de champ magnétique en un point peut être produite par un courant électrique circulaire ayant son centre au point considéré.

« Prenons le symétrique de ce courant par rapport au plan qui le contient ; rien ne sera changé et le champ magnétique restera le même ; cependant, si l'on représentait ce champ par une flèche dans la transformation symétrique, il aurait changé de sens. Pour représenter convenablement une intensité de champ magnétique en un point, il faut figurer une circonférence normale au champ ayant son centre au point considéré et supposer chaque point de cette circonférence doué d'une qualité spéciale qui puisse être représentée par une petite flèche tangente à la circonférence [26]. »

Le langage mis à part, c'est la définition du vecteur axial *.

Les noms actuels de vecteur polaire, de vecteur axial et de tenseur ont été introduits quelques années plus tard par le physicien allemand Woldemar Voigt dans le cadre de ses recherches sur les propriétés élastiques, magnétiques et thermiques des cristaux.

* Une vingtaine d'années auparavant, James Clerk Maxwell distinguait déjà, également sans les nommer, les vecteurs polaires et axiaux dans son *Traité d'électricité et de magnétisme* : « La direction et la grandeur d'une quantité peuvent dépendre d'une action ou d'un effet qui se produit entièrement suivant une certaine ligne, ou bien elles peuvent dépendre de quelque élément qui est de la nature d'une rotation autour de cette ligne prise comme axe. » (Ed. Gabay, 1989). Il est intéressant de noter que c'est de l'expérience seule que Curie tire sa description des propriétés des champs électrique et magnétique ; il n'utilise, à aucun moment, les équations de Maxwell.

Voigt, que Curie rencontrera en 1900 lors du Congrès de physique, mettra également au point, sur la base des travaux des frères Curie, la théorie générale de la piézoélectricité.

Citons, pour conclure, le texte de Pierre Curie, de 1902, résumant ses travaux de cette époque :

« On peut envisager comme introduction aux théories de la physique des théories très générales dans lesquelles la nature des phénomènes n'est pas précisée, mais où l'on spécifie la symétrie caractéristique des grandeurs dirigées qui interviendront comme causes dans la production des phénomènes, et la symétrie caractéristique des grandeurs dirigées qui représenteront les effets produits. On pourra considérer de plus le cas où le milieu dans lequel agissent les causes est lui-même doué d'une certaine dissymétrie (cas de la matière cristallisée). (...) Mais l'avantage principal d'une pareille théorie est de pouvoir distinguer, dans l'étude d'un phénomène particulier, quels sont les faits qui sont une conséquence nécessaire de la nature générale des phénomènes, quels sont ceux qui peuvent être considérés, au contraire, comme caractéristiques du phénomène étudié [27]. »

Quand on regarde les papiers laissés par Pierre Curie on est surpris par la quantité de textes consacrés à la symétrie et aux cristaux et portant diverses dates entre 1894 et 1906. Ils dépassent de loin tous les autres. Notes pour les cours, notes personnelles, ébauches d'articles, brouillons pour le livre qu'il projetait d'écrire et qu'il voulait commencer par cette phrase : « C'est pour obéir à la loi de symétrie que l'âne de Buridan mourait de faim entre deux bottes de foin [28]. »

Chapitre IV

DES MULTIPLES USAGES DE LA BALANCE

Pendant ce temps, l'Ecole se développe. Entre 1888 et 1892, on met en place une quatrième année de perfectionnement et un laboratoire de recherche ; en 1889, on installe le téléphone et on décide d'amener directement, par câble, l'énergie électrique de l'usine des Halles ; cette même année, une somme de 4 000 francs est accordée pour de nouveaux aménagements des services de physique déclarés « trop à l'étroit ». Le nombre d'enseignants augmente et les préparateurs reçoivent, « en raison de l'importance de leurs fonctions », le titre de chefs des travaux alors que les aides préparateurs deviennent à leur tour préparateurs. La bibliothèque n'arrête pas de s'agrandir et acquiert, en dehors des manuels et des ouvrages généraux, plusieurs traités spécialisés et la collection complète, depuis 1789, de la revue de recherche, les *Annales de physique et de chimie* [1].

Pierre Curie quant à lui, s'acquitte consciencieusement de ses fonctions et continue ses recherches au fil de son inspiration. Ses travaux sont présentés à l'Académie des sciences et il fait partie de plusieurs sociétés savantes : outre la Société française de physique, il est membre de la Société française de minéralogie et de la Société internationale des électriciens, sans parler de l'Association amicale des élèves et anciens élèves de la faculté des sciences. Les membres de chaque société se réunissent une ou deux fois par mois en séances de travail dont l'essentiel est constitué par les exposés présentés par les participants. Ces sociétés organisent aussi des dîners amicaux. Ainsi Curie peut-il rencontrer régulièrement d'autres chercheurs mais, intimidé par l'imposante assemblée des savants célèbres, il reste toujours réservé.

« Il profitait de la facilité avec laquelle on oublie les meilleurs quand ils vivent à l'écart », pour citer encore une fois Paul Langevin, qui, comme toujours, idéalise. En réalité, Curie se sent très seul. Les années où il travailla comme préparateur à l'EPCI, école professionnelle sans grandes prétentions, n'ont certainement pas été des années perdues ; son isolement au cours de cette période reste cependant un fait grave et regrettable. Faux solitaire qui détestait la foule et les relations superficielles, Curie avait un grand besoin d'amis et de confidents, comme il avait besoin d'être encouragé et rassuré. Il ne connaissait pas d'attachements passagers et toutes ses amitiés – que ce soit celle avec son élève Langevin, avec son aide Petit ou avec les professeurs renommés comme Lippmann ou Friedel – ont toujours été profondes et durables. Mais les amis de cette période étaient trop différents de lui, ou trop inaccessibles, pour devenir ses interlocuteurs. Surtout, la séparation d'avec Jacques était dure à supporter.

Curie passa ces dix années non pas en dehors du monde scientifique, mais à sa périphérie. Il commença par se résigner à cet isolement en attendant – on ne sait quoi –, puis n'osa plus rien faire. Il ne s'occupait pas de sa promotion, trop incertain de sa propre valeur et ne sachant pas comment s'y prendre. Les honneurs et titres ne lui importaient pas et, s'il avait à se distinguer, il préférait que ce soit d'une toute autre manière. Cependant, préparateur depuis plus de dix ans déjà, il devait songer à son doctorat s'il ne voulait pas rester chef des travaux à vie. Il mit du temps à s'y décider.

Entre les appareils et la théorie

Il faisait régulièrement, aux séances de la Société de physique, des démonstrations des nouveaux appareils qu'il n'arrêtait pas d'inventer (seul ou avec des collaborateurs, comme René Blondlot) : une balance de précision apériodique, un dynamomètre de transmission avec système de mesure optique, un condensateur absolu à anneau de garde, un condensateur étalon viennent compléter la série commencée avec ses appareils piézoélectriques. Le fait même n'a d'ailleurs rien d'original. A cette époque, presque tous les physiciens concevaient et construisaient eux-mêmes leurs appareils de mesure, qui ensuite, éventuellement, pouvaient servir de modèle aux constructeurs spécialisés, être fabriqués en plus grand nombre d'exemplaires et vendus à d'autres laboratoires.

La balance apériodique mérite cependant quelques mots de plus car sa construction, accompagnée d'une série de recherches expérimentales effectuées en partie avec l'aide des élèves de l'Ecole (auxquels on doit un certain nombre des calculs) * devint rapidement une source de revenus pour toute sa vie.

Permettant d'effectuer des pesées rapides ** et très précises, elle allait rendre de grands services au cours des travaux d'isolement du radium. Elle était très utile

* Dans son long article « Équations réduites pour le calcul des mouvements amortis » paru en 1891 (*Œuvres*, p. 158) Pierre Curie mentionne à plusieurs reprises ses élèves qui « ont effectué avec soin des calculs numériques et construit les courbes... », en particulier Langevin et Cathelin. Maintenant encore, rares sont les enseignants qui reconnaissent publiquement et par écrit ce genre de contribution à leur travail.

** La balance était équipée des amortisseurs à air capables d'arrêter le fléau après une ou deux oscillations ce qui permettait de limiter les essais successifs de petits poids à 0,1 gramme (la partie la plus longue et la plus délicate d'une pesée), la différence des poids pouvant être lue directement sur le micromètre à l'aide d'un microscope incorporé aux parois de la cage. (*Œuvres*, p. 530.)

pour certaines analyses chimiques où la rapidité des mesures est indispensable. Pierre Curie prit un brevet pour cette balance en octobre 1888 ; il le céda trois mois plus tard à la Société centrale des produits chimiques pour 10 % sur les ventes, une redevance de 20 % sur les modifications d'autres modèles, 30 % sur les licences accordées aux autres constructeurs [2]. En 1897 il établit un deuxième brevet pour de nouveaux perfectionnements de la balance.

Les revenus de la balance augmenteront assez vite, sans jamais atteindre, il est vrai, des montants élevés. Quelques centaines de francs par an au début, 2 000 en 1899, 1 300 l'année suivante. Comparées au salaire de Curie, ces sommes sont cependant importantes. En plus, ce petit travail dans l'industrie lui plaît et l'amuse. Curie aime inventer, construire, organiser. Il peut le faire à loisir avec la balance et ce jeu (car il s'amuse réellement en lisant les relevés des ventes *) est d'autant plus agréable et gratifiant qu'il donne des résultats immédiats et quantifiables tout en lui laissant une entière liberté d'esprit ; il ne l'engage pas devant les savants dont il voudrait gagner l'estime. Bien sûr, la rédaction des brevets et autres descriptions techniques constituent une corvée **, mais on ne le lui demande pas souvent. En 1900, devant la possibilité de quitter Paris pour Genève, Curie sentira à quel point il est attaché à « sa petite affaire ». Et aussi à la Société centrale. Leur collaboration se diversifiera par la suite, deviendra essentielle lors de la purification des premières matières radioactives. Il est curieux de constater à quel point la vie de Curie est exempte de

* « Vraiment, grâce à vous, la ville de Lyon va être celle où notre importante maison fera le plus gros chiffre d'affaires ! » annonce sa lettre du 17 mars 1892 à Georges Gouy installé à Lyon ; Curie décrit ensuite, sur un ton amusé et ironique, les détails de commandes. (NAF 18515.)

** « Il faut absolument que je le [brevet] rédige avant de m'en aller, cela m'ennuie au possible », écrit-il à sa femme en juillet 1897. (NAF 18447.)

ruptures ; tout s'y enchaîne toujours, chaque élément trouvant sa place dans le contexte du moment.

Curie participera également, dès 1895, au conseil technique de la Société parisienne de verrerie optique, qui lui paye 100 francs par mois plus 20 % des bénéfices nets réalisés par l'exploitation d'un objectif photographique nouveau dont il a fourni « les formules et les courbes [3] ».

La balance a aussi un intérêt théorique. Pierre Curie généralisera le travail qui avait abouti à sa mise au point par une étude des mouvements amortis, puis par celle de leurs applications à des questions particulières. La première concerne encore les instruments de mesure. L'objectif, pour lequel Curie cherche toujours des nouvelles solutions, est la conception d'appareils dits apériodiques, c'est-à-dire revenant à leur position d'équilibre immédiatement après la mesure, sans oscillations. C'était déjà le but recherché avec les électromètres, c'est également un des problèmes de la balance. La deuxième question est celle de la description des fluides par les équations de Van der Waals établies en 1880 ; elle lui suggérera de plus une explication des phénomènes magnétiques. Ce va-et-vient continuel entre la théorie et la technique, cette réflexion englobant, dans un même raisonnement, des domaines distincts et sans relations évidentes, sont typiques de la pensée de Pierre Curie.

Trois magnétismes différents

Le magnétisme était le sujet essentiel des travaux qu'il commença vers 1891. Le domaine était presque vierge à cette époque où l'on ne dépassait guère la description de l'action de l'aimant et des substances magnétiques, du magnétisme terrestre, des actions réciproques des aimants et des courants électriques. On peut supposer que Pierre Curie s'intéressa au problème à la suite des recherches sur la symétrie qui l'amenèrent à étudier le champ électromagnétique et à réfléchir sur le magnétisme libre. C'est alors qu'il se posa des questions sur la division de toutes les substances en trois catégories : corps diamagnétiques, faiblement magnétiques et ferromagnétiques. « Cette séparation supporte-t-elle un examen plus approfondi ? Existe-t-il des transitions entre ces groupes ? S'agit-il de phénomènes entièrement différents, ou avons-nous affaire à un phénomène unique plus ou moins déformé ? » se demande-t-il dans l'introduction du mémoire qu'il présentera, en 1895, comme thèse de doctorat. Voici sa démarche :

« Indépendamment de toute théorie, on sent qu'un phénomène est connu dans ses grandes lignes lorsque nos connaissances forment un continu, lorsque nous pouvons, entre deux cas donnés, imaginer toute une série de cas intermédiaires aussi rapprochés que l'on voudra. On n'en est pas encore là pour les phénomènes magnétiques, et l'on doit faire de nouvelles expériences.

« Pour résoudre ce problème, il faut, je pense, étudier les propriétés magnétiques de divers corps dans des conditions aussi différentes que possible de température, de pression, d'intensité de champ magnétique. Je me suis proposé dans ce travail de faire varier la température dans les limites très étendues, et je suis parvenu à étudier certains corps depuis la température ambiante jusqu'à 1 370° [4]. »

Les corps diamagnétiques, les plus répandus dans la nature, s'aimantent très faiblement quand ils sont placés dans un champ magnétique et cette aimantation est de sens opposé à celle du fer dans les mêmes conditions. C'est le cas d'un certain nombre de métaux, de tous les éléments chimiques non métalliques, des corps organiques, de la majorité des gaz. On sait maintenant – fait pressenti déjà par Pierre Curie – que, en réalité, le diamagnétisme caractérise toute la matière sans exception, mais les phénomènes magnétiques beaucoup plus intenses et orientés dans le sens opposé le masquent dans les substances ferromagnétiques, telles que le fer, le nickel, le cobalt et leurs alliages, ou « faiblement magnétiques » (c'est-à-dire paramagnétiques), par exemple l'oxygène, le platine, le manganèse, les sels métalliques.

Les travaux de Pierre Curie sont désormais classiques. Il étudia en détail vingt substances et conclut que le magnétisme (para et ferro) et le diamagnétisme étaient deux phénomènes de nature entièrement différente. Les propriétés des corps ferromagnétiques et paramagnétiques sont « reliées intimement. Un corps ferromagnétique se transforme progressivement, quand on le chauffe, en corps faiblement magnétique et l'on peut donner une image générale des phénomènes en remarquant que la façon dont l'intensité d'aimantation varie sous l'influence de la température et de l'intensité du champ magnétisant rappelle la façon dont la densité d'un fluide varie sous l'influence de la température et de la pression [5] ».

D'après la loi connue maintenant sous le nom de loi de Curie, l'aimantation des corps diamagnétiques est, sauf de rares exceptions, indépendante de la température, celle des corps paramagnétiques est inversement proportionnelle à la température absolue. Quant aux corps ferromagnétiques, ils deviennent paramagnétiques au-dessus d'une température seuil, dite température de Curie.

C'est Paul Langevin qui est l'auteur de la première théorie du magnétisme, établie en 1905 et complétée un an plus tard, pour ce qui concerne le ferromagnétisme, par Pierre Weiss *. Dans sa théorie, le diamagnétisme est dû au mouvement des électrons autour du noyau ** atomique, ce qui explique son caractère universel et son indépendance vis-à-vis de la température. Les corps dont les atomes ont un nombre d'électrons impair possèdent un moment magnétique

* Pierre Weiss (1865-1940), considéré comme un des fondateurs de l'« école » française du magnétisme, expliqua le ferromagnétisme à l'aide du concept de champ moléculaire permettant de rendre compte des actions magnétiques mutuelles des atomes.

** Il admettait donc, six ans avant la découverte expérimentale du noyau, l'hypothèse de la structure planétaire de l'atome.

permanent, sensible aussi bien à la température qu'à l'action du champ magnétique. La première tend à orienter ces moments magnétiques dans tous les sens, le second au contraire favorise leur alignement. Ainsi, au-dessous de la température de Curie, les moments de tous les atomes ont la même orientation (ferromagnétisme), cet ordre étant rompu à des températures plus élevées (paramagnétisme). L'analogie avec un gaz se trouve ainsi justifiée. Quand la température, et donc l'agitation moléculaire augmente, l'orientation des particules devient de plus en plus désordonnée, le passage paramagnétisme-ferromagnétisme pouvant être comparé à une brusque liquéfaction d'un gaz quand la température diminue.

Pierre Curie ne pouvait, en 1895, pousser son étude au-delà de la généralisation de la description phénoménologique : l'électron et sa présence à l'intérieur de l'atome n'ont été découverts qu'au cours des dix années qui séparent ses travaux de ceux de Langevin. Ce dernier, en revanche, disposant à la fois de la théorie de Curie et de la nouvelle théorie concernant la structure de la matière (dont le statut restait encore celui d'une hypothèse), put donner, en 1904, une interprétation du magnétisme fondée sur le principe de symétrie de Pierre Curie : « (...) la matière sous toutes ses formes serait diamagnétique, et la propriété paramagnétique serait présentée par celles-là seulement dont les molécules * ont une symétrie compatible avec l'existence d'un moment magnétique résultant, c'est-à-dire, suivant les idées de M. Curie, avec celle d'un cylindre tournant. Les molécules dont la symétrie est supérieure à celle-là seront purement diamagnétiques ; au contraire, *pourront* être paramagnétiques celles dont le groupe de symétrie est un intergroupe de celui du cylindre tournant. On s'explique ainsi la différence profonde entre les deux catégories de molécules, et que le paramagnétisme, dès qu'il est possible,

* Il s'agit bien sûr de l'acception moderne du terme, et non pas de la molécule des cristallographes.

masque complètement le diamagnétisme, sans qu'il existe de transition entre les deux catégories : les constantes paramagnétiques expérimentales sont toutes très grandes par rapport aux constantes diamagnétiques. La dissymétrie du cylindre tournant existe ou n'existe pas [6]. »

En dehors de son caractère théorique fondamental, le travail de Pierre Curie constitue, encore une fois, une prouesse expérimentale car les forces mesurées à l'intérieur d'une enceinte où la température atteignait 1 400 degrés étaient d'une intensité infime et la moindre trace de fer pouvait masquer complètement les effets diamagnétiques.

Discret et méconnu

Ce travail expérimental a aussi le mérite de faire sortir, ou plutôt émerger, Pierre Curie de son isolement. A la Société de physique, il ne parle plus seulement de ses appareils. Au cours de deux séances, le 17 juin et le 1er juillet 1892, il présente les derniers travaux de Jacques sur la conductibilité des diélectriques solides et peu après commence à exposer ses propres travaux sur le magnétisme.

Il reste cependant un physicien discret et méconnu, chef de travaux anonyme dans une école peu prestigieuse. Est-ce parce qu'il était déjà difficile de se faire remarquer sans suivre la filière classique des grandes écoles ? Ou, peut-être, à cause de sa modestie, de sa timidité, de son incapacité à se mettre en valeur ? Le témoignage de Charles-Edouard Guillaume, physicien suisse vivant à Paris, un des inventeurs de l'alliage indilatable Invar, futur directeur du Bureau international des poids et mesures de Sèvres et prix Nobel en 1920, est bien révélateur. En 1921, il évoque la période 1892-1894 :

« Nous étions contemporains, nos goûts et nos aspirations étaient semblables, et, ayant, au sortir des séances de la Société de physique, échangé souvent des idées, nous nous étions liés d'amitié. Le dimanche, il venait parfois à Sèvres, ou j'allais à Sceaux, à bicyclette ou à pied. Nous éprouvions beaucoup de peine à nous séparer, et, plus d'une fois, nous nous sommes dit adieu tard dans la nuit, au milieu des bois de Meudon, chacun, alors, rentrant chez soi.

« Sa pensée pénétrait comme un bienfait, et j'ai compris plus tard combien nos entretiens avaient guidé mon évolution. Il me disait un jour : " La recherche scientifique est souvent déviée par les buts intéressés. On veut arriver à une publication et on précipite des conclusions mal assises. Voyez, la recherche n'est bonne que si elle est entreprise avec le seul désir de soulever un coin du voile. Ensuite, il faut publier, bien entendu, car nous devons nos résultats à la communauté, mais il ne faut les lui donner que parfaitement sûrs. "

« J'admirais sans réserve, en Pierre Curie, l'être moral ; mais – l'avouerai-je ? – je n'avais pas encore compris, alors, qu'il était un grand physicien [7]. »

Sir William Thomson, connu sous le nom de lord Kelvin, était plus perspicace. Quand il rencontra Pierre Curie, le président de la Royal Society de Londres, qui avait presque soixante-dix ans, était reconnu comme un des plus grands savants britanniques. Il fut, en effet, un des fondateurs de la thermodynamique (l'unité de mesure de la température absolue porte son nom), auteur également de nombreuses recherches concernant le magnétisme et l'électricité (il élabora notamment une théorie de la pyroélectricité). Il était, aussi, un infatigable constructeur d'électromètres. Pierre et Jacques Curie utilisèrent, dans leurs travaux sur la piézoélectricité, un des appareils conçus par lord Kelvin (à qui Pierre Curie envoya à son tour, en 1893, un électromètre à quartz piézoélectrique qu'il avait construit exprès pour lui). En automne 1893, lord Kelvin visita le laboratoire de Pierre Curie, avec lequel il maintenait depuis quelques années une correspondance très suivie.

Un an plus tard, en été 1894, des amis informèrent Pierre Curie que Baille, un des professeurs, avait l'intention de donner sa démission à la rentrée et que Curie avait des chances de réussir s'il postulait pour lui succéder. Cela le mit dans une situation morale très inconfortable, car l'occasion était unique et au fond de lui il ne devait pas trouver déplaisant de devenir enfin professeur. De plus, il avait rencontré quelques mois auparavant une jeune femme qu'il essayait justement de convaincre de partager sa vie et, même si elle semblait aussi insensible que lui aux titres et distinctions, il était plus rassurant de lui proposer d'épouser un professeur qu'un chef des travaux. Mais la démarche lui répugnait, elle était contraire à ses principes et son amour-propre devait craindre autant un refus que l'humiliation de solliciter quoi que ce fût, sans parler de l'éventualité que la rumeur ne fût pas fondée, ce qui l'aurait rendu vraiment ridicule. Plus orgueilleux qu'ambitieux enfin, il préférait rester au-dessus de toute l'agitation. « Je crois aussi, écrivit-il à sa fiancée, que rien n'est plus malsain pour l'esprit que de se laisser aller à des préoccupations de ce genre et d'écouter tous les petits potins que l'on vient vous raconter [8]. » Il décida finalement de n'en rien faire.

Or, l'estime de lord Kelvin ne pouvait passer inaperçue et la visite qu'il rendit à Pierre Curie au cours d'un très bref séjour à Paris attira l'attention. Mascart *, très influent, suggéra à Schützenberger que, si Pierre Curie ne faisait rien lui-même pour sa propre promotion, c'était à ses supérieurs d'y penser. Et cela avant que d'autres ne lui fassent des propositions plus avantageuses. Schützenberger ne fut pas autrement surpris, car il était convaincu, contrairement à Guillaume, mais de même que les autres membres du conseil d'administration de l'Ecole, qu'il s'agissait de quelqu'un de remarquable.

* Eleuthère Mascart (1837-1908), auteur de nombreux travaux sur la lumière, était professeur au Collège de France, membre de l'Académie, directeur du Bureau central météorologique.

Ainsi donc, la proposition, tout à fait informelle, que Schützenberger fait à Curie à la rentrée est bien plus flatteuse que ce qu'il pouvait espérer. Le directeur a l'intention, si la commission l'accepte, de créer pour Pierre Curie une chaire spéciale de physique générale. Il s'agit d'une matière qu'on commence justement à enseigner à l'Ecole centrale et l'EPCI ne veut pas se laisser distancer. Le 12 octobre 1894, au premier conseil après les vacances, Schützenberger expose la situation à ses collègues. Une longue discussion sur le type de cours à créer s'engage entre les administrateurs de l'Ecole jusqu'à ce que Levraud, président du conseil, s'avise de l'opportunité de consulter l'intéressé lui-même ; les enseignants, en effet, ne participaient pas aux conseils d'administration.

Pierre Curie a eu le temps de réfléchir au problème depuis sa conversation avec Schützenberger ; il arrive donc avec un exposé tout prêt. Il propose, étant donné que jusqu'ici tous les élèves physiciens ont été placés, à la sortie de l'Ecole, dans l'industrie électrique, que l'enseignement de l'électricité, théorique et industrielle, soit développé en premier lieu. Ce ne sera que la conséquence logique de l'essor de l'industrie électrique, dont l'importance ne cesse de croître depuis l'invention, au milieu des années 1870, des premières machines produisant le courant alternatif. « A l'étranger, affirme Curie, les études électrotechniques ont une durée beaucoup plus considérable. » Avant de se retirer, Curie fait une proposition précise concernant le nombre d'heures de cours pour chaque semestre. A toute fin utile, la commission décide, avant de prendre une décision, d'envoyer Dommer et Hospitalier, les professeurs de physique, assister à une des séances de Curie.

Au conseil suivant, le 31 octobre, la création de la chaire est adoptée. L'enseignement de physique générale sera divisé en deux parties, l'une théorique, assurée par Curie, et une autre pratique, qui sera confiée à Hospitalier. Il est décidé que la somme de 2 000 francs, montant de la différence entre le salaire de chef des travaux (4 000 francs) et celui de professeur (6 000 francs), sera versée à Curie sous forme d'indemnité, les fonds nécessaires devant être fournis par le conseil municipal. Trois ans plus tard, et malgré les rappels de la commission, Curie continuait à toucher ses 4 000 francs annuels, attendant toujours sa nomination officielle * [9].

Schützenberger décida entre-temps de proposer Pierre Curie pour les palmes académiques, distinction somme toute modeste, destinée à récompenser les enseignants. La réaction de Curie fut aussi caractéristique de sa personnalité qu'inattendue.

« Monsieur le directeur, écrit-il à Schützenberger, (...) Je viens vous prier de n'en rien faire, si vous me procurez cette distinction vous me mettrez dans l'obligation de la refuser, car je suis bien décidé à n'accepter jamais aucune décoration d'aucune sorte. J'espère que vous voudrez bien m'éviter une démarche qui me rendra quelque peu ridicule auprès de bien des gens.

« Si votre intention est de me donner un témoignage d'intérêt vous l'aurez déjà fait et d'une façon bien plus efficace dont j'ai été fort touché en me donnant les moyens de travailler à mon aise.

« Agréez, je vous prie l'assurance de mon complet dévouement [10]. »

Jusqu'à la fin de sa vie, Curie tiendra parole et, avec une étrange obstination, refusera toutes les décorations. Contrairement à ses propres affirmations, il

* Le conseil municipal vota la création du poste de professeur de physique générale à l'EPCI le 19 juin 1895 ; décision approuvée par un arrêté ministériel du 31 décembre 1895, ce qui permit à Curie de devenir « délégué à titre provisoire » dans les fonctions qu'il exerçait depuis plus d'un an. Enfin, l'indemnité de 2 000 francs lui fut accordée officiellement, par un arrêté préfectoral, le 7 mars 1898, rétrospectivement, à partir du 1er janvier 1898. En dehors des ennuis immédiats causés à Curie durant presque quatre ans, cette situation fut également à l'origine des difficultés dans l'établissement de ses droits à la retraite, seuls les 4 000 francs de base ayant été soumis aux retenues légales sur les salaires. (AJ16/5944).

restera toujours « excessif en tout », comme au temps des « chemises bleues » d'ouvrier.

A cette époque, il menait de front deux études très différentes. D'une part, il continuait ses réflexions théoriques, mettait le point final à ses travaux sur la symétrie et rédigeait l'article qui parut en septembre 1894. Parallèlement, il poursuivait ses recherches expérimentales sur le magnétisme. Avec des hauts et des bas.

Le 17 mars 1892, il écrivit à son ami Georges Gouy, devenu professeur à la faculté des sciences de Lyon :

« Quant à moi j'ai bien de la peine à aboutir à quelque chose et jamais je ne me suis vu avoir tant de mal pour accoucher d'un malheureux travail. Je commence toutefois à y voir clair sur certains points [11]. » Leurs lettres consistaient toujours, selon l'expression de Pierre Curie lui-même, à « bien parler de la physique et mal parler des physiciens ». Elles étaient parfois très techniques quant au premier point, impitoyables quant au second.

Curie termina ses recherches sur le magnétisme en 1894. Depuis 1892, il présentait régulièrement ses résultats aux séances hebdomadaires de l'Académie des sciences. Il en fit un résumé très bref, mais très brillant, à la Société de physique le 20 avril 1894. Puis, il réunit ses travaux dans un mémoire unique qu'il décida enfin de présenter comme thèse de doctorat le 6 mars 1895.

« Le jury était présidé par M. Bouty, qu'assistaient MM. Lippmann et Hautefeuille *. L'exposé achevé, la conversation s'engagea, comme entre collègues, après une communication faite à une société savante.

Dans l'assistance peu nombreuse, je reconnus, raconte en 1921 Charles-Edouard Guillaume, une jeune étudiante polonaise, Mlle Marie Skłodowska, et,

* La thèse de doctorat d'Edmond Bouty (1846-1922), présentée vingt ans auparavant, portait également sur le magnétisme. Bouty étudia ensuite les phénomènes électriques. Gabriel Hautefeuille (1836-1902) était spécialiste de la minéralogie.

quelques mois après, pendant les vacances, le groupe des amis de Pierre Curie apprit avec joie leur union.

« Mme Pierre Curie débutait dans la physique et n'avait pu encore se révéler entièrement. Par le laboratoire de M. Lippmann, où elle avait travaillé, nous savions seulement qu'elle conduisait bien une recherche, était douée de facultés organisatrices, de beaucoup d'habileté et d'une indomptable ténacité. Quelques entretiens nous avaient fait connaître son idéal élevé et notre sentiment à tous fut qu'elle seule était digne de Pierre Curie et lui seul digne d'elle.

« Que serait-elle au foyer familial ? – nouvelle venue dans ce nid exquis dont rien ne devait troubler l'harmonie [12]. »

Une jeune étudiante polonaise

Gabriel Lippmann, premier « patron » de Marie Skłodowska, un spécialiste des phénomènes électrocapillaires, était celui qui avait fait l'hypothèse de l'existence de la piézoélectricité inverse. Né en 1845, normalien, académicien (il sera élu président de l'Académie des sciences en 1912), professeur à la faculté des sciences, membre de plusieurs sociétés et associations, il eut le prix Nobel de physique en 1908 (cinq ans après les Curie) notamment pour son invention de la première méthode de photographie en couleurs (cette méthode, fondée sur les interférences, fut rapidement abandonnée à cause de la difficulté de son exécution). Il connut Pierre Curie à l'époque de ses premiers travaux avec Jacques et devint ensuite son ami et fidèle protecteur. Il mourut en mer, en 1921, au retour d'une mission au Canada.

Sur Marie Skłodowska-Curie on a déjà tellement écrit qu'il est inutile de s'étendre longuement sur sa vie et sa personnalité. Rappelons qu'elle était née à Varsovie le 7 novembre 1867, cinquième enfant d'un couple d'enseignants aux revenus très modestes, progressistes et patriotes. Elle travailla dès dix-huit ans comme préceptrice dans des familles aisées afin d'aider sa sœur aînée Bronia, qui étudiait la médecine à Paris, et pour faire pour elle-même de petites économies. En 1891, au bout de cinq ans, elle put réunir une somme suffisante pour partir à Paris (à Varsovie les femmes n'étaient pas autorisées à faire des études supérieures). Elle fut reçue première à la licence ès sciences physiques en 1893 (diplôme dont le niveau était devenu, depuis 1880, relativement élevé) et, un an plus tard, elle fut seconde à celle de mathématiques. Elle avait l'intention de retourner en Pologne immédiatement après la fin de ses études. Elle était extrêmement sérieuse et idéaliste et ses projets d'avenir semblaient limités au travail et à la lutte pour la liberté de la Pologne.

Quand ils se rencontrèrent pour la première fois, au printemps 1894, Marie Skłodowska préparait sa deuxième licence et venait de commencer, au laboratoire de Lippmann, un travail de recherche commandée par la Société pour l'encouragement à l'industrie nationale, une étude de l'influence de la composition chimique des aciers sur leurs propriétés magnétiques. Ils avaient été invités tous les deux chez un physicien polonais installé à Fribourg et de passage à Paris, Józef Kowalski, que Pierre connaissait bien de la Société de physique et dont Marie connaissait la femme. L'intention de Kowalski était de faciliter le travail de sa jeune compatriote en la mettant en contact avec un physicien expérimenté étudiant un sujet voisin, encore que la recherche de Pierre relevât de la physique fondamentale et que celle de Marie concernât les applications industrielles. La réussite de son entreprise allait dépasser de loin ses espérances.

« Quand j'entrai, Pierre Curie se tenait dans l'embrasure d'une porte-fenêtre donnant sur un balcon. Il me parut très jeune, bien qu'il fût alors âgé de trente-cinq ans. J'ai été frappée par l'expression de son regard clair et par une légère apparence d'abandon dans sa haute stature. Sa parole un peu lente et réfléchie, sa simplicité, son sourire à la fois grave et jeune inspiraient confiance. Une conversation s'engagea entre nous, bientôt amicale ; elle avait pour objet des questions de sciences sur lesquelles j'étais heureuse de demander son avis, puis des questions d'intérêt social et humanitaire, auxquelles nous nous intéressions tous deux. Il y avait entre sa conception des choses et la mienne, malgré la différence de nos pays d'origine, une parenté surprenante, attribuable, sans doute, en partie, à une certaine analogie dans l'atmosphère morale, au milieu de laquelle chacun de nous avait grandi dans sa famille [13]. » Telle est la manière dont Marie se souvint trente ans plus tard de cette première rencontre. Les impressions de Pierre ne sont consignées nulle part. Il est probable qu'il en parla dans une lettre à son frère, qui habitait Marseille cette année-là, mais rien ne le prouve avec certitude. On peut imaginer que cette rencontre l'a bouleversé et angoissé comme tout ce qui troublait le calme de sa vie.

Même si on ne sait rien de la vie personnelle de Pierre Curie, il est certain qu'il avait décidé de se consacrer entièrement aux recherches scientifiques et à son travail ; profondément blessé dans sa jeunesse et peu sûr de lui, il ne s'attendait pas à rencontrer un grand amour ; quant au mariage, il le considérait comme un obstacle à son travail et, très jeune, il l'avait écarté de ses projets. Rencontrer une femme qui, au lieu de le détourner de ses recherches, voulait, au contraire, les partager, qui lui inspirait confiance, bref une femme qui – selon toute apparence – n'avait pas l'intention de s'opposer à ses « pensées antinaturelles » et dont, heureux détail, il s'était immédiatement épris, était la chose la plus imprévue qui lui soit jamais arrivée. Le dilemme – céder aux femmes ou se consacrer à la création – dans lequel il se croyait enfermé aux temps où il écrivait son journal, était définitivement écarté. Mais la situation, comme toujours dans ces cas, restait complexe.

D'une sensibilité excessive tous les deux, idéalistes et perfectionnistes à l'extrême, ayant déjà, chacun de son côté, vécu des déceptions sentimentales, ils étaient prêts à tout pour en éviter de nouvelles. Marie, de plus, n'envisageait pas l'éventualité de rester à Paris après ses études. Pierre Curie opposa de nombreux arguments à son départ, lui représentant surtout l'intérêt qu'il y aurait à rester en France pour la poursuite de ses recherches scientifiques. Si leur attirance réciproque ainsi que leur communauté d'idées étaient bien mentionnées, le mot « amour » ne figure dans aucune de ses lettres.

Ils se voyaient de plus en plus souvent, à la Société de physique et au laboratoire, terrains neutres où Curie était à peu près à l'aise, puis aussi dans la chambre d'étudiant de Marie au sixième étage d'un immeuble du Quartier latin, rue des Feuillantines, « logement pauvre » mais où elle se trouvait « très heureuse [14] ». Pourtant, elle ne voulait pas vivre séparée de sa famille, ne se sentait pas le droit de laisser plus longtemps son père, sexagénaire ; enfin, elle refusait d'abandonner la lutte pour l'indépendance de sa patrie. En France, loin des siens et où, en plus, elle craignait de se sentir toujours étrangère, elle ne voyait même pas de travail possible. Elle partit en vacances indécise et sans être sûre de revenir.

Si Marie Skłodowska n'était pas partie passer l'été 1894 avec sa famille, nous ne saurions rien de plus sur cette période. Mais, au cours de leur séparation, Pierre Curie lui écrivit. Avec le journal quinze ans plus tôt, elles constituent un des très rares documents permettant d'entrevoir sa personnalité. Les quatre lettres qui restent (nous en avons déjà cité quelques passages) commencent directement, sans « Mademoiselle », « Marie » ni autre introduction ou formule de politesse. Signées invariablement « PCurie », ne comportant presque pas de majuscules, elles sont écrites avec une surprenante lucidité, sorte de réalisme désenchanté face à tout ce qui concerne les sentiments. La première lettre, datée du 10 août 1894, est adressée à Mlle Skłodowska, à Crottaz en Suisse [15] :

« rien ne pouvait me faire plus plaisir que d'avoir de vos nouvelles. La perspective de rester deux mois sans entendre parler de vous m'était extrêmement désagréable, c'est vous dire que votre petit mot a été le bienvenu.

« J'espère que vous faites provision de bon air et que vous nous reviendrez au mois d'octobre. Pour moi je crois que je ne voyagerai pas, je reste à la campagne et je suis toute la journée devant ma fenêtre ouverte ou dans le jardin.

« Nous nous sommes promis (n'est-il pas vrai) d'avoir l'un pour l'autre au moins une grande amitié. Pourvu que vous ne changiez pas d'avis ! car il n'y a pas de promesses qui tiennent ce sont des choses qui ne se commandent pas. Ce serait cependant une belle chose à laquelle je n'ose croire, que de passer la vie l'un près de l'autre, hypnotisés dans nos rêves : *votre rêve* patriotique, *notre rêve* humanitaire et *notre rêve* scientifique.

« De tous ces rêves-là le dernier seul est je crois légitime. Je veux dire par là que nous sommes impuissants à changer l'état social et s'il n'en était pas ainsi, nous ne saurions que faire et en agissant dans un sens quelconque nous ne serions jamais sûrs de ne pas faire plus de mal que de bien, en retardant quelque évolution inévitable. Au point de vue scientifique, au contraire, nous pouvons prétendre faire quelque chose ; le terrain est ici plus solide et toute découverte si petite qu'elle soit reste acquise.

« Voyez comme tout s'enchaîne il est convenu que nous serons de grands amis, mais si dans un an vous quittez la France ce sera vraiment une amitié trop platonique que celle de deux êtres qui ne se verront plus. Ne vaudrait-il pas mieux que vous restiez avec moi ? Je sais que cette question vous fâche et je ne veux plus vous en parler – puis je me sens tellement indigne de vous, à tous les points de vue. J'avais pensé vous demander la permission de vous rencontrer *par hasard* à Fribourg, mais vous y resterez, n'est-il pas vrai, un jour seulement ; et ce jour-là vous appartiendrez nécessairement à vos amis.

« Croyez-moi votre tout dévoué »

Et il ajoute dans un post-scriptum :

« J'ai lu *Lourdes* de Zola. Quand mes parents auront fini l'ouvrage je vous l'enverrai. J'y ai retrouvé vos propres opinions sur la religion. J'ai fait acheter pour l'Ecole de physique le traité d'analyse de Picart et la mécanique d'Appell. Ce dernier livre m'a en effet paru très clair. Ces ouvrages seront à votre disposition à votre retour.

« Je serais heureux si vous vouliez m'écrire et me donner l'assurance que vous comptez revenir en octobre en m'écrivant directement à Sceaux. »

Quatre jours plus tard, un peu moins rationaliste :

« Je ne me suis pas décidé à venir vous rejoindre, j'ai hésité pendant toute une journée pour aboutir à ce résultat négatif. La première impression en lisant votre lettre c'est que vous préfériez que je ne vienne pas. La deuxième c'est que vous étiez quand même bien aimable de me donner la possibilité de passer trois jours avec vous et j'étais sur le point de partir. Puis il m'est venu une sorte de honte de vous poursuivre ainsi presque malgré vous et enfin ce qui m'a décidé à rester c'est la quasi-certitude que ma présence serait désagréable à votre père et lui gâterait le plaisir de se promener avec vous.

« maintenant qu'il n'est plus temps je regrette de ne pas être parti, n'était-ce pas, peut-être, doubler l'amitié que nous avons l'un pour l'autre que de passer trois jours ensemble et prendre la force de ne pas nous oublier dans ces deux mois et demi qui nous séparent ?

« Êtes-vous fataliste ? Vous rappelez-vous le jour de la mi-carême * ? je vous ai perdu brusquement dans la foule. Il me semble que nos relations amicales

* Ce jour de la mi-carême fut pour eux très important : il reste consigné – sans autres précisions – dans la liste, qu'ils établirent bien plus tard, des événements marquants de leurs vies.

seront ainsi brusquement interrompues sans que nous le désirions ni l'un ni l'autre. Je ne suis pas fataliste mais ce sera probablement une conséquence de nos caractères. Je ne saurai pas agir au moment opportun.

« Ce sera du reste fort bien pour vous ; car je ne sais pas pourquoi je me suis mis en tête de vous retenir en France de vous exiler de votre pays et des vôtres sans avoir rien de bon à vous offrir en échange de ce sacrifice.

« Je vous trouve un peu prétentieuse quand vous dites que vous êtes parfaitement libre. Nous sommes tous tout au moins esclaves de nos affections, esclaves des préjugés de ceux que nous aimons, nous devons aussi gagner notre vie et par cela devenir un rouage de machine, etc.

« Le plus pénible ce sont les concessions qu'il faut faire aux préjugés de la société qui nous entoure, on en fait plus ou moins, suivant qu'on se sent plus faible ou plus fort. Si l'on n'en fait pas assez on est écrasé, si l'on en fait trop on est vil et on prend le dégoût de soi-même. Me voilà bien loin des principes que j'avais il y a dix ans * (...). Enfin vous voyez, je suis devenu très vieux et je me sens très affaibli.

« Je vous souhaite beaucoup de plaisir. Votre ami dévoué. »

Enfin, le 7 septembre, il lui écrit, sur de grandes feuilles pliées en deux, une lettre très longue dans laquelle il fait alterner des réflexions générales et des remarques personnelles déguisées en considérations philosophiques prétendument objectives. Il finit ainsi par avouer petit à petit et presque malgré lui ses sentiments les plus intimes.

« J'ai trouvé votre lettre poste restante au retour d'une longue tournée que nous avons faite mon frère et moi. Comme vous pouvez supposer votre lettre m'inquiète. Je vous conseille vivement de revenir à Paris au mois d'octobre. Cela me ferait beaucoup de peine si vous ne veniez pas cette année ; mais ce n'est

* Voir p. 31 (« ... je croyais à cette époque... ouvriers, etc. »).

pas par égoïsme d'ami que je vous dis de revenir. Je crois seulement que vous travaillerez mieux et vous ferez ici besogne plus solide et plus utile.

« J'ai été très heureux de passer quelque temps avec mon frère ; nous étions loin de tout souci immédiat et tellement isolés par notre genre de vie que nous ne pouvions même pas recevoir une lettre ne sachant pas chaque jour où nous coucherions le lendemain. Par moments il me semblait être revenus à l'époque où nous vivions toujours ensemble * (...). Mais tout en nous prêtant aujourd'hui à cette agréable illusion, nous n'en sommes pas dupes et nous savons bien que cette communion parfaite ne peut plus revenir.

« Il faut une patience admirable pour ce métier assez fatigant de cartographe que fait mon frère en ce moment **, avec cela il faut pas mal de flair car il y a une bonne dose d'interprétation personnelle. C'est un travail assez ingrat, car on est à peu près sûr de ne rien trouver de réellement nouveau en France et le service de la carte rembourse simplement les frais de tournée, enfin il faut plusieurs années pour faire une petite carte.

« J'ai laissé mon frère en Auvergne et je suis actuellement à Marseille auprès de ma belle-sœur et de ma nièce. Ma petite nièce est très jolie et très gentille. Je lui donne, tous les matins, des leçons pour lui apprendre à lire et à écrire ; je constate que c'est un métier fort difficile.

« Que penseriez-vous de quelqu'un qui songerait à se jeter la tête la première contre un mur de pierres de taille avec la prétention de le renverser ? Cela pourrait être une idée résultant de très beaux sentiments mais de fait, cette idée serait ridicule et stupide. Je crois que certaines questions demandent une solution générale, mais ne comportent plus aujourd'hui de solution locale et que lorsqu'on s'engage dans une voie

* Voir p. 30.

** Le 30 mai 1892, Jacques a été nommé collaborateur adjoint du service de la carte géologique détaillée de la France.

qui n'a pas d'issue, on peut faire beaucoup de mal. Je crois encore que la justice n'est pas de ce monde et que le système le plus fort ou plutôt le plus économique sera celui qui prévaudra. Un homme est exténué par le travail et vit quand même misérable ; c'est là une chose révoltante mais ce n'est pas pour cela qu'elle cessera. Elle disparaîtra probablement parce que l'homme est une sorte de machine et qu'il y a avantage, au point de vue économique, à faire fonctionner une machine quelconque dans son régime normal, sans la forcer * (...).

« La correspondance est-elle libre dans votre pays ? J'en doute fort et je crois qu'il vaut mieux, à l'avenir, ne plus faire dans nos lettres des dissertations qui bien que purement philosophiques pourraient être mal interprétées et vous causer des ennuis. »

Et un post-scriptum :

« Je vous ai écrit une seconde lettre à Lemberg, qui probablement ne vous est pas parvenue. rien de particulier dedans du reste. Cependant je vous demandais si vous vouliez louer avec moi un appartement rue Mouffetard avec fenêtres donnant sur un jardin. Cet appartement peut se diviser en deux parties indépendantes **. »

Cette proposition ne fait aucune « concession aux préjugés de la société ».

La dernière lettre, datée du 17 septembre 1894, est adressée à Varsovie.

« Votre lettre m'a beaucoup inquiété, je vous sentais troublée, indécise ; puis pourquoi écrire ainsi ! Votre lettre de Varsovie me tranquillise, je vous sens revenue au calme. Votre portrait me plaît beaucoup, quelle bonne pensée vous avez eue en me l'envoyant, je vous en remercie de tout mon cœur. Enfin vous allez revenir à Paris et cela me fait grand plaisir. Je désire vivement

* Voir p. 31 (« quand j'avais vingt ans... droit d'oublier »).

** Depuis plusieurs années, Jacques louait un appartement au 82, rue Mouffetard, où il habitait avec Virginie Masson, sa compagne, au cours de leurs séjours communs à Paris. C'est là que sont nés leurs deux enfants.

que nous devenions pour le moins des amis inséparables. N'êtes-vous pas de cet avis ?

« Me voici revenu à Sceaux depuis hier. J'y ai trouvé mon frère qui va rester avec nous pendant un mois. Je n'ai pas à poser ma candidature comme professeur puisqu'il n'y a pas de place vacante en ce moment. (Il s'agit de la succession au poste de Baille à l'EPCI *.) Si vous étiez Française vous arriveriez facilement à être professeur dans un lycée ou dans une école normale de jeunes filles. Cette profession vous plairait-elle ?

« Mon frère s'est beaucoup occupé de spiritisme dans ces derniers temps. Il y avait longtemps en effet qu'il n'avait changé de sujet d'étude et cela ne pouvait plus durer. Je dois vous avouer que ces phénomènes spirites m'intriguent beaucoup ** (...). »

« [P.S.] J'ai montré votre photographie à mon frère. Ai-je eu tort ? Il vous trouve très bien. Il a ajouté : " Elle a l'air très décidée et même *têtue.* " »

Finalement Marie décida de revenir à Paris où il l'attendait avec un tiré à part dédicacé de son article sur la symétrie publié en septembre : « A Mlle Skłodowska avec le respect et l'amitié de l'auteur. » Il est entre-temps devenu professeur (sans avoir posé sa candidature) et était absolument débordé entre la préparation de son cours, la fin de sa thèse, sa famille. Il ne se sentait pas capable de soutenir encore longtemps son rôle de « séducteur » auprès de Mlle Skłodowska, la perfection incarnée toujours indécise.

« Maman a été très malade mardi soir et nous avons été bien inquiets, elle a eu une grande fièvre et une congestion au poumon. Depuis elle va mieux et la fièvre a diminué et la congestion tend à disparaître, écrit Pierre Curie à Marie en automne. Je n'irai pas vous voir ce soir, mon père a des courses à faire et je resterai à Sceaux jusqu'à demain dans l'après-midi

* Voir p. 81.
** Voir p. 66.

pour que maman ne soit pas seule. Je tousse d'une façon ridicule ; cela me guérira peut-être de ne pas sortir. Le pis c'est que cela me donne mal à la tête, ce qui me gêne fort pour travailler.

« Je sais que vous devez avoir de moins en moins d'estime pour moi et pendant ce temps mon affection pour vous grandit chaque jour.

« J'irai vous voir Lundi soir si cela ne vous dérange pas. »

Les réponses de Marie Skłodowska à ses lettres ont toutes disparu. On ne saura donc jamais comment elle a réagi à la proposition de partager avec Curie l'appartement rue Mouffetard. Ce que l'on sait, c'est que leur mariage, civil (Pierre n'avait pas de religion et Marie n'était pas pratiquante) et très simple, eut lieu le 26 juillet 1895 à onze heures et demie à la mairie de Sceaux. Il faisait très beau et Marie portait une robe bleu marine faite de manière à pouvoir être utilisée tous les jours au laboratoire. On ne sait pas s'ils ont pensé à inviter un photographe, en tout cas les photos du mariage sont maintenant introuvables. Seuls quelques amis intimes et les membres de la famille ont assisté à la cérémonie. Du côté de Marie, il ne manquait que son frère Józef, resté en Pologne. Sa sœur aînée Bronisława (Bronia), médecin et mariée depuis peu au médecin Kazimierz (Casimir) Dłuski, vivait encore à Paris et son père, Władystaw Skłodowski, était venu de Varsovie accompagné de l'autre sœur, Helena. Comme témoins, Pierre avait choisi son oncle maternel Charles Depoully et son cousin Louis Depoully. Kazimierz Dłuski et un autre oncle de Pierre, le chimiste Paul Depoully, étaient les témoins de Marie [16]. Il n'y a pas eu d'échange d'anneaux. Le repas – une dinde géante – fut organisé dans le jardin des Curie, suivi d'une partie de boules [17].

Marié et professeur

Ils décidèrent de remettre à la rentrée la recherche d'un appartement et, en attendant, partirent à la

« Biche », grande ferme près de Chantilly que Bronia et Kazimierz Dłuski avaient louée pour quelques mois. Marie retrouva là toute sa famille, car son père et Helena n'étaient pas encore repartis en Pologne. Avec l'argent offert par un cousin en cadeau de mariage ils achetèrent deux bicyclettes et c'est à vélo qu'ils partirent en voyage de noces en Ile-de-France. La bicyclette était une invention tout à fait récente, vivement déconseillée aux femmes, qui ne constituaient, en 1893, que 1 % des cyclistes [18]. Pour Pierre et Marie, les excursions à bicyclette resteront toujours la distraction favorite. Dans les cahiers de dépenses que Marie tiendra consciencieusement toute sa vie, une colonne spéciale, intitulée « bicyclettes », figurera toujours à côté de celles réservées au loyer, frais de table, gages, maladies, frais divers.

En octobre, ils s'installèrent dans un petit appartement de trois pièces au quatrième étage du 24, rue de la Glacière, choisi pour sa vue sur un vaste jardin et sa position, non loin de l'Ecole. Les parents de Pierre leur donnèrent quelques meubles qui permirent de constituer le nécessaire. Ils n'achetèrent que des ustensiles de cuisine indispensables, quelques abat-jour et un portemanteau. Deux chaises supplémentaires, mais seulement un an plus tard. Marie dut s'occuper seule de l'essentiel du ménage, en particulier des repas qui lui semblaient une corvée d'autant plus insupportable qu'elle était quotidienne. Malgré ses convictions progressistes, Pierre Curie n'a pas eu l'idée de participer aux travaux domestiques (et il est peu probable que Marie l'aurait permis). Il devait les trouver aussi fastidieux qu'inutiles. C'est ainsi que Marie décrit à son frère Józef, le 23 novembre, ses premiers mois de femme mariée :

« Chez nous tout va bien : nous sommes bien portants et la vie nous est douce. J'arrange peu à peu mon appartement, mais je compte lui garder un style qui ne me donne aucun souci et qui ne réclame pas d'entretien, car j'ai très peu de service : une femme vient une heure par jour faire la vaisselle et les gros travaux. Je fais moi-même la cuisine et le ménage.

« Tous les quelques jours, nous allons à Sceaux voir les parents de mon mari. Cela ne nous dérange pas dans notre travail. Nous avons, au premier étage, deux chambres contenant ce qu'il nous faut, nous sommes donc absolument chez nous et pouvons facilement faire là-bas la partie de notre travail qui ne peut s'accomplir au laboratoire.

« Quand il fait beau, nous nous rendons à Sceaux à bicyclette : nous ne prenons le train que lorsqu'il pleut des hallebardes.

« Mes occupations lucratives ne se précisent pas encore. J'espère obtenir cette année un travail que je ferai au laboratoire. C'est une occupation mi-scientifique, mi-industrielle, que je préférerais à des leçons [19]. »

Ils vivaient très simplement. Pierre consacrait énormément de temps à la préparation de son enseignement. Il créa un cours parfaitement original, étonnant dans sa modernité et dont le plan diffère peu des programmes actuels. Il contrastait en revanche d'une manière éclatante avec tout ce qui s'était fait jusque-là. Les cours de ses collègues étaient des sortes de catalogues de connaissances. Baille par exemple, dans ses leçons d'optique et acoustique, passait en revue un par un tous les phénomènes relevant de ces domaines (réfraction et réflexion, vitesse de la propagation du son, le timbre des instruments de musique, etc.). Dommer en faisait de même en ce qui concernait « hydrostatique et chaleur », ajoutant quelques applications, quelques lois empiriques décrivant les gaz et les principes de la calorimétrie. Hospitalier enfin, chargé d'enseigner l'électricité et le magnétisme, décrivait longuement les aimants et les boussoles, les différentes manières d'électriser un corps et les effets de l'électricité, les machines électriques, puis l'électricité atmosphérique ; un développement spécial était consacré au tonnerre, un autre à l'éclair et aux chocs en retour. Il donnait toutes les lois des courants, la description de toutes sortes de piles, exposait les principes du fonctionnement des électroaimants, de l'éclairage électrique et du tout nouveau téléphone de Bell [20]. Tout cela était aussi détaillé et complet que possible, mais la science apparaissait comme un amalgame de phénomènes divers sans lien, régis chacun par des lois spécifiques.

La démarche de Curie était diamétralement opposée. Il commençait son cours par les considérations les plus générales sur l'énergie et les principes de la thermodynamique valables dans tous les domaines de la physique ; il énonçait ensuite les lois de l'électrostatique, du magnétisme et de l'électrodynamique, avec leurs conséquences et applications, pour terminer par les résultats les plus récents (dont la piézoélectricité et, plus tard, la radioactivité). Il dépassait largement le domaine de l'électricité dont il était chargé, pour parler également de la symétrie et de la cristallographie. Cette manière de présenter la physique semble si naturelle aujourd'hui que son cours paraît banal. Il ne l'était pas en 1894. Et puisque c'était le premier du genre, Curie dut l'inventer, sans livres ni exemples. Il a été obligé de faire lui-même la synthèse des connaissances puis de trouver la manière la plus logique et la plus générale de les présenter. C'était une belle occasion de mettre en application ses idées, mais la tâche était d'autant plus difficile que Pierre Curie travaillait toujours lentement, réfléchissant profondément à chaque point, se documentant longuement sur chaque détail. Son cours, cependant, n'a pas été unanimement apprécié.

D'abord, Curie, doué d'une patience exemplaire quand il s'agissait de donner des explications en tête à tête, n'était pas un orateur talentueux devant un grand auditoire ; ses démonstrations expérimentales étaient bien plus réussies que ses cours magistraux. De plus, contrairement aux autres professeurs, il n'énonçait pas les résultats à apprendre, mais présentait le raisonnement et la marche à suivre pour y parvenir. Cette méthode, excellente sans doute, demandait aux élèves un travail supplémentaire qu'ils n'étaient pas toujours disposés à fournir.

Son cours était donc beaucoup plus difficile que les cours des autres professeurs et exigeait un effort constant d'abstraction et de réflexion à la place de la mémorisation qui présidait à l'enseignement plus conventionnel. Il s'ensuivit un étonnement chez les élèves, puis des protestations. Au début 1896, les élèves chimistes de troisième année demandèrent à en être dispensés. Après de longues délibérations, le conseil ne leur donna pas entièrement tort et décida de rendre ce cours facultatif pour les élèves spécialisés en chimie. Deux ans plus tard, les chimistes déclarèrent, encore une fois, « ne pas être en mesure de suivre le cours » de Curie. Le conseil de l'Ecole décida cette fois que le cours serait obligatoire pour tout le monde, mais que désormais les examens de Curie seraient affectés du coefficient 3 pour les physiciens et 1 seulement pour les chimistes. Il est certain que les membres du conseil restaient perplexes devant ce cours dont la portée leur échappait. Quelques années plus tard, après la démission de Curie, Gariel affirmera à l'occasion des délibérations du conseil que « tout le monde a été frappé de la longueur et de l'inutilité de certaines matières enseignées par M. Curie [21] » qui aurait tout simplement dû se contenter de préparer les élèves au cours pratique d'électricité industrielle de Hospitalier. Dans l'appréciation annuelle des professeurs par le directeur de l'Ecole on lit, en 1902, que Curie « a obtenu avec ceux qui comprennent bien son enseignement, d'excellent résultats » et, en 1903, que M. Curie « fait un cours élevé ; très théorique ; peut-être sa tournure d'esprit l'entraîne-t-elle au-dessus des idées que le but de l'Ecole doit chercher à développer [22] ».

Ce cours, apprécié ou non, l'absorbait presque entièrement, beaucoup plus que prévu. Son travail expérimental en souffrit. Il étudiait alors les propriétés des cristaux et leur croissance mais ne parvint à aucun résultat significatif. Après la fin de ses travaux sur le magnétisme, achevés en 1894, il ne publia plus rien jusqu'en 1898 où, avec Mme Curie, il annonça la découverte du polonium.

Une compensation l'attendait cependant dans son laboratoire, avec une élève particulière parfaitement à la hauteur de son talent. Si Pierre ne demandait pas mieux que de montrer à sa femme ses appareils, de lui expliquer ses méthodes et de guider ses expériences, Marie, de son côté, avait une chance extraordinaire. Peu de savants, en effet, ont fait leurs premiers pas dans la recherche sous une pareille tutelle. Les conseils de Pierre lui ont permis de substituer à la période d'erreurs grossières, inévitable chez les novices, un apprentissage personnalisé de toutes les finesses de la recherche expérimentale. Elle poursuivait alors son travail sur les propriétés des aciers. Aussi dérisoire que pût être le « coin laboratoire » que Pierre s'était aménagé à l'Ecole, il offrait des conditions plus acceptables que toutes celles qu'elle réussit à trouver ailleurs. Schützenberger, avec son ouverture d'esprit exceptionnelle, l'autorisa à utiliser le laboratoire de son mari. C'était une première. Eu égard aux problèmes que soulevait pour le conseil de l'Ecole le travail personnel des enseignants, l'autorisation d'y introduire une personne étrangère à l'établissement était déjà remarquable. Quand, de surcroît, cette personne était une femme (qui, de l'avis général, ne pouvait que distraire son époux ainsi que ses collaborateurs et élèves de leurs hautes occupations intellectuelles), la décision de Schützenberger avait certainement été difficile à prendre et sûrement très critiquée. Marie préparait également le concours d'agrégation de jeunes filles qu'elle passa en août 1896. Inutile de dire qu'elle fut reçue première.

Père de famille

Avec toutes ces occupations, il restait aux Curie peu de temps libre. Ils voyaient surtout les parents de Pierre, Jacques et Virginie quand ils étaient à Paris et, jusqu'à leur retour en Pologne en 1897, les Dłuski. Chez ces derniers, ils rencontraient quelques Polonais vivant alors à Paris, comme Jadwiga Dydynska, que Marie avait connue à la Sorbonne et qui devint leur amie à tous deux, ou le musicien Paderewski, futur Premier ministre de la Pologne. Avec eux, Pierre Curie apprit le polonais. Deux ans plus tard, il était capable d'écrire à sa femme, sans se faire aider, dans un polonais remarquablement correct.

Ils menaient une vie très rangée. Marie notait scrupuleusement dans ses carnets toutes les dépenses, y compris les pourboires et les lacets. La modicité de leurs ressources ne semble pas être à l'origine de cette activité à laquelle elle continuera à s'adonner avec passion toute sa vie, même quand tout souci d'ordre matériel était exclu depuis longtemps. Elle avait des carnets de brouillon et de grands livres de dépenses où elle recopiait ses notes. Elle y consignait chaque jour jusqu'au moindre centime, faisait des totaux journaliers, mensuels, généraux et par type de dépense, calculait les prix moyens des repas. Au début, Pierre voulut partager avec elle cette chronique presque scientifique de leur vie de couple, mais il y renonça après avoir noté trois dépenses concernant leurs vélos. Marie ne s'en lassa jamais et grâce à elle il est possible de reconstituer leur vie presque au jour le jour [23].

Elle était extrêmement modeste. Pierre gagnait, après la déduction des retenues, 316,65 francs par mois, et Marie donnait de temps en temps des leçons particulières. Le loyer était de 131,35 francs par trimestre, somme à laquelle il fallait ajouter quelque 15 francs par mois pour l'éclairage et le chauffage, les 15 francs mensuels de la femme de ménage, une dizaine de francs pour le blanchissage. Leurs « frais de table » (cette colonne ne comportait pas les fruits ou gâteaux, achetés rarement et notés séparément) ne dépassaient jamais 150 francs par mois. Et malgré les dépenses pour le transport, l'entretien des bicyclettes, les fleurs qu'ils achetaient souvent, les vêtements (seulement les plus nécessaires), les journaux de Pierre et les cotisations à diverses sociétés, ils arrivaient encore à économiser quelques dizaines de francs par mois, qu'ils versaient scrupuleusement à la Caisse d'épargne ou investissaient en obligations. En 1896, ils eurent quelques dépenses pour les massages de Pierre, qui souffrait déjà de rhumatismes, et pour faire soigner ses dents. Hormis l'abonnement à la *Revue des sciences* et à une revue polonaise pour Marie, les dictionnaires, les guides touristiques et les cartes pour leurs excursions, ils n'achetaient qu'un ou deux livres par an, et encore il s'agissait toujours de traités scientifiques. Ils s'autorisaient le théâtre trois ou quatre fois dans l'année, assistèrent à de rares concerts et, le 3 avril 1896, découvrirent le cinématographe. En février 1897, ils allèrent patiner trois fois de suite. Les dîners à la Société de physique coûtaient 7,50 francs mais étaient relativement rares. Deux ou trois fois, Pierre s'offrit un bock. Ils achetaient parfois de la bière, presque jamais de vin. Tous les ans, en été, Marie faisait des confitures, surtout de fraises. Aucune dépense supplémentaire ne laisse croire qu'ils fêtaient Noël ou le jour de l'an d'une manière particulière.

Souvent, ils partaient à vélo. Ils changeaient tous les jours d'étape et dès qu'ils s'attardaient trop longtemps au même endroit, Pierre s'impatientait et voulait rentrer travailler.

Le premier été après leur mariage, ils ont dû attendre la fin du concours d'agrégation de Marie pour faire une excursion de quatre jours à Dourdan et Fontainebleau, puis pour partir voir Laguiole et les gorges du Tarn.

Marie Curie, qui se laissait rarement aller à des descriptions poétiques, raconte ainsi leurs vacances :

« Un autre souvenir vivant était celui d'un soir où, attardés au crépuscule dans la gorge de la Truyère, nous avons été particulièrement séduits par un air populaire qui mourait au loin, venant d'une barque qui descendait au fil de l'eau, et où ayant bien mal prévu nos étapes, nous n'avons pu regagner nos logis avant l'aube ; une rencontre avec des charrettes dont les chevaux prirent peur de nos bicyclettes, nous obligea à couper au travers des champs labourés : nous reprîmes ensuite la route sur le haut plateau, baigné par la lumière irréelle de la lune, tandis que les vaches qui passaient la nuit dans les enclos venaient gravement nous contempler de leurs grands yeux tranquilles [24]. »

Cette année ils eurent un peu plus d'argent, car la balance commença à rapporter et leur part s'éleva à 723 francs, le double du salaire mensuel de Pierre. De plus, on leur versa les 1 500 francs du prix Planté décerné aux frères Curie le 23 décembre de l'année précédente. En revanche, il fallut acquitter 319,40 francs pour l'impression de la thèse de Pierre.

Le 15 octobre 1896, Jacques épousa, à la mairie du Ve arrondissement de Paris, Mlle Marie Virginie Masson. Avec leurs deux enfants, ils devaient avoir quelques difficultés financières car Pierre et Marie les aidaient régulièrement avec les petites sommes qu'ils arrivaient à économiser.

Ils semblaient former un couple parfaitement uni. L'amour de Pierre, incapable de cacher ses sentiments, ne faiblira jamais et le culte qu'il vouait à sa femme restera manifeste durant toute sa vie. Il est plus difficile d'affirmer quoi que ce soit en ce qui concerne Marie, toujours impénétrable. L'admiration, l'estime, un très sincère attachement sont tout ce qu'elle a jamais laissé deviner. Il serait vain d'essayer de savoir si, oui ou non, ils étaient heureux. Leur bonheur, inespéré, était celui de s'être rencontrés. Quel autre avenir pourrait-on imaginer pour ces deux personnalités exceptionnelles, fières, solitaires, exigeantes et vulnérables ? Aucun des deux n'était fait pour une existence facile et leur vie commune, parfois dure ou triste, semble, pour chacun d'eux, la meilleure solution possible.

En avril 1897 *, Pierre reçoit pour la première fois l'indemnité de 2 000 francs qui devait, depuis presque

* C'est la date consignée dans le carnet de dépenses. Elle est de presque un an antérieure à l'arrêté préfectoral accordant l'indemnité à Curie.

trois ans déjà, compléter son traitement de préparateur. Marie est enceinte et ses étourdissements continuels la fatiguent autant qu'ils l'exaspèrent, mais ne l'empêchent pas de faire une excursion de trois jours à Compiègne. Dès le retour, elle termine son travail sur les aciers et part passer les dernières semaines de sa grossesse à Port-Blanc en Bretagne, en compagnie de son père, venu de Pologne. Son amie Dydynska les rejoint fin juillet. Ils logent dans un petit établissement, l'hôtel des Roches grises, font quelques folies comme l'achat d'un homard ou, dans un autre ordre d'idées, une promenade en mer qui inquiète fort Pierre retenu à Paris par les examens. Il vit d'ailleurs très mal ce mois de séparation, la première depuis leur mariage, déchiré entre sa femme enceinte et sa mère gravement malade, atteinte d'un cancer du sein incurable. Il n'ose pas la quitter, craignant de ne plus la revoir. En tout cas, il ne peut pas partir avant l'arrivée de Jacques et Virginie, attendus du jour au lendemain. De plus, il ne s'entend pas toujours bien avec Gariel qui assure la direction de l'Ecole depuis la mort de Schützenberger, le 26 juin. Devant les difficultés, Pierre découvre à quel point il est maintenant démuni sans les conseils de Marie, sans sa présence tout court. « Gariel a écrit pour les professeurs une note assez désagréable, écrit-il le 17 juillet, poursuivant en français la lettre qu'il avait commencée en polonais. Il demande, primo, que l'on lui demande une autorisation pour faire travailler quelqu'un à l'Ecole. Secundo, que personne ne puisse *entrer* dans l'école sans une autorisation préalable de sa part !

« Le primo est tout naturel mais le secundo est un comble ! Je lui ai répondu une lettre très polie, mais dans laquelle je lui ai dit très nettement ce que j'en pensais. Je lui ai d'abord demandé de renouveler l'autorisation que t'avait donnée Schützenberger de travailler ici. Puis j'ai demandé l'autorisation de venir pour Jacques quand il est à Paris. Enfin j'ai demandé de recevoir quiconque se présenterait pour me rendre visite sans autorisation aucune. En lui expliquant que le prestige des professeurs serait grandement atteint s'il ne permettait pas cela et que ce prestige est déjà bien faible en France puisque le moindre employé de bureau pense avoir le droit de donner des ordres aux professeurs.

« Papa a approuvé ma lettre, mais j'ai bien regretté que tu ne sois pas là pour me donner conseil en cette circonstance. Je fais cinq heures d'examens chaque jour, je m'entraîne sur la côte de Fontenay en vue des côtes de Bretagne. J'ai changé mon costume et le nouveau me tire un peu dans le dos.

« J'ai emmené Maurice [fils de Jacques âgé de neuf ans] hier matin à *5 h* au bois. Je n'ai pas travaillé du tout ou très peu.

« Enfin j'ai passé la journée de jeudi avec Albert [Bazille ?] et sa femme, ils sont décidément fort gentils, s'ils avaient su nos projets de voyage Albert aurait pris ses vacances quinze jours plus tard et ils seraient venus à Port-Blanc avec nous.

« Je t'embrasse de tout mon cœur ma petite enfant chérie et je suis tout attendri en pensant à toi. »

Et dix jours plus tard :

« Ma chère enfanticule bien-aimée, il me tarde beaucoup d'être près de toi et cependant j'ai quelque peine à me décider à partir parce que je ne sais encore au juste quand Jacques arrivera et j'ai peur qu'à Sceaux ils ne restent trop longtemps seuls (...). J'ai pourtant bien besoin ma chérie de tes caresses et de cacher ma tête dans tes bras et de te sentir tout près de moi. Nous avons eu dimanche une journée terrible en ce sens que ça a été une procession de gens venant nous rendre visite à nous ou à tante Marie ou à tous deux. Tu peux t'imaginer si j'en avais plein le dos. Cependant ceux qui sont venus pris individuellement n'étaient pas autrement désagréables (...).

« Gariel m'a écrit une lettre très aimable, il donne autorisation de travailler pour qui je voudrais et de recevoir qui je voudrais, il explique qu'il entend seulement empêcher d'entrer sans autorisation en l'absence des professeurs. Comme je sais que la concierge avait un ordre formel tout différent ! »

Enfin, deux jours après, il lui envoie une longue lettre dans laquelle il saute sans transition d'une description détaillée des différents types de brassières : « La petite grandeur est convenable pour [une] brassière en tricot élastique, mais il faut faire un peu plus ample en toile ou en coton. Il faut que tu aies des brassières des deux grandeurs. » A sa famille : « Maman est si triste quand je parle de m'en aller que je n'ai pas encore eu le courage de fixer le jour. Elle a aussi très peur que Jacques ne se dispute avec papa, ils sont violents tous deux. », pour en arriver aux schémas à joindre éventuellement à l'article de Marie sur les aciers : (« Je ne sais s'il faut demander les clichés en double. Cela coûterait 9 francs en plus environ ; cela servirait dans le cas où tu voudrais publier ailleurs avec figure. ») Puis : « Je *liquide* un tas de choses, j'ai arrangé le Wattmètre pour Duch., j'ai encore à examiner un galvanomètre pour Dep. et un barreau que j'ai fait chauffer pour chéricule (ma petite enfant chérie) encore à voir la petite balance de [illisible] enfin la Société de mes balances me relance pour ce brevet. Il faut absolument que je le rédige avant de m'en aller, cela m'ennuie au possible de retaper ce pauvre brevet. Au lieu de prendre de l'argent à la caisse j'ai demandé mon compte de balance qui avait produit 470 francs depuis octobre dernier ce qui m'a fait une assez agréable surprise. J'ai aussi touché mon mois.

« J'ai donné 200 francs à la maison parce que papa voulait ne pas renouveler une obligation du Crédit foncier qui constitue en grande partie ce qu'il a d'avance. Enfin je crois que j'aurai encore plus qu'il ne me faut quand j'aurai tout payé et que je laisserai encore de l'argent à Sceaux. Nous avons été hier chez un constructeur de dynamos avec Bary [son remplaçant au poste de chef des travaux], nous allons probablement acheter une machine pour charger les accus et donnant aussi si l'on veut des courants biphasés et triphasés alternatifs ce sera très intéressant à avoir dans le laboratoire. »

Et juste avant de quitter Paris : « Je pense à ma chérie qui remplit ma vie, et je voudrais avoir des facultés nouvelles ; il me semble qu'en concentrant mon esprit exclusivement sur toi, comme je viens de le faire, je devrais arriver à te voir, à suivre ce que tu fais et aussi à te faire sentir que je suis tout à toi en ce moment mais je n'arrive pas à avoir une image *. »

On ne trouve nulle part ailleurs de mention de son intérêt pour la pêche ; il acheta cependant avant de partir tous les articles nécessaires. Mais il ne s'attarda pas longtemps à ces occupations sédentaires car dès son arrivée à Port-Blanc ils enfourchent les bicyclettes et partent à Brest. Là, Marie (au huitième mois de sa grossesse) fait des kilomètres à pied pour visiter la ville dans tous ses détails, puis, dès leur retour à Paris, elle procède à un grand nettoyage de la maison et, comme il fait un peu plus frais, elle sort et range les affaires d'hiver. Le 12 septembre, deux semaines avant la date prévue, elle accouche, assistée par le docteur Eugène Curie, d'une fille qu'ils appellent Irène. Ce jour, ils dépensent 3 francs pour le champagne et 1,10 franc pour les télégrammes. Ils engagent une femme de ménage à plein temps, puis une nourrice, dès la fin novembre, quand Marie retourne au laboratoire. A partir de ce moment, elle sera quand même obligée de rester à la maison jusqu'à midi presque tous les jours. Quant à Pierre, il déjeune généralement à l'Ecole.

La mère de Pierre mourut deux semaines après la naissance d'Irène, le 27 septembre 1897.

Si la comptabilité du ménage incombait entièrement à Marie, tous les deux affectionnaient les carnets de récapitulations diverses dans lesquels ils écrivaient à tour de rôle. Ces carnets avaient tous la même couverture noire mais ils étaient de toutes les tailles et servaient, chacun, pendant de nombreuses années.

* A cet endroit, la page est coupée.

Dans tous les carnets, les notes commencent simultanément sur des pages différentes selon le sujet ou l'inspiration. Au laboratoire, ce sont des notes sur les expériences, les noms des collaborateurs, des listes des produits utilisés, des appareils achetés et prêtés, des bibliographies, des notes de lecture, des notes de conférences et de cours. A la maison, ils consignent les grands événements touchant la famille. On trouve dans ces cahiers (dont la plupart seront utilisés par Marie longtemps après la mort de Pierre), de la main de l'un ou de l'autre, dispersées sur différentes pages, des informations telles que « poids de Pierre avec habits 23 juillet 1898 : 74 kilos », les lieux de leurs vacances, le développement d'Irène, et, plus tard, d'Eve (sa première dent et le jour où elle mangea son premier œuf), les détails de leurs nominations successives, les listes de leurs prix et distinctions. Pour eux, l'histoire commence au début novembre 1891 avec « Marie arrivée Paris ». Elle continue avec « Marie licence », « laboratoire Lippmann », « Marie au Crettaz..., à Varsovie... » Pierre n'apparaît qu'ensuite : « allé en Auvergne avec Jacques, puis Marseille été 1894 », « thèse Pierre et commencé à professer EPCI mars 1895 ». Puis : « notre mariage le 26 juillet 1895, passé l'été à la Biche puis à Sceaux [25] ».

Chapitre V

UNE ÉNERGIE QUI REMPLIT L'ESPACE

Plus préoccupée que son mari par sa situation professionnelle, Marie décida de préparer son doctorat aussi vite que possible et de ne commencer son travail d'enseignement qu'une fois en possession du diplôme. Aucune femme en France n'était encore parvenue au titre de docteur ès sciences physiques, mais Marie ne semblait pas envisager ses projets comme exceptionnels. Le seul problème était d'arriver à concilier son travail avec ses obligations de mère, ainsi que les éternels soucis financiers.

Les tubes et les rayons

Prendre comme sujet une recherche concernant les rayons X découverts par Röntgen deux ans auparavant n'aurait pas été original, bien au contraire. C'était, avec la recherche des rayonnements nouveaux, le sujet le plus à la mode. Depuis quelques années déjà, les rayons émis par la cathode dans un tube à décharge étaient le centre d'intérêt des physiciens. Jean Perrin et J.J. Thomson * (à ne pas confondre avec William

* Sir Joseph John Thomson (1856-1940), prix Nobel de physique en 1906, auteur de travaux fondamentaux sur l'ionisation des gaz, était directeur du Cavendish Laboratory à Cambridge, où il créa un véritable centre scientifique. Il y découvrit l'électron, dont il mesura ensuite la charge, fut un des premiers à proposer un modèle de la structure interne de l'atome (abandonné après la découverte du noyau par son élève Rutherford, voir note p. 179).

Thomson, lord Kelvin) venaient de prouver, en 1897, que les rayons cathodiques étaient constitués de particules, qu'elles étaient toutes identiques et portaient une charge électrique négative. On baptisa ces particules « électrons » et cette découverte vint confirmer, définitivement cette fois, l'existence très contestée des atomes. La découverte de Röntgen eut lieu avant celle de l'électron et tomba en plein débat sur la nature des rayons cathodiques mais elle ne les concernait pas directement ; Röntgen mit en évidence un rayonnement « secondaire », émis par les corps frappés eux-mêmes par le rayonnement cathodique. Pour utiliser la très jolie expression de Charles Edouard Guillaume : « Une lutte était engagée autour des phénomènes dont les tubes sont le siège et Röntgen, en découvrant les rayons X, sépara du tube le phénomène éthéré [1]. » En effet, le problème était déplacé : les nouveaux rayons n'étaient pas émis par la cathode et n'avaient pas besoin du vide pour se propager. On était encore loin d'être fixé sur leur nature (qui ne sera définitivement élucidée qu'en 1911 par les travaux de diffraction du physicien allemand Max von Laue *), mais leurs propriétés étranges (comme la capacité de traverser de nombreuses substances) fascinaient. La radiographie fit rapidement la une des journaux et, chose rare dans l'histoire, une découverte scientifique devint l'objet d'une passion générale ; tout le monde, depuis le kaiser et le tsar jusqu'aux ouvriers et paysans, voulait admirer le phénomène. Dès 1896, les foires proposaient aux curieux à côté du cinématographe (autre invention riche en promesses) une radiographie de la main ou du pied pour un prix tout à fait accessible. Parmi les scientifiques également, personne ne voulait être à la traîne et, dans tous les laboratoires, on cherchait des rayons inconnus et certainement extraordinaires ; dans l'attente de découvertes spec-

* Les rayons X sont un rayonnement électromagnétique (de même nature que la lumière mais invisible) ; leurs longueurs d'onde se situent entre celles de l'ultraviolet et celles des rayons γ.

taculaires, on essayait au moins de préciser les propriétés des rayons X.

Ainsi, une très grande partie des communications de physique de 1896 concernent les rayons X, et la *Revue générale des sciences pures et appliquées* leur consacre un dossier spécial dans son numéro du 30 janvier 1896 (pratique exceptionnelle à l'époque). Henri Poincaré *, passionné autant que les autres par ce sujet fabuleux, émet alors une hypothèse sur l'origine de ces rayons. Pour les produire, on projetait les rayons cathodiques sur la paroi en verre du tube de Crookes. « Ainsi, écrit Poincaré, c'est le verre qui émet les rayons Röntgen, et il les émet en devenant fluorescent. Ne peut-on alors se demander si tous les corps dont la fluorescence est suffisamment intense n'émettent pas, outre les rayons lumineux, des rayons X de Röntgen, quelle que soit la cause de leur fluorescence ? Les phénomènes ne seraient plus alors liés à une cause électrique. Cela n'est pas très probable, mais cela est possible, et sans doute assez facile à vérifier [2]. »

Poincaré était probablement le plus grand des savants français du moment, mais si ses centres d'intérêt étaient très diversifiés, ils se rattachaient toujours aux mathématiques et à la physique la plus théorique. L'étude des rayonnements, quels qu'ils soient, n'en faisait pas partie. Son hypothèse (fausse d'ailleurs) a été formulée un peu en passant, sorte de participation érudite à la discussion générale. Mais de nombreux expérimentateurs trouvèrent là une voie pour leurs recherches. Henri Becquerel, entre autres.

Les Becquerel étaient, depuis trois générations, physiciens et professeurs au Muséum d'histoire naturelle ; comme dans une dynastie, les fils succédaient à la chaire laissée vacante à la mort du père. Henri Becquerel fit ses études au lycée Louis-le-Grand, puis à

* Henri Poincaré (1854-1912) contribua à pratiquement toutes les branches des mathématiques (il fut, notamment, l'un des fondateurs de la topologie et de la géométrie analytique) et de leurs applications à la physique (mécanique céleste, entre autres).

l'Ecole polytechnique et aux Ponts et Chaussées ; en 1890, à trente-six ans, il succéda tout naturellement à son père en reprenant les deux chaires de physique que cumulait Edmond Becquerel, successeur d'Antoine Becquerel : une au Muséum et l'autre au Conservatoire des arts et métiers. En 1894, il devint également professeur à l'Ecole polytechnique et ingénieur en chef des Ponts et Chaussées. Marié à Lucie Janin, fille d'un académicien, il était académicien lui-même et faisait partie intégrante du monde scientifique français. Sa carrière sans surprises était ce qu'on peut imaginer de plus opposé à celle de Curie. Cela étant, Becquerel était un excellent physicien, spécialiste notamment de la fluorescence.

Un mois à peine après l'article de Poincaré, il découvre un fait inattendu et surprenant : les sels d'uranium, substances phosphorescentes * qu'il étudie, émettent un rayonnement sans être exposés à la lumière. Ce rayonnement, qu'il appelle uranique, est donc indépendant de la phosphorescence ; il impressionne la plaque photographique, décharge les corps électrisés et rend conducteur l'air qu'il traverse. Becquerel constate enfin que tous les composés contenant de l'uranium, même ceux qui ne sont pas phosphorescents, émettent ce rayonnement invisible parfaitement constant ; il ne remarque rien de semblable avec aucune autre substance, phosphorescente ou non.

Becquerel n'est pas le seul à faire ces observations. L'Anglais Silvanus P. Thompson, auteur de recherches semblables, proposa d'appeler le phénomène hyperphosphorescence.

Mais, peut-être parce qu'ils ne permettent pas de photographier les os « à travers les chairs [3] », peut-être parce qu'ils n'ont pas le privilège de la primeur, les rayons uraniques ou hyperphosphorescents ne

* La phosphorescence et la fluorescence sont deux cas particuliers de la luminescence : propriété de certaines substances d'émettre de la lumière sous l'effet d'un rayonnement. La première dure plus longtemps que la seconde et dépend de la température.

déclenchent pas autant de passion que les rayons X ; ils sont rapidement délaissés, même par Becquerel, alors que l'engouement pour les rayons de Röntgen continue sans faiblir. Deux physiciens allemands, Julius Elster et Hans Friedrich Geitel font cependant exception en étudiant les rayons uraniques d'une manière très systématique ; ils précisent rapidement plusieurs de leurs propriétés.

Ces rayons attirent également l'attention de Marie Curie qui décide d'en faire le sujet de sa thèse.

Il est possible que l'idée lui ait été suggérée par Pierre, qui trouvait le sujet passionnant. Il possédait l'avantage d'avoir été très peu étudié et donc de n'exiger aucune recherche bibliographique ; de plus, on pouvait espérer y faire des découvertes fondamentales, chose bien plus difficile dans les domaines possédant déjà des théories. Il est probable que dès le début Pierre vit dans les études des rayons uraniques un champ d'application inespéré pour quelques-uns des appareils de mesure qu'il avait inventés et qui, jusqu'ici, restaient des sortes de gadgets remarquablement ingénieux mais sans utilité pratique.

Que l'idée ait été de Marie ou de Pierre, il s'agissait de son travail personnel à elle, et elle le commença en décembre 1897.

Son objectif était de vérifier s'il existe des éléments chimiques autres que l'uranium capables d'émettre le rayonnement découvert par Becquerel. Gariel mit à la disposition de Marie Curie un atelier vitré situé au rez-de-chaussée et servant de magasin et de salle de machines. La capacité de rendre l'air conducteur étant la propriété des rayons qui se prête le mieux à une étude quantitative, Marie décida de mesurer la conductibilité électrique de l'air provoquée par un grand nombre de substances : métaux, sels, oxydes, minéraux. Elles lui ont été fournies par plusieurs chercheurs, les sels et oxydes, par exemple, provenaient de l'Ecole, du laboratoire du professeur Etard. Pour faire les mesures, Marie utilisait l'électromètre inventé par les frères Curie et un quartz piézoélectrique, ce qui lui permit de substituer aux résultats plutôt qualitatifs de Becquerel des valeurs quantitatives remarquablement précises *. Pendant tout le mois de janvier, Pierre s'occupa de l'installation des dispositifs. Comme dans le cas du travail sur les aciers, il mit à la disposition de Marie ses appareils, son laboratoire et son savoir-faire ; ce dernier surtout était inestimable. Par la suite, il participera moins aux mesures mais les brèves annotations dans les carnets de laboratoire [4] prouvent qu'il suivit toujours attentivement, et activement, le travail de Marie. C'était un travail minutieux où il fallait examiner une à une de très nombreuses substances de manière à passer en revue tous les quatre-vingts éléments chimiques alors connus. En avril, Marie Curie a effectué un nombre suffisant de mesures pour pouvoir en tirer des conclusions. A savoir :

1. Sont actifs seulement les composés contenant de l'uranium ou, fait nouveau, du thorium. Tous les composés contenant ces deux éléments sont actifs ; leur activité est indépendante de l'état physique et chimique dans lequel ils se trouvent. L'activité semble donc être une propriété atomique **, caractéristiques des atomes d'uranium et de thorium.

2. Deux minéraux d'uranium, la pechblende et la chalcolite, sont encore plus actifs que l'uranium lui-

* La substance étudiée étant placée sur l'un des plateaux d'un condensateur, on mesure la charge que prend le deuxième plateau en la compensant à l'aide d'un quartz piézoélectrique : la lame de quartz, dont une armature est reliée au plateau et l'autre à terre, est soumise à une traction mécanique déterminée. La quantité d'électricité dégagée par le quartz, connue à chaque instant, compense exactement celle qui traverse le condensateur. De très faibles quantités d'électricité peuvent être précisément évaluées par cette méthode.

** Un atome est la plus petite quantité de matière où un élément chimique conserve son individualité. Inversement, un élément est constitué d'atomes tous (en première approximation) identiques. Un phénomène qui caractérise un élément indépendamment des conditions doit donc concerner les atomes qui le composent.

même. « Ce fait est très remarquable et porte à croire que ces minéraux peuvent contenir un élément beaucoup plus actif que l'uranium * [5]. »

Des substances inconnues

L'élément plus actif est nécessairement un élément nouveau, car Marie a étudié pratiquement tous les éléments connus. Cela devient trop intéressant pour que Pierre Curie – incapable, comme d'habitude, de résister à l'attrait de l'inconnu et du mystérieux – puisse se contenter du rôle de simple spectateur et conseiller. Il décide donc d'abandonner ses travaux sur la vitesse de croissance des cristaux, pour quelques mois pense-t-il, pour se joindre à sa femme. Il est convaincu que grâce aux efforts de deux personnes la substance inconnue sera découverte très rapidement.

Le nouveau travail promettait une bouffée d'air frais dans cette période très peu créative. Depuis plus de trois ans, c'est-à-dire depuis la fin de son travail sur le magnétisme, Pierre Curie n'avait écrit aucun article, ni inventé ni construit aucun appareil nouveau. C'était la seule et unique fois dans sa vie qu'il ne produisait rien de tangible pendant si longtemps. N'obtenait-il pas de résultats significatifs dans ses propres recherches ? S'agissait-il, en fait, d'une adaptation, très longue, à sa nouvelle vie d'homme marié ?

La préparation de son cours, cela est certain, prenait toujours une trop grande part de ses journées. Efforts dont il était vraiment trop mal récompensé même en admettant que les élèves chimistes n'étaient pas les meilleurs juges de sa présentation novatrice de la physique. Curie se sentait déçu, il était blessé. Une autre déception allait s'y ajouter au mois de mars. Il

* Le physicien allemand, G. C. Schmidt, découvrit la radioactivité du thorium un peu plus tôt et publia ses résultats le 4 février 1898 dans une revue allemande (*Verhandl. Physik. Ges. Berlin*, 17, 1898). En annonçant les siens le 12 avril, Marie Curie n'était pas au courant des travaux de Schmidt.

postula pour le poste vacant de professeur de chimie physique à la Sorbonne, qui, par rapport à l'Ecole, présentait l'avantage d'un salaire plus élevé, 10 000 francs environ, et d'un nombre d'heures de cours plus réduit. Ce poste constituait, en outre, une sorte de reconnaissance officielle, à laquelle, pourquoi le nier, Curie n'était pas insensible. La procédure était la suivante : quand un poste devenait vacant – suite à une démission ou à un décès –, les candidatures, présentées par les professeurs titulaires, étaient mises au vote, la majorité absolue étant indispensable pour que le conseil de faculté fasse un choix définitif, présenté ensuite au ministre (qui ne faisait qu'entériner cette décision). Ces débats, à l'ordre du jour de pratiquement tous les conseils, étaient rapides et ne suscitaient pas d'émotions. Ce jeudi 3 mars 1898 cependant, la réunion du conseil de la faculté des sciences dura plusieurs heures et fut très animée. Il y avait trois candidats sérieux : Ponsot, Pierre Curie et Jean Perrin *. Tout le monde était d'accord pour admettre que Ponsot seul travaillait sur les sujets voisins de ceux prévus pour le cours. C'était son seul atout, et le principal reproche adressé à Curie. Ainsi, pour le doyen Darboux ** (mathématicien) « M. Curie paraît présenter les caractères d'un physicien plus complet doué des plus riches qualités d'originalité et de largeur d'esprit », mais Darboux « craint qu'un physicien de quarante ans déjà engagé dans une foule de travaux n'en sorte difficilement pour aborder un champ entièrement nouveau pour lui ». Paradoxalement, si toute la discussion tournait autour de la

* Jean Perrin (1870-1942), qui deviendra rapidement un des meilleurs amis de Curie, est celui qui montra, en même temps que J. J. Thomson, l'existence de l'électron. Il donna ensuite des arguments décisifs en faveur de l'existence de l'atome. Plus tard, en 1937, il créa le palais de la Découverte. Il obtint le prix Nobel de physique en 1926.

** Gaston Darboux (1842-1917), spécialiste de la géométrie analytique, fut doyen de la faculté des sciences de Paris entre 1889 et 1903.

capacité des candidats à enseigner la physico-chimie, le nom de Ponsot ne fut plus évoqué et les débats opposèrent Curie à Perrin, normalien de vingt-huit ans qui venait de soutenir sa thèse, très brillant, extrêmement prometteur mais aussi éloigné de la physico-chimie que Pierre Curie lui-même. Ce dernier lui était, même d'après le physicien Pellat, qui appréciait énormément Perrin, son ancien préparateur, « bien supérieur [en] profondeur de vues ». L'argument essentiel en faveur de Perrin était justement sa jeunesse, qui lui conférait, supposait-on, une grande adaptabilité. On dut procéder à quatre scrutins avant d'arriver à 13 voix pour Perrin, 7 pour Curie et 3 pour Ponsot (plus un bulletin blanc)[6]. C'était le premier de la suite d'échecs que Pierre Curie essuya dans ses rares et pourtant bien modestes tentatives pour s'occuper de son avancement. Charles Friedel, qui était membre du conseil, lui écrivit alors : « Nous sommes battus et il ne me resterait que le regret de vous avoir encouragé à une candidature qui a aussi peu de succès si la discussion ne vous avait été beaucoup plus favorable que le vote. Mais malgré les efforts de Lippmann, de Bouty, de Pellat et les miens, malgré les éloges que vous ont valus de vos adversaires mêmes vos beaux travaux, que voulez-vous faire contre un normalien et contre le parti pris des mathématiciens.

« Je vous envoie ci-joint le relevé des votes. Consolez-vous et faites-nous, malgré tout, de bons travaux de physico-chimie pour montrer à ces messieurs qui n'admettent pas que à quarante ans on puisse changer son fusil d'épaule que vous avez assez de souplesse d'esprit pour le faire[7]. »

La recherche du nouvel élément était un sujet de physico-chimie par excellence et Curie retourna poursuivre ses travaux. Ni lui ni Marie ne pouvaient prévoir qu'ils s'engageaient dans un travail qu'ils n'allaient plus jamais interrompre, qui allait transformer leurs vies et devait même révolutionner la science. La pechblende était un minerai relativement bien connu et ils supposaient que la nouvelle substance en constituait au maximum un centième (alors qu'il s'agissait, en fait, de moins d'un millionième). De cette substance, ils ne savaient absolument rien sauf qu'elle était plusieurs fois plus radioactive (mot proposé alors par Marie Curie) que l'uranium. Le rayonnement émis était donc la seule indication de sa présence. La méthode de fractionnement qu'ils mirent alors au point est celle qu'on utilise encore maintenant. Il fallait, par des procédés chimiques ordinaires adéquats (attaques par les acides et autres substances, dissolutions, précipitations...) séparer les divers constituants de la pechblende et mesurer la radioactivité des fractions obtenues. Pierre Curie était un spécialiste incontestable des mesures électrométriques dont on pouvait déduire la radioactivité. En revanche, il n'avait jamais étudié la chimie et Marie n'en avait que des notions bien anciennes, datant des quelques séances de travaux pratiques auxquelles elle avait assisté, en 1890, au laboratoire du Musée de l'industrie et de l'agriculture de Varsovie où travaillait un de ses cousins. Ce fut Gustave Bémont *, chef des travaux de chimie minérale à l'Ecole, qui initia les deux physiciens aux mystères de l'analyse chimique, leur montra les réactifs à utiliser pour séparer le plomb ou l'antimoine, les guida pour choisir les solvants appropriés. Le travail était d'autant moins facile que « la pechblende est un minerai extrêmement compliqué, qui renferme en quantité notable presque tous les métaux connus [8] ». Bémont devait être un très bon chimiste car les expériences avancèrent malgré tout très rapidement, pratiquement sans tâtonnements ni erreurs. L'élément

* De deux ans aîné de Pierre Curie, Gustave Bémont (1857-1932) étudia à la faculté de médecine et devint chef des travaux à l'EPCI en 1888, poste qu'il garda jusqu'à son départ à la retraite, en 1923. La direction des manipulations des élèves était sa véritable passion, bien plus que la recherche, qui semble un accident dans sa carrière. Outre l'article sur la découverte du radium, il publia entre 1884 et 1885 quatre articles avec Etard (dont il devint ensuite préparateur), et une note, seul, en 1901. Toute sa vie était consacrée à l'Ecole où il continua à venir chaque jour jusqu'à la fin de sa vie. (P. Langevin, *Notice nécrologique.*)

nouveau se concentrait dans des fractions de plus en plus radioactives. En juillet, les Curie savaient que leur hypothèse était juste, que la nouvelle substance existait, qu'elle devait être un métal aux propriétés chimiques voisines de celles du bismuth dont elle est inséparable, qu'elle était beaucoup plus radioactive que prévu (au moins 330 fois plus que l'uranium). Ils décident de l'appeler polonium, du nom de la Pologne et, après en avoir fait la communication à l'Académie des sciences (c'était Becquerel, membre de l'Académie, qui s'était chargé de la présentation), le 18 juillet, ils partent à Auroux, village à la limite de l'Ardèche et de la Lozère, avec Irène, sa nourrice et la cuisinière. Jacques les rejoint avec sa famille, ils font de nombreuses excursions, à Mende, à Villefort, au Puy, à Clermont, à La Bourboule, au mont-Dore et au mont Lozère. C'est là qu'Irène, âgée de dix mois, prend son premier bain dans la rivière. « La nourriture à Auroux nous revenait à 1,50 franc par jour et par personne », nota Marie dans son carnet, et elle ajouta, en polonais : « Nous avons payé pour la famille du frère plus ou moins 225 francs. »

Le carnet fait état d'un cochon d'Inde (cadeau d'anniversaire pour la petite Irène ?) ; quel qu'ait été son rôle chez les Curie, ses carottes figurent dans le carnet des dépenses pendant plusieurs mois depuis la rentrée 1898, puis disparaissent brusquement, incluses peut-être dans les « frais de table » généraux, à moins de supposer que le séjour de l'animal rue de la Glacière n'ait été que très bref.

Avant les vacances, Pierre avait adressé une lettre au président du conseil de l'Ecole demandant l'attribution de pièces plus salubres pour son laboratoire ; il disait craindre pour sa santé et celle de sa femme. On proposa de l'installer, au début de l'année suivante, dans un pavillon faisant partie de l'ensemble et occupé provisoirement par la Société des instituteurs [9]. En effet, l'Ecole, dont les meilleurs bâtiments étaient au bord de la ruine et attendaient d'être reconstruits (depuis quatre ans déjà, l'architecte déclinait toute responsabilité pour l'utilisation des locaux actuels), ne pouvait pas leur offrir immédiatement de laboratoire convenable. Mais pour les Curie, qui vivaient dans un véritable suspens, il n'était plus question d'ajourner le dénouement de leurs recherches. Pour poursuivre, c'est-à-dire pour isoler le nouvel élément de la pechblende, ils avaient besoin de disposer tout de suite d'un local.

Les mesures électrométriques pouvaient à la rigueur être effectuées dans l'atelier où ils travaillaient depuis quelques mois, mais non les traitements chimiques. Faute de mieux, le directeur proposa un vieux hangar abandonné, ancienne salle de dissection de l'Ecole de médecine. « C'était une baraque en planches, écrira Marie, au sol bitumé et au toit vitré, protégeant incomplètement contre la pluie, dépourvue de tout aménagement ; elle contenait pour tout matériel des tables de bois de sapin usées, un poêle en fonte dont le chauffage était très insuffisant et le tableau noir dont Pierre Curie aimait tant se servir. Il ne s'y trouvait pas de hottes pour les traitements qui dégageaient des gaz nuisibles ; il fallait donc exécuter ces opérations dans la cour quand le temps le permettait, sinon il fallait les faire à l'intérieur, laissant les fenêtres ouvertes [10]. » La température intérieure de 6°25 qu'elle nota un jour est désormais légendaire.

Le pourcentage du polonium est si faible, que pour en obtenir ne serait-ce que quelques grammes il faut des quantités de pechblende absolument énormes. Or la pechblende est très chère. Son gisement principal se trouve à Joachimsthal en Bohême, dans l'Empire austro-hongrois. C'est une mine dont le gouvernement autrichien extrait de l'uranium utilisé comme colorant jaune pour les cuirs et pour les fameux cristaux de Bohême. Heureusement, le polonium se trouve dans les résidus inutiles. Le gouvernement autrichien, sollicité par Eduard Suess de l'université de Vienne et membre de l'Académie des sciences, décida de leur en offrir 100 kilos. Ils durent cependant payer le transport. Les envois suivants de ces résidus dont personne, sauf les Curie, n'avait besoin, ne furent pas tous gratuits. Il est vrai que le gouvernement autrichien leur céda plusieurs tonnes à un prix très bas, leur en offrit même une en 1899.

L'arrivée au mois de novembre du télégramme : « 100 kilos partis gratis suess [11] » inaugure la nouvelle phase des travaux. Gustave Bémont, dont les connaissances en chimie sont de plus en plus indispensables, fait maintenant partie de l'équipe. Les Curie soupçonnent que la pechblende contient, outre le polonium, un autre élément encore plus radioactif. Cette nouvelle substance a des propriétés chimiques totalement distinctes de celles du polonium ; elle ressemble au baryum. Les fractionnements successifs les amènent vite à une certitude. Alors, pour avoir une preuve de l'individualité chimique de l'élément nouveau (dont la proportion est si faible qu'on ne le remarquerait pas s'il n'envoyait pas de rayonnement, et qu'ils sont encore très loin d'avoir à l'état pur), ils décident de faire le test classique et infaillible : l'analyse spectroscopique des échantillons contenant cet élément. Chaque élément chimique peut être reconnu d'après son spectre, qui le caractérise d'une manière univoque. Alors que les raies spectrales attribuables au polonium restent indécelables *, la conclusion d'Eugène Demarçay **, spécialiste de la spectroscopie qui analysa un échantillon de chlorure de baryum fourni par les Curie, ne laisse pas de place au doute : l'échantillon contient bien une très faible quantité d'un élément 1inconnu, caractérisé désormais par une raie de longueur d'onde 3 814,8 angströms [12]. Les Curie proposent de l'appeler radium. L'existence d'un nouvel élément chimique est donc admise et acceptée bien

* En quantité encore plus faible que le radium, le polonium n'a pu être isolé que bien plus tard. Longtemps après l'annonce de son existence, de nombreux chercheurs préféraient parler, faute des preuves directes, d'une variété radioactive du bismuth.

** Eugène Demarçay (1852-1903) était chimiste et étudiait les éléments du groupe de terres rares. Il en isola un, l'europium.

avant qu'on puisse le voir, ou le peser. Ces résultats sont communiqués à l'Académie le 26 décembre 1898.

La découverte commune

Ainsi, d'une manière tout à fait inattendue, les Curie avaient découvert, en moins de six mois, deux éléments chimiques nouveaux. Quelle a été, dans ces travaux, la part respective de chacun ? Qui, de Pierre ou de Marie, a découvert le radium ? Ces questions, inévitables, n'ont pas manqué d'être soulevées. Mais il est difficile de leur donner une réponse univoque et certaine pour la bonne raison qu'il est impossible de départager les contributions à un travail effectué ensemble par deux personnes qui, tout au long de leurs recherches, ne se sont pratiquement pas quittées. Inséparables au laboratoire et à la maison, obsédés tous les deux par leur travail, ils n'ont pas cessé de mettre au point – ensemble – le projet de chaque expérience, de discuter – ensemble – chacun des résultats. Les deux Curie n'ont d'ailleurs jamais accepté d'être dissociés dans l'évaluation de ces découvertes (Pierre trouvait cela « plus joli au point de vue artistique [13] »). Au moment où, à l'occasion de l'attribution du prix Nobel, certains eurent des doutes sur la contribution de Marie, Pierre a précisé que, leurs parts dans la recherche étant égales, c'était le travail personnel de son épouse qui avait été à l'origine de leurs découvertes et que c'était en particulier à elle que revenait la détermination du poids atomique du radium [14]. A peu près au même moment, mais dans d'autres circonstances (il s'agissait de la conclusion de sa thèse), Marie, pour pouvoir prétendre au titre de docteur (qui est individuel), a clairement indiqué quel avait été son apport personnel.

« J'ai étudié la radioactivité des composés d'urane [uranium]. J'ai cherché s'il existait d'autres corps radioactifs (...). J'ai mis en évidence le caractère atomique de la radioactivité des composés d'urane et de thorium.

« J'ai fait un travail ayant pour but la recherche de substances radioactives autres que l'uranium et le thorium (...). J'en ai conclu que ces minéraux pouvaient renfermer une substance radioactive (...) plus fortement radioactive que ces métaux (...).

« Je me suis constamment occupée du travail chimique de la préparation de ces substances (...). J'ai pu enfin déterminer le poids atomique du radium [15] (...). »

Le reste (extraction des nouvelles substances, études de leurs effets, mise en évidence des rayons portant une charge électrique négative, etc.) a été fait avec Pierre Curie (et, pour ce qui concerne l'extraction, avec Bémont).

Toutes ces précisions sont maintenant peu utiles et le partage de rôles, artificiel ; c'est le contraire qui devrait attirer l'attention. On ne peut, en effet, qu'admirer, comme le fera plus tard l'Académie suédoise [16], une collaboration aussi stimulante et fertile, une complémentarité aussi remarquable de tempéraments et de compétences. Marie ne serait peut-être pas parvenue à ses premiers résultats sans l'utilisation des appareils mis au point par Pierre. Pierre ne se serait probablement jamais penché sur la radioactivité si Marie n'en avait pas fait son sujet de thèse. On peut même remonter plus haut : Marie ne se serait probablement pas lancée dans la préparation d'un doctorat si elle n'avait pas rencontré Pierre. Une seule chose est certaine : Pierre et Marie Curie ont découvert ensemble deux éléments nouveaux.

Mais il était clair que le rayonnement de Becquerel devait apporter bien d'autres surprises. Il posait déjà de graves questions fondamentales. Les substances radioactives émettaient leurs radiations sans qu'on leur fournisse de l'énergie, fait absolument incompréhensible qui préoccupa immédiatement Pierre Curie. Il était en contradiction flagrante avec le principe de conservation de l'énergie, ou principe de Carnot, un des fondements de la physique. Le 30 décembre, Curie écrivit à Charles-Edouard Guillaume :

« Nous partageons assez l'opinion de M. Lebon, non pas sur votre compte, mais sur celui de l'hypothèse de l'énergie transmise à travers l'espace. Seulement parce qu'une hypothèse est peu vraisemblable, ce n'est pas une raison pour ne pas en parler, et nous sommes vraiment trop portés en France d'avoir peur de nous compromettre, je sais du reste que nous sommes d'accord avec vous sur ce point.

« Ma femme, il y a deux mois, a donné à Olivier [directeur de la *Revue générale des sciences pures et appliquées*] un article qui n'a pas encore paru. Pour montrer qu'elle n'a pas de parti pris elle y énonce une demi-douzaine d'hypothèses, toutes aussi invraisemblables que la première. Le fait brutal, c'est qu'il y a désaccord avec le principe de Carnot et ne serait-ce pas Gouy qui aurait raison ? Voici des années qu'il m'a déjà dit que l'on trouverait des exceptions au principe de Carnot et vous connaissez probablement ce qu'il a écrit au *Journal de physique* sur le mouvement brownien qui constituerait en quelque sorte le premier accroc à la généralité du principe *.

« Elster et Geitel sont certainement ceux qui ont travaillé le plus proprement la question des rayons uraniques (à l'étranger !) et je ne serais pas étonné s'ils nous sortaient d'ici peu quelque chose de très bien [17]. »

En décembre 1898 l'Académie décerna à Marie pour son travail sur les aciers le prix Gegner de 3 800 francs « destiné à soutenir un savant qui se sera signalé par des travaux sérieux, et qui dès lors pourra continuer plus fructueusement ses recherches en faveur du progrès des sciences positives ». D'après les calculs

* Georges Gouy, qui devait avoir une certaine influence sur Curie, considérait que le mouvement brownien était incompatible avec le principe de Carnot et supposait que ce dernier ne serait pas applicable aux mécanismes suffisamment petits (G. Gouy, *Revue générale des sciences pures et appliquées*, 15 janvier 1895).

de Marie, ils dépensèrent cette année pour la nourriture 2,60 francs en moyenne par jour et par personne.

Cette année-là – mais ceci ne peut pas être chiffré et, probablement, ils n'en étaient pas encore conscients –, leur vie changea radicalement et définitivement. A la fin de 1897, tout portait à croire que l'existence du ménage entrait dans une phase stable relativement banale. Un couple avec enfant, un petit appartement, une situation modeste mais sûre et pas désagréable. Pierre était docteur depuis deux ans déjà, n'avait plus à s'occuper de ses diplômes, il enseignait et, au fond de son petit atelier-laboratoire, se sentait libre de faire ce qu'il voulait, à son rythme. Marie devait encore préparer sa thèse. Entre leurs vacances communes à vélo, leur avenir, tranquille et sans complications, semblait tout tracé. Fin 1898, toutes les perspectives avaient changé.

La portée du sujet de thèse que Marie avait choisi en toute innocence dépassait de loin tout ce qu'elle aurait pu imaginer. La radioactivité était un phénomène spectaculaire ; elle fascinait. Ceux qui avaient découvert le radium ne pouvaient rester anonymes. Ainsi, sans le désirer et sans même s'y attendre, les Curie devenaient des personnalités publiques.

Du point de vue strictement scientifique également, ils se trouvaient déjà sur un chemin de non-retour. La radioactivité sortait des limites de la science connue et on ne savait pas où elle menait. Ce n'était plus un rayonnement nouveau parmi d'autres, mais un phénomène que rien ne pouvait expliquer car il produisait de l'énergie, à première vue à partir de rien. Il montra, dès les premières semaines de son étude, qu'on ne connaissait même pas tous les éléments chimiques qui composent la matière et que les minerais qui semblaient connus pouvaient contenir des substances nouvelles aux propriétés surprenantes. Elle faisait apparaître un monde nouveau qui restait à explorer, tâche que les Curie ne pouvaient laisser à d'autres.

Mais il devenait de plus en plus clair que ces explorations, quelle que soit l'ardeur qu'ils y mettraient, ne seraient ni rapides ni aisées : les nouvelles substances produisaient des effets intenses mais n'existaient qu'en quantités infimes ; pour les isoler des autres corps, il fallait traiter gramme par gramme des tonnes de minerai. Il était à prévoir que les substances radioactives apporteraient encore bien d'autres révélations et que le jeu des poupées russes ne faisait que commencer.

Ennemis de toute agitation, les Curie maintiennent quelque temps le calme relatif à la maison et au laboratoire et, en 1899, plusieurs choses se précisent. Pour commencer avec des petits détails très terre à terre, ils s'assurent quelques revenus supplémentaires. La balance a rapporté déjà 1 119,90 francs ; les obligations qu'ils avaient achetées ont produit pour la première fois des intérêts, même s'ils restent encore symboliques : 194,45 francs ; enfin (et rien n'est à négliger dans leur situation), l'article de Marie pour la *Revue des sciences* a été payé 90 francs. Mais le total comble à peine les nouvelles dépenses de la maison. De plus, aussi incroyable que cela puisse paraître, ils contribuent au financement de leurs recherches. Du point de vue strictement administratif, celles-là ne sont que l'affaire personnelle des époux Curie, un passe-temps qui ne regarde qu'eux. Aucun des deux n'est « chercheur » par profession. Pierre est enseignant dans une école professionnelle, chargé d'un très grand nombre d'heures de cours et nullement censé effectuer des recherches, qui peuvent tout au plus, et c'est effectivement le cas, être tolérées par la direction. Marie est, ne l'oublions pas, femme au foyer. Ils n'ont consulté personne pour faire de la recherche. Ils choisissent librement leurs sujets, leurs horaires et leurs collaborateurs. Des travaux que personne ne leur a demandé de faire ils n'ont aucun compte à rendre. Pierre Curie ne peut que s'estimer heureux d'être autorisé (dans la mesure où cela n'interfère pas avec ses cours) à utiliser pour ses travaux les locaux et l'équipement de l'Ecole, d'y venir avec sa femme et d'envahir progressivement la cour avec les tonnes de minerai qu'il y entrepose. Aussi, comme beaucoup de ses prédécesseurs, Pierre Curie doit subvenir à certaines dépenses que ses travaux occasionnent, ne serait-ce que parce que personne d'autre ne va les couvrir. Donc les Curie (qui vont cependant remettre bientôt en question cette organisation – ou plutôt ce manque d'organisation – de la recherche) payent la pechblende (généralement le transport seul, mais parfois aussi – il est vrai que le coût en est très réduit – le minerai). Ils essayent aussi de dédommager leurs collaborateurs. Pour le moment, il ne s'agit que de Petit *, qui, en dehors de ses fonctions de « garçon chef », seconde toujours son patron d'une manière absolument désintéressée. Pour cela, il reçoit chaque année 100 francs au moment des étrennes, somme modique sans doute, importante cependant aussi bien pour Petit que pour les Curie.

Le partage des rôles

La découverte du polonium et du radium clôt une première période dans les études de la radioactivité. Au travail des pionniers – mise en évidence du nouveau phénomène et de deux éléments chimiques nouveaux – succède nécessairement une phase moins révolutionnaire et moins spectaculaire, au premier abord en tout cas, celle de l'étude systématique du processus et des éléments radioactifs. C'est la phase ingrate et fastidieuse : après la rapidité des premières découvertes, c'est un long et pénible labeur qui consiste à isoler des quantités pondérables du radium et du polonium, à déterminer leurs caractéristiques numériques, à rechercher et à décrire un à un les effets des radiations. Progressivement, ils commencent à se

* Il ne reste aucun souvenir de Petit, collaborateur fidèle et dévoué dont on ne connaît même pas le prénom. Le seul renseignement précis, consigné dans les procès verbaux des conseils d'administration de l'EPCI, est son avancement, le 24 mars 1888, du poste de garçon de laboratoire de Dommer, à celui de garçon-chef.

partager le travail. Ainsi Marie devient-elle incontestablement la spécialiste de la partie chimique. C'est le domaine qu'elle préfère, étant plus attirée par le côté quantitatif que spéculatif de la recherche. Dès 1899, elle est rejointe par un nouveau collaborateur, André Debierne. Ancien élève de Pierre à l'EPCI, Debierne remplacera Gustave Bémont, dont la collaboration avec les Curie s'est interrompue – on ne sait pas pourquoi – aussi brusquement qu'elle a commencé. André Debierne, en revanche, ne les quittera plus et deviendra rapidement un ami, faisant pratiquement partie de la famille.

Pierre Curie, quant à lui, s'intéressera aux rayons mêmes plutôt qu'aux substances qui les émettent.

Cette année, les Curie remplacent le séjour à la campagne et les excursions à vélo par un voyage en Pologne. C'est la première fois que Pierre part si loin et pour si longtemps. Avec leurs 40 kilos de bagages, ils prennent le train, en seconde ou troisième classe selon les étapes, pour Zurich d'abord, où ils passent une nuit, Vienne ensuite, où ils s'arrêtent quelques jours et où ils visitent les musées (gratuits, note Marie) et, peut-être, quelques laboratoires. De là, ils partent pour Cracovie, autrefois capitale de la Pologne, siège de la plus ancienne université polonaise, une très vieille ville entourée de remparts, dominée par un magnifique château royal qui surplombe des quartiers moyenâgeux aux ruelles étroites remplies d'églises. Ils y restent quelques jours, puis partent pour Zakopane, le but de leur voyage, un gros bourg au pied du Rysy, le deuxième sommet des Tatras. Bien que moins hauts, les Tatras ressemblent aux Alpes, mais le paysage est plus escarpé et plus sauvage. Zakopane, situé à une centaine de kilomètres de Cracovie, dans la partie de la Pologne occupée alors par l'Autriche, est formé de belles maisons en bois ; ses habitants continuent à s'habiller de la manière traditionnelle : pour les hommes un petit chapeau noir orné de coquillages, une veste en laine blanche, une culotte ajustée, brodée de figures caractéristiques où prédominent le rouge et le vert et des mocassins en cuir tressé, une très large ceinture avec une magnifique boucle sculptée ; les femmes portent un corsage blanc brodé fermé par une grande broche, de larges jupes à fleurs, leur tête et leurs épaules sont couvertes par un gros châle multicolore. C'est là que la sœur de Marie, Bronia Dłuska, et son mari, Kazimierz, construisent un sanatorium pour soigner la tuberculose. Les Curie s'installent dans un petit hôtel où se retrouve toute la famille Skłodowski venue de Varsovie : le père de Marie, les deux sœurs et le frère Józef, que Pierre ne connaissait pas encore, médecin comme Bronia et Kazimierz. Ils sont tous accompagnés de leur famille, ce qui fait beaucoup de monde. Chaque jour ou presque, ils font une longue excursion à pied ; plusieurs fois, ils partent pour deux ou trois jours. Ils s'arrêtent alors pour la nuit dans les refuges qui existent déjà dans la région, dépourvus de tout confort mais offrant un toit, la nourriture chaude et une ambiance chaleureuse. Ce sont les lieux de rencontre des bergers et des paysans et aussi de quelques artistes et intellectuels venus de Cracovie et même de Varsovie : Zakopane, son paysage et son folklore viennent en effet d'être découverts par les poètes et les peintres polonais. C'est la première et dernière visite de Pierre Curie dans la patrie de sa femme. Peu de détails sur leur séjour, à part une séance de photos le 27 août et les problèmes de Pierre avec ses chaussures. Il en a acheté une nouvelle paire très chère dès son arrivée à Zakopane, mais la qualité ne devait pas être à la hauteur du prix : six réparations en trois semaines. Après trente-trois jours de dépaysement total, Pierre et Marie reprennent le train, s'arrêtant plusieurs fois en chemin pour visiter Pilsen, Munich, faire une promenade en bateau sur le lac de Constance.

Pierre n'était jamais allé à l'étranger auparavant *, et par la suite n'ira jamais dans d'autres pays autre-

* D'après un des carnets de dépenses, il serait allé à Bruxelles pour un jour le 5 mai 1898.

ment que par devoir. N'aimait-il pas les visites des villes ? Se trouvait-il perdu au milieu de gens parlant des langues étrangères qu'il ne comprenait pas toujours ? Se sentait-il épuisé par les interminables voyages en train ?

On ne sait pas non plus quel effet lui fit la Pologne, ou plutôt ce petit bout de Galicie qu'il put voir. Est-il possible qu'il se soit senti superflu au milieu de la famille Skłodowski réunie au grand complet, témoin étranger de leur joyeuse complicité à laquelle il lui a peut-être été difficile de participer ? Il n'accompagnera plus Marie dans ses nombreux voyages en Pologne, il ne visitera jamais Varsovie, ville où elle avait grandi et où habitaient sa famille et ses amis. Peut-être était-ce Marie qui se réservait un petit territoire vraiment à elle, peut-être avait-elle besoin d'un lieu où il lui serait possible de rester elle-même, d'un endroit où elle n'aurait rien à prouver à personne et où personne ne lui donnerait de conseils. Sans Pierre, elle pouvait retrouver l'aisance de sa langue maternelle, renoncer – provisoirement – à la perfection que, pour lui, elle incarnait, s'amuser aux jeux puérils de son enfance.

Fin septembre, ils retrouvent à Paris leur hangar et la pechblende, mais aussi une quantité respectable de chlorure de baryum relativement pur dans lequel se concentre le radium. C'est ce composé que Marie s'acharne à purifier depuis presque un an, l'obtention du radium sous forme de corps simple n'étant pas encore envisageable. Un sel du radium, comme ce chlorure, permettait déjà d'en étudier les propriétés, de déterminer sa masse atomique, première caractéristique d'un élément chimique à part entière. Enfin, ce composé du radium ne comportant qu'un seul autre élément, la présence de la nouvelle substance était évidente et incontestable. Marie Curie n'avait aucun doute quant à la réalité de sa découverte et personne d'ailleurs ne la remettait en cause. Mais se satisfaire de ce consensus aurait laissé le travail inachevé. Si l'imagination et l'audace intellectuelles l'avaient mise

Pierre Curie vers 1876.

Les frères Curie avec leurs parents vers 1878.
Pierre est en haut à droite.

Les enseignants de l'EPCI vers 1894. Pierre Curie est assis, troisième à partir de la droite.

Pierre et Marie Curie en 1895.

Pierre et Marie Curie devant la maison de Sceaux en été 1895.

Le hangar, situé rue Lhomond, dans l'enceinte de l'EPCI, laboratoire de Pierre et Marie Curie entre 1898 et 1904. Les traitements chimiques étaient effectués dans la cour.

Pierre Curie avec un collaborateur, probablement G. Bémont, dans le hangar de la rue Lhomond.

Eugène Curie (au centre), Pierre, Marie et la famille de Charles-Édouard Guillaume (deuxième à partir de la gauche) dans le jardin du Bureau des Poids et Mesures à Sèvres (1904).

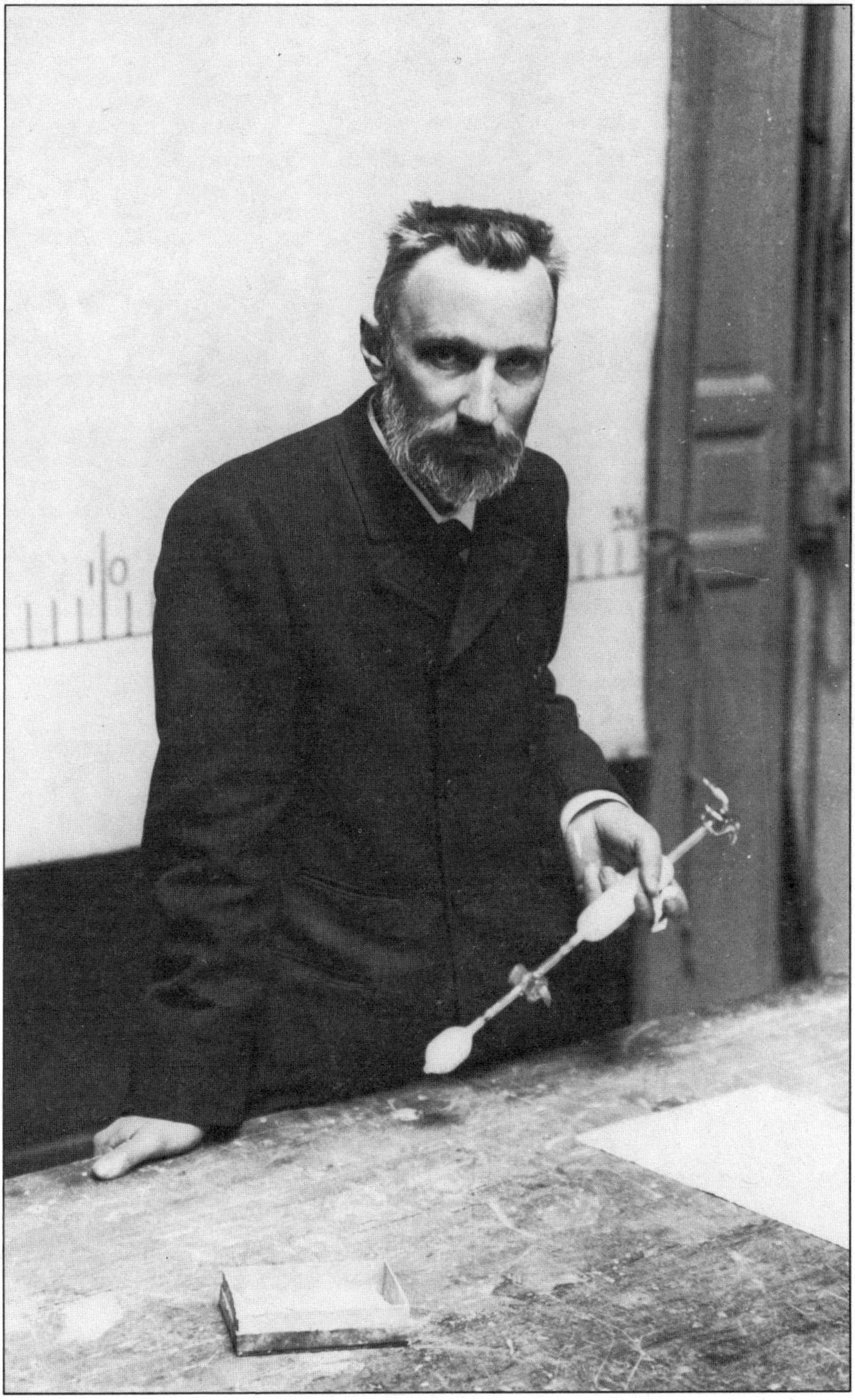

Pierre Curie faisant son cours à la Sorbonne.

Pierre et Marie Curie avec leur fille Irène dans le jardin de leur maison boulevard Kellermann. © Branger-violet.

Laboratoire construit en 1904 pour Pierre Curie dans la cour du PCN, 12, rue Cuvier. Photo : Thierry Mille

Pierre Curie en 1904.

Pierre Curie et Irène à Saint-Rémy-lès-Chevreuse.

sur la voie de la découverte, elle ne se sentait pas dispensée de la terminer dans toutes les règles de l'art.

1898 est aussi l'année du « J'accuse » de Zola et de plusieurs « protestations » d'intellectuels (scientifiques entre autres) en faveur de Dreyfus d'abord, puis de l'un de ses défenseurs, Georges Picquart. L'affaire rapproche des hommes d'opinions politiques différentes dans un grand mouvement de solidarité. Friedel, Lippmann, Appell, Poincaré, Langevin, Debierne, Urbain, Berthelot, Mascart, Darboux... tous signent une ou même plusieurs pétitions [18]. Connaissant le très profond sentiment de justice de Pierre Curie, on peut douter qu'il ait constitué une exception dans ce milieu profondément dreyfusard qu'était celui de l'Université française. Cependant, nous n'avons trouvé son nom sur aucune des pétitions publiées par *L'Aurore* et *Le Siècle* durant cette année. Si on peut supposer qu'il préférait exprimer ses opinions autrement qu'en signant des pétitions, il ne reste aucune trace de son éventuel engagement dans l'affaire.

Marie aura encore besoin de plus de deux ans pour obtenir du chlorure de radium pur. Mais en novembre 1899, elle parvient aux premières estimations de la masse atomique du nouvel élément.

Cette période est pour les Curie celle d'un travail intense et obsédant. On peut se demander si, sans Irène, ils n'auraient pas installé un lit dans leur hangar pour perdre moins de temps en trajets et ne pas se séparer de leurs fascinantes préparations. Ils sont comme ensorcelés, ne voient presque personne, ne sortent pratiquement pas. Le soir cependant, quand Irène est couchée, ils retournent à pied au laboratoire pour assister au spectacle magique dont ils ne se lassent jamais : les faibles lumières qui brillent partout et permettent de deviner les contours des verres et flacons où sont enfermées les préparations radioactives.

Totalement inconscients, ils se laissent envelopper et pénétrer par ces magnifiques radiations. « Lorsqu'on est dans l'obscurité, on obtient un effet lumineux sur l'œil fermé, en plaçant dans le voisinage de la paupière ou de la tempe un sel de baryum radifère très actif [19] », écrivent-ils émerveillés en citant Giesel, qui, en Allemagne, se livre avec la même joie aux expériences similaires. Si parfois ils se plaignent de la « dissémination des poussières actives », c'est seulement parce qu'elle risque de fausser les mesures. « Dans le laboratoire où nous travaillons, le mal est arrivé à l'état aigu et nous ne pouvons plus avoir un appareil bien isolé [20] », constatent les Curie en décidant de prendre quand même les précautions qui s'imposent.

En réalité, pour eux, la purification du radium a également un intérêt pratique essentiel : on a besoin du radium pour pouvoir poursuivre les recherches. André Debierne, qui, officiellement, est préparateur à la Sorbonne, s'en occupe à chacun de ses moments libres. Au mois d'octobre, il découvrit dans la pechblende un nouvel élément chimique inconnu qu'il appela actinium. Mais cette découverte n'avait plus rien d'un événement sensationnel : on pouvait légitimement s'attendre à voir surgir des minerais d'uranium une foule d'éléments nouveaux, dont la caractéristique principale serait l'émission des radiations sans lesquelles ils risqueraient de rester inaperçus vu leurs faibles quantités.

C'est André Debierne qui dirige le traitement des résidus qui arrivent de Joachimsthal : huit tonnes entre juillet 1899 et mars 1900 [21]. La purification même ne présente plus de difficultés depuis qu'il a mis au point un procédé expérimental précis permettant d'effectuer industriellement une partie des opérations. La balance de Pierre rend encore des services, vraiment inattendus cette fois. Car le traitement est effectué dans l'usine de la Société centrale des produits chimiques, celle-là même qui, dix ans plus tôt, avait acheté le brevet de Pierre et qui depuis lui verse régulièrement ses pourcentages (et qui assure également la construction de l'électromètre à quartz piézoélectrique). Pour le moment, la direction de la Société consent à faire le travail gratuitement. Mais cette situation ne peut continuer longtemps et la suite des opérations dépend maintenant d'une éventuelle aide matérielle.

Cela ramène Pierre Curie au rôle ingrat et humiliant de celui qui sollicite, qui prie, qui cherche des appuis. Ce rôle, qu'il déteste, il l'assume d'une manière maladroite. Il fait son possible, convaincu du bien-fondé de sa requête (qui reste encore à un niveau individuel) car il est sûr (comme l'a déjà été Pasteur) que son travail sort du cadre d'une recherche personnelle ; la légitimité de telles démarches lui apparaîtra moins évidente quand il s'agira de faire avancer sa propre situation.

Mais il est plus facile d'obtenir des subventions quand on occupe une position élevée. Curie, qui connaît beaucoup de monde, n'est lui-même qu'un enseignant d'une école professionnelle municipale. Il en résulte nécessairement, étant donné la structure extrêmement rigide et hiérarchisée des institutions, que chacune de ses démarches doit être indirecte. Cette fois encore, Curie s'adresse à Henri Becquerel, collègue on ne peut mieux placé. Il est à noter la totale absence de rivalité – à cette époque tout au moins – entre les Curie, qui prêtent régulièrement leurs échantillons radioactifs à Becquerel, et ce dernier, qui leur apporte son soutien institutionnel et présente leurs travaux à l'Académie. Ce dernier se permet même de leur donner quelques conseils de savoir-vivre élémentaire : « J'ai encore obtenu pour vous une nouvelle somme de 2 000 francs qui vous sera donnée par la Société d'encouragement sur une demande que je vais lui faire. M. Mascart m'a promis de la faire voter. A cette occasion vous ferez bien d'aller voir M. Mascart pour le remercier et pour lui montrer en même temps vos produits lumineux. Il déplore que vous soyez obligé de mettre vos produits dans le commerce et m'aidera à trouver encore des fonds pour vous éviter cette obligation [22] », écrit Becquerel à Pierre Curie le 27 décembre 1899. La commercialisation éventuelle des « produits » ne pouvait être qu'une menace, le gouvernement autrichien ayant bien précisé qu'il ne cédait les résidus à des conditions avantageuses que si les Curie s'engageaient à ne pas vendre le radium. En dehors de l'Académie des sciences (2 500 francs) et de la Société d'encouragement pour l'industrie nationale (2 000 francs), il s'est trouvé aussi un bienfaiteur anonyme qui leur fit parvenir, par l'intermédiaire de Mascart, 2 000 francs en janvier 1900 [23]. Cette subvention de la recherche est un fait nouveau, mais le radium est, pour le moment, un gouffre. Des quantités énormes de matière première, des mois de traitements chimiques, pour n'en obtenir que quelques milligrammes !

En attendant, les Curie font encore trois nouvelles communications communes, deux au mois de novembre et une au printemps 1900. La première annonce encore une découverte, celle de la « radioactivité induite ». Alors que la radioactivité apparaissait jusque-là comme un phénomène spontané indépendant de toute action extérieure, les Curie découvrent qu'elle semble pouvoir être provoquée, ou induite, par le rayonnement, dans des substances normalement inactives. Un nouveau phénomène étrange à élucider qui absorbera pendant longtemps Pierre Curie. La deuxième communication décrit les effets chimiques des rayons, qui transforment l'oxygène en ozone, changent la couleur de certaines substances, provoquent la coloration du verre, rendent des corps lumineux.

La troisième fait suite à une série de travaux de Pierre concernant les propriétés du rayonnement. D'autres physiciens se penchent au même moment sur ce problème : en France, Becquerel s'est remis à étudier les rayons qu'il avait découverts trois ans auparavant ; Stefan Meyer et von Schweidler à Vienne, Giesel en Allemagne poursuivent également des recherches sur la radioactivité. Ils découvrent tous que le rayonnement n'est pas homogène. Mais Curie, encore une fois, ne se contente pas de constater l'existence des faits, il met immédiatement au point une méthode permettant de faire des mesures quantitatives précises et fondées sur l'utilisation d'un électromètre et d'un quartz piézoélectrique. Les résultats des expériences répétées avec les différentes substances radioactives montrent que les rayonnements se composent de rayons « non déviables » par le champ magnétique, peu pénétrants, et d'une faible proportion de rayons « déviables », très pénétrants. Ainsi, au cours de l'étude suivante, faite avec Marie, la nature des rayons commence à se dévoiler : « Les rayons déviables du radium sont chargés d'électricité négative », constatent-ils dès le début ; les expériences sont faites d'une manière si rigoureuse qu'aucun doute n'est possible. Le rapprochement avec les rayons cathodiques (qui sont, comme cela vient d'être prouvé par la théorie appelée « balistique » par les Curie, un flux « de particules matérielles extrêmement ténues », les électrons) est inévitable.

« Ainsi, dans le cas des rayons déviables du radium, comme dans le cas des rayons cathodiques, les rayons transportent de l'électricité, concluent les Curie. Or, jusqu'ici, on n'a jamais reconnu l'existence de charges électriques non liées à la matière pondérable. On est donc amené à considérer comme vraisemblable que le radium est le siège d'une émission constante de particules de matière électrisée négativement, capables de traverser sans se décharger des écrans conducteurs ou diélectriques. Si le rapport de la charge à la masse était le même que dans l'électrolyse, le radium, dans l'expérience précédente, perdrait 3 équivalents en milligrammes en un million d'années [24]. » « Cette perte ne pourrait être appréciée à la balance », notent-ils dans un autre article qui se termine par la constatation que « ... cette manière de voir conduirait nécessairement à ne plus admettre l'invariabilité de l'atome [25] ». Et dans son article de la *Revue générale des sciences* (janvier 1899), Marie, sans craindre de provoquer le scandale (ou l'amusement), parle déjà de l'atome qui « indivisible au point de vue chimique est divisible ici, et [des] sous-atomes [qui] sont en mouvement » ; elle y raconte comment « la matière radioactive serait donc de la matière où règne un état de mouvement intérieur violent, de la matière en train de se disloquer ». Ensuite : « ... S'il y a quelque chose qui se modifie, c'est forcément l'atome, puisque c'est à l'atome qu'est attachée la radioactivité [26]. » Il ne s'agit encore que d'une hypothèse parmi d'autres. Il n'est pas exclu non plus que le rayonnement soit une « émission secondaire provoquée par les rayons analogues aux rayons X (...). Il n'y a rien d'invraisemblable à supposer que l'espace est le siège de transmission d'énergie, dont nous n'avons aucune idée », écrit Marie dans le même article, où elle cite également une hypothèse de Crookes concernant l'évolution des éléments chimiques au cours des temps. Enfin « on peut se demander si le rayonnement de Becquerel ne se produit pas aux dépens de la chaleur du milieu ambiant, contrairement au principe de Carnot [27] ».

La transformation atomique n'est donc qu'une des hypothèses, mais elle est le fruit d'une réflexion profonde et n'est pas lancée au hasard. Les Curie savent que si elle était confirmée, toute la science en serait révolutionnée. Ils sont incontestablement les premiers à oser émettre une hypothèse pareille. La structure corpusculaire de la matière, et donc l'existence même de l'atome, n'était admise que depuis peu de temps, après un siècle de débats acharnés ; or les Curie remettaient déjà en question la signification même du concept.

Marie, seule cette fois, fait des mesures précises concernant le pouvoir de pénétration des rayons non déviables, alors que c'est l'origine, toujours mystérieuse, des nouveaux rayons qui préoccupe le plus Pierre Curie. Aussi, il ne cesse de les comparer à ce qui est déjà connu, ou, du moins, ne défie pas le sens commun ou les règles de base de la physique telles que le principe de conservation de l'énergie. Il essaye de remonter aux phénomènes qui constituent le point de départ de la radioactivité : les rayons cathodiques et les rayons X. Ainsi commence une longue collaboration, et aussi une grande amitié, entre Pierre Curie et Georges Sagnac, nommé récemment professeur à l'université de Lille ; Sagnac étudie depuis quelques années déjà les rayons X, plus particulièrement le rayonnement secondaire émis, sous l'influence des rayons X, par les métaux. Il s'avère que les rayons secondaires émis par certains métaux lourds sont porteurs de charge électrique négative. Il n'en est pas de même avec les rayons issus des métaux légers, l'aluminium par exemple. Si ces recherches apportent un certain nombre de précisions sur les rayons X, elles n'éclaircissent pas le mystère de l'origine de la radioactivité qui reste entier.

Les recherches et les découvertes, même capitales, ne dispensent pas de régler les problèmes de la vie quotidienne. L'appartement, rue de la Glacière, devenait petit pour trois personnes auxquelles allait se joindre le docteur Eugène, veuf depuis plus de deux ans. Au mois de mars 1900, Pierre et Marie trouvent une maison avec jardin où pousse un cerisier. Située en bordure de Paris, face à la porte de Gentilly, au 108, boulevard Kellermann, elle a un étage et est entourée d'un mur presque aussi haut qu'elle-même. Question ameublement, les Curie suivent les mêmes principes qu'à la Glacière : rien que le strict nécessaire, et facile à entretenir. Quelques meubles confortables apportés de Sceaux semblent perdus dans les pièces presque vides. Gaston Rouvrier, journaliste du *Temps* venu leur rendre visite quelques années plus tard, raconte qu'il attendit « dans une sorte de parloir d'école, dont l'ornement principal était une lampe, sur la cheminée. Deux meubles étaient remarquables, deux divans, profonds comme ceux que chanta Baudelaire, mais plus vieux [28] ». Dans la salle à manger, une grande table ovale, des chaises, un buffet absolument quelconque, une chaise longue en rotin. Seule la chambre du docteur Curie n'est pas arrangée uniquement en vue de la fonctionnalité. Il a accroché dans l'entrée une reproduction de *La Source* d'Ingres, rapporté de Sceaux sa grande bibliothèque et une quantité de souvenirs [29]. Il s'occupe beaucoup de la petite Irène et le jardinage reste son passe-temps favori.

Une fois installés, Marie et Pierre profitent des vacances de Pâques pour parcourir à vélo la côte de la Manche, depuis Le Havre jusqu'à Saint-Valéry-sur-Somme.

Chapitre VI

UN PROFESSEUR SANS CHAIRE

La deuxième moitié du XIXe siècle est la période d'institutionnalisation de la science et, d'une manière générale, de la culture. La création des grandes écoles, puis les formations de diverses sociétés savantes en sont les premières manifestations. L'étape suivante est l'organisation des rencontres internationales ; prises en charge par ces sociétés et les académies nationales, les échanges entre les savants de différents pays perdent également leur caractère individualiste. A l'époque des grands salons de peinture, des expositions universelles de plus en plus rapprochées et de plus en plus grandioses, on organise aussi des congrès. Le premier Congrès international de chimie se tient à Karlsruhe en 1860 et rassemble cent quarante chimistes. Le Congrès international des électriciens est organisé à Paris en octobre 1881 en même temps qu'une grande exposition d'électricité ; il permet la rencontre des enseignants, des scientifiques, des constructeurs et des télégraphistes [1]. Le premier Congrès international de pharmacie se tient à Brunswick en 1865, celui d'astronomie a lieu en 1865 à Leipzig, celui de physiologie à Bâle en 1889 ; un Congrès des mathématiciens (le deuxième), de même que ceux de chimie pure et appliquée, de pharmacie, de botanique, de philosophie, de médecine et de physique sont organisés à Paris pendant l'Exposition universelle de 1900 [2].

L'Exposition de 1889 a déjà été une occasion de rassembler les physiciens de province et de l'étranger et d'organiser une démonstration des expériences d'Elihu Thomson sur les courants alternatifs. Les membres de la Société de physique ont pu admirer les fontaines éclairées par l'électricité et une gigantesque galerie des Machines. Gustave Eiffel lui-même leur fit visiter la très controversée « tour du Champ-de-Mars » où avait été inauguré le grand manomètre de Cailletet. Un an plus tard, l'Exposition de 1900 représentait un véritable changement d'échelle. Elle reçut 50 millions de visiteurs qui, parmi toutes les autres merveilles, à côté des villages algériens et indochinois reconstitués, purent admirer les grandes dynamos allemandes, un pavillon pédagogique français et, aussi, les derniers modèles des appareils scientifiques et industriels ; c'est là que les physiciens du monde entier présentèrent les dispositifs originaux ayant servi dans leurs recherches. On peut imaginer avec quel intérêt Pierre Curie examina tous ces instruments, lors de ses nombreuses visites à l'Exposition.

Le Congrès

Le premier Congrès international de physique eut lieu du 6 au 12 août. Il avait été soigneusement préparé depuis janvier 1899 et plus de mille personnes s'étaient inscrites, depuis plusieurs pays d'Europe, mais aussi des Etats-Unis, du Canada, du Japon, du Mexique, de la Russie, des Indes anglaises. Lord Kelvin fut élu président d'honneur, Alfred Cornu, président, Gariel, délégué principal.

L'objectif du Congrès était de « dresser une sorte de bilan des connaissances définitivement acquises dans le domaine que cultivent les savants » car « pour arbitraire que soit, aux yeux d'un physicien, la division conventionnelle du temps, la fin d'un siècle apparaît cependant comme le moment le plus naturellement propice pour procéder à un inventaire [3] ».

La Société d'encouragement mit gratuitement à la disposition du Congrès son hôtel particulier de la rue de Rennes, mais l'inauguration fut célébrée, dans le cadre de l'Exposition, au palais des Congrès.

Pour plus de commodité, les travaux du Congrès avaient été divisés en sept sections, présidée chacune par plusieurs présidents, dont au moins un étranger : Questions générales. Mesures, unités (dont Marie Curie et Marcel Lamotte, de Clermont-Ferrand, étaient secrétaires) ; Physique mécanique et moléculaire ; Optique et thermodynamique ; Électricité et magnétisme (avec Pierre Curie comme vice-président *) ; Magnéto-optique, rayons cathodiques, uraniques, etc. ** ; Physique cosmique ; Physique biologique. Cette liste révèle l'émergence de la physique actuelle : elle aurait été totalement différente cinq ans auparavant, mais serait restée similaire dix ans après. D'ailleurs, si une division était indispensable pour l'organisation des rencontres, le partage de la physique en domaines n'était déjà plus vraiment pertinent. « Les anciens cadres où on se plaisait autrefois à enfermer les divers chapitres de la physique éclatent de toutes parts, mille et mille sentiers sillonnent maintenant ces régions qui n'étaient parcourues autrefois que par de grandes routes isolées et droites », constatent Lucien Poincaré (le cousin d'Henri) et Charles-Édouard Guillaume, secrétaires du Congrès, chargés de la publication des rapports qui décident par conséquent de « n'établir en aucun endroit une ligne nette de démarcation (...). Les quatre-vingts rapports se suivent sans séparation et sans barrière ».

Il y eut cinq conférences générales. Deux d'entre elles, de Becquerel et des Curie, furent consacrées à la radioactivité. Celle de Cornu, sur la vitesse de la lumière, un des problèmes les plus brûlants de la physique du moment, fut également très remarquée ;

* Et les présidents français : Potier et Bouty, étrangers : Boys (Angleterre) et Drude (Allemagne).

** Président français : Becquerel ; étrangers : l'Allemand Voigt et le Hollandais Lorentz.

elle fut suivie de la démonstration de l'expérience qui avait permis à Foucault d'effectuer, en 1850, une mesure de la vitesse de la lumière à l'aide d'un miroir tournant, ainsi que de la présentation de l'appareil original (une roue dentée) utilisé par Fizeau. La conférence d'Henri Poincaré était intitulée « Rapports entre la physique expérimentale et la physique mathématique » et celle de lord Kelvin « Rapports entre l'éther et la matière ».

Une manifestation du genre « portes ouvertes » (mais réservée aux membres du Congrès) fut organisée par les laboratoires les plus prestigieux. Il fut alors possible de voir les laboratoires de Lippmann, de Bouty et de Pellat à la Sorbonne, où de nombreuses expériences étaient installées et expliquées par leurs auteurs ; on put visiter également celui d'Henri Becquerel au Muséum d'histoire naturelle.

Au cours du Congrès, tous les sujets de la physique du tournant du siècle furent abordés et les physiciens se mirent d'accord sur les unités de mesures internationales et cohérentes.

Woldemar Voigt, professeur de physique à l'université de Göttingen fit, le matin du 9 août, un brillant exposé sur l'état des connaissances sur l'élasticité des cristaux. Le sujet lui avait été suggéré par le comité organisateur du Congrès, qui désirait faire le point sur les « progrès généraux et les vues générales sur l'emploi des relations de symétrie dans la physique des cristaux » et entendre « des propositions pour une nomenclature uniforme dans le domaine de l'élasticité ». Voigt considérait cette proposition comme « un honneur venant du pays où la théorie est née ». Il montra que, si on admettait l'existence d'un potentiel central qui ne dépend que de l'orientation de molécules *, les propriétés élastiques des cristaux peuvent être décrites à l'aide de vingt et un coefficients indépendants. Il avait déterminé lui-même tous les paramètres régissant l'élasticité pour douze cristaux dif-

* Mailles élémentaires.

férents et ses travaux faisaient « disparaître toute contradiction entre la théorie moléculaire et les résultats expérimentaux ».

« Comme les considérations ci-dessus fournissent en même temps les lois des déformations thermiques et celles de la chaleur de déformation, de même des considérations analogues avec un potentiel Ω généralisé en tenant compte des composantes du champ électrique donnent les lois de la piézoélectricité et pyroélectricité et celle des phénomènes réciproques et de l'électrostriction et de l'échauffement électrique des cristaux. Mais nous serons obligés de nous en tenir ici à la simple mention de l'existence de ces relations », dit Voigt dans la conclusion de son exposé.

De même que Pierre Curie, il accompagnait toujours ses études théoriques, très poussées, par des recherches expérimentales précises. Il fut un des premiers à introduire dans ses cours les travaux pratiques, enseignant à ses étudiants, à côté des dernières théories, les méthodes expérimentales les plus modernes.

Le parallèle de ses recherches avec celles de Curie est frappant : les cristaux et la symétrie, les grandeurs dirigées et la distinction entre les grandeurs scalaires, vectorielles et tensorielles. Mais moins dispersé que Curie, prenant toujours pour point de départ l'étude des cristaux, ce fut Voigt qui élabora la théorie complète de la piézoélectricité, phénomène que Curie avait découvert, décrit, appliqué puis abandonné *.

Pierre Curie prit part à la discussion qui suivit l'exposé de Voigt et rappela, brièvement, ses propres travaux sur la symétrie. Si la nomenclature des grandeurs dirigées revient incontestablement à Voigt, la théorie de Curie, très générale, concerne l'espace et les phénomènes physiques et va beaucoup plus loin que la description des symétries cristallines. C'est peut-être pour ne pas se laisser distancer que Pierre Curie proposa de désigner par « torseur » toute gran-

* Voigt est aussi, dans un autre domaine, le précurseur de la théorie électromagnétique de l'électron (voir note p. 242).

deur physique dirigée répondant à la symétrie du cylindre tordu (mais cette appellation, dont le champ d'application est limité, ne fut jamais utilisée).

Le vendredi 10 août eut lieu la discussion sur les transitions magnétiques à laquelle participèrent surtout Pierre Curie, Pierre Weiss et l'Allemand Emil Warburg. La température de transition entre les états ferro et paramagnétique était déjà communément désignée par le nom de « température de Curie ». Le débat portait en particulier sur le phénomène d'hystérésis, mot proposé alors par Pierre Weiss. On voit que Curie, incontestablement, s'avérait le spécialiste dans les domaines les plus variés. Mais l'intérêt général pour la radioactivité éclipsait de loin tous les autres sujets.

Les conférences sur la radioactivité, organisées le mercredi 8 août dans l'amphithéâtre de physique du Muséum d'histoire naturelle, furent illustrées par de nombreuses expériences. Becquerel raconta l'histoire de la découverte et parla des propriétés des rayonnements.

Les Curie firent la synthèse de toutes les connaissances sur le sujet. Leur rapport (prononcé par Pierre, bien évidemment) fut intitulé « Les nouvelles substances radioactives et les rayons qu'elles émettent » et commença par la description des premières études du rayonnement « uranique ». Les Curie citent notamment les travaux de Schmidt, de Rutherford, d'Owens... et remercient tous ceux qui les ont aidés.

Deux choses méritent d'être soulignées. D'abord, la conclusion de la première partie de l'exposé : « La quantité de radium contenue dans les minerais d'urane [uranium] est malheureusement prodigieusement faible, dit Pierre Curie. Pour obtenir quelques centigrammes de chlorure de radium pur et quelques décigrammes de produits moins concentrés, il a fallu faire traiter deux tonnes de résidu de minerai d'urane. Pour pouvoir faire une détermination de la masse atomique du radium pur et étudier les propriétés physiques et chimiques de ce nouveau métal, il faudrait pouvoir faire traiter encore un certain nombre de tonnes de résidu de minerai d'urane, ce qui nécessiterait de nouvelles dépenses. »

Cet appel public aux subventions, fait devant la communauté internationale des physiciens pour la première fois réunie, est le premier dans l'histoire. Il a eu, si on veut être précis, un précédent, dû à Marie, mais beaucoup plus discret : deux mois avant, le 14 juin, dans une conférence faite à la séance publique annuelle de la Société de secours des amis des sciences, elle avait déjà abordé le sujet tabou, celui de l'argent engagé dans la recherche : « Il est bien évident, dit-elle, que l'ensemble de ce travail est long, pénible et coûteux [4]. » C'était peut-être la première fois que la présentation des résultats scientifiques ne se faisait pas sur un mode triomphal. On ne prévoyait pas encore d'applications de la radioactivité (sauf quelques emplois marginaux éventuels) et l'importance du phénomène restait donc purement théorique, mais les Curie n'hésitaient pas à considérer son étude comme indispensable à la société tout entière ; la société devait donc en assumer les frais.

Le deuxième fait marquant, d'un tout autre ordre, est le mystère total qui entourait le mécanisme de l'émission radioactive, et en particulier celui de l'origine de l'énergie rayonnée qui semblait inépuisable. « (...) la spontanéité du rayonnement est une énigme, un sujet d'étonnement profond », déclarent les Curie. Ce qui permet toutes les hypothèses : « ... l'énergie pourrait être empruntée au milieu ambiant sous forme de la chaleur, mais une semblable hypothèse serait en contradiction avec le principe de Carnot ». De plus, tout porte à croire que « le radium rayonne de la matière pondérable, il doit éprouver une perte de masse ». Les atomes, donc, doivent se transformer. Ce qui remet encore une fois en cause les théories générales.

Les participants au Congrès firent ensemble une visite de l'Exposition, effectuèrent l'ascension de la tour Eiffel, puis visitèrent le palais de l'Optique. Le samedi 11 août dans la matinée, ils assistèrent au démarrage du trottoir roulant de l'Exposition, dont on leur montra et expliqua le mécanisme ; l'après-midi fut consacrée à la visite de la Sorbonne.

L'après-midi du dernier jour, Emile Loubet, président de la République, invita les participants à une « fête artistique » à l'Elysée ; la soirée se passa à l'hôtel du prince Roland Bonaparte, qui, « avec son amabilité accoutumée, a fait les honneurs de ses salons et de son admirable bibliothèque où il avait réuni des appareils scientifiques les plus nouveaux et fait exécuter les plus curieuses expériences d'optique et d'électricité [5] ». Enfin, après la séance de clôture, une délégation des savants étrangers déposa une couronne sur la tombe de Fresnel au Père-Lachaise (dont la Société de physique s'est constituée la gardienne).

Le rapport que les Curie présentent au Congrès de 1900 conclut les deux années de leurs recherches communes. Ils continueront bien sûr à travailler côte à côte, à échanger chaque jour leurs remarques et à comparer leurs résultats, mais chacun aura désormais son domaine propre. Une seule communication sera encore signée par les deux époux Curie à la fois, un court exposé général publié en 1902. A partir de 1900, Marie continue son travail chimique, dont l'objectif est la purification de plus en plus poussée du nouvel élément qui doit assurer sa légitimité. Il doit assurer également – même si ceci n'est dit nulle part – la légitimité de la présence de Marie au laboratoire. Officiellement, elle ne travaille pas, elle n'a pas encore sa thèse et passe, pour beaucoup, pour une épouse dévouée secondant son mari en toutes circonstances, y compris dans ses recherches. En réalité, le partage des rôles est le suivant : au laboratoire, Marie s'occupe de la partie chimique et Pierre des aspects physiques. A la maison, Marie se charge de tout.

Quant à Pierre (au laboratoire), l'existence des nouveaux éléments établie, les preuves supplémentaires ne l'intéressent plus. C'est le fait en lui-même qui lui semble merveilleux car il montre qu'il reste encore des phénomènes et des processus de base totalement inconnus ; ce sont ces processus que Curie veut découvrir.

« J'ai suivi avec un extrême intérêt votre marche triomphale dans l'étude des rayons de Curie (c'est comme ça qu'on les baptise), et je vous félicite d'avoir un peu laissé le côté cuisine pour récolter les fruits de votre découverte », écrit Georges Gouy à Pierre Curie en 1900.

Les fruits ne sont pourtant pas faciles à cueillir. Surtout dans la position de Pierre Curie. Il gagne peu, ce dont il s'accommoderait d'ailleurs sans regrets s'il n'avait pas de famille à charge et si ses recherches n'exigeaient pas chaque jour des investissements nouveaux. Il s'inquiète de voir passer le temps sans avancer dans la compréhension de la radioactivité et s'acharne tous les soirs à préparer son enseignement pour l'EPCI. Il ne peut s'empêcher de ressentir une certaine amertume quand il pense à sa « marche triomphale » qui ne lui a même pas procuré de laboratoire. Il travaille toujours dans son hangar et la cour qui l'entoure. Aucun poste n'étant vacant, faute d'autres solutions pour augmenter ses revenus, il postule pour devenir répétiteur auxiliaire à l'Ecole polytechnique. Pour cela aussi, il doit se faire « pistonner » par Becquerel, ce qui, naturellement, le désespère. Cette dépendance – ce n'est pas la première fois que Becquerel joue le rôle d'interprète des Curie – qu'aucune supériorité scientifique ne justifie, est de plus en plus désagréable. C'est probablement l'origine de l'antipathie que Curie commence à éprouver alors pour son collègue, toujours loyal et prêt à rendre service. « Je n'ai pas eu le temps de parler à M. Mascart de votre candidature à l'Ecole polytechnique, écrit Becquerel à Curie, bien qu'il ne soit pas du Conseil ni de l'Ecole, il a de l'influence et si vous lui demandiez d'appuyer votre candidature auprès de ses confrères cela aurait un grand poids.

« Du reste sauf ces quelques-uns que nous connaissons vous et moi, tous ceux qui ont une valeur scientifique vous sont acquis par vos travaux [6]. » Quels que soient « ces quelques-uns », Pierre Curie obtient le poste le 2 mars. Son salaire annuel à Polytechnique est de 2 500 francs. Il démissionnera le 12 octobre de la même année, nommé à un poste plus intéressant.

Pourtant, il est maintenant très connu, envahi par le courrier qui lui arrive de partout. Tous les savants du monde veulent étudier les mystérieux rayons et ils ont tous besoin du radium que les Curie sont pour le moment les seuls à préparer. Ils partagent volontiers ce qu'ils ont, répondent aux questions posées par les physiciens américains, anglais, allemands, autrichiens, polonais. Certains trouvent immédiatement des applications auxquelles les Curie n'avaient même pas songé : Adam Paulsen par exemple, de l'Institut météorologique de Copenhague, se sert dès 1898 des sels du radium pour l'étude de l'électricité atmosphérique lors de ses expéditions en Islande et au nord de la Finlande.

« Nous avons abandonné toutes les méthodes jusqu'ici employées pour établir sur un conducteur fixe le potentiel qui existe en certains points dans la masse d'air qui l'environne, en nous servant uniquement de votre poudre radiante, écrit-il à Pierre Curie le 16 octobre 1899. En effet il suffit de frotter avec la poudre du papier à filtrer préalablement mouillé avec une dissolution du sulfate de cuivre pour se procurer un excellent égaliseur de potentiel [7]. »

Le capitaine Ferrié, un Français cette fois, réfléchit déjà aux applications militaires :

« (...) Le gouverneur d'une place forte de l'Est ayant constaté l'impossibilité dans laquelle se trouve une sentinelle d'ajuster approximativement un coup de fusil pendant la nuit a prié officieusement mon service (...) d'étudier un dispositif permettant de rendre lumineux le cran de mire et le guidon d'un fusil (...). En lisant votre rapport que vous avez présenté avec Mme Curie au Congrès international de Physique de 1900 j'ai pensé qu'il serait peut-être possible d'obtenir simplement les deux points lumineux cherchés en enfermant dans une très petite sphère en verre protégée par une garniture métallique, un sel rendu lumineux par un corps radioactif [8]. »

Genève

Il est tellement connu que l'université de Genève, qui cherche à remplacer le démissionnaire Charles Soret, un des cristallographes les plus éminents, pense à faire venir Pierre Curie. « Il s'agissait de savoir s'il y avait lieu d'appeler à Genève une personnalité étrangère qui serait capable de donner un éclat spécial à l'enseignement de la physique », écrit le doyen Robert Chodat au président Favon, conseiller d'Etat et chef du département. Aucun Suisse – solution que tout le monde préférerait – ne leur semble assez qualifié pour occuper ce poste. Parmi les étrangers, Pieter Zeeman est l'un de ceux qui attirent l'attention des exigeants Genevois. C'est un physicien hollandais qui vient de découvrir la décomposition de la lumière émise par les atomes sous l'action d'un champ magnétique. Ce phénomène, connu maintenant sous le nom de l'effet Zeeman, lui vaudra le prix Nobel de physique en 1902 (en commun avec H. Lorentz).

Pour choisir le second candidat, Chodat et le professeur Duparc se rendent à Paris où ils interrogent toutes les personnalités les plus connues sur le physicien digne d'être invité à Genève. « Nous avons ainsi pu nous convaincre que, de l'avis unanime, M. le professeur Curie est considéré, non seulement à l'étranger mais également à Paris, comme le plus éminent des jeunes physiciens, c'est-à-dire de ceux qui n'ont pas encore forcé les portes de l'Institut ou de la Sorbonne, poursuit Chodat. Il n'y a en France qu'une voix pour déclarer que M. Pierre Curie est une capacité hors ligne et qui n'occupe actuellement qu'une situation bien inférieure à son talent. » Et encore : « Ses récentes découvertes sur les métaux nouveaux isolés par lui, le radium et le polonium, sont si importantes que l'attention des physiciens du monde entier serait tournée vers Genève. » Puis, enfin : « Au point de vue des études, il y aurait à notre faculté des sciences un professeur aimant l'enseignement, désireux de faire des élèves (...). Sans être un orateur, M. Curie s'exprime avec facilité et en un langage correct. Son amour pour la physique et l'enseignement en feront, nous n'en doutons point, un professeur très apprécié [9]. »

De son côté, la faculté de Genève accepte à l'unanimité cette proposition après une séance de délibérations, ou plutôt d'éloges de Curie exprimés par tous les professeurs (« Il est réservé, sérieux, sympathique, modeste, et peut travailler dans le même esprit que son regretté prédécesseur. » « M. Curie est un homme extrêmement distingué. » « En Allemagne, en Angleterre, on le regarde comme un grand nom. » « Pas une note discordante. » « Il était considéré par ses camarades d'études et de travail comme un de ceux qui doivent arriver. » « Je n'ai jamais rencontré de savant si modeste, donnant des conseils désintéressés si précieux », conclut un professeur qui connaissait bien Curie.)

Cependant, la tâche n'est pas facile. « A Paris chacun doutait fort du succès de notre mission ; gens arrivés et en train d'arriver, tous pensaient que M. Curie hésiterait beaucoup à abandonner Paris », écrit Chodat à Favon.

L'histoire de la candidature de Pierre Curie au poste de professeur à l'université de Genève a des rebondissement de roman-feuilleton à épisodes.

Lippmann et le recteur Liard poussent Curie à accepter, et Liard promet même « de faire accorder, au cas où il déciderait de partir pour Genève, toutes les facilités compatibles avec la loi française relative à la pension de retraite, au cas où il rentrerait en France plus tard ». (Ce problème de retraite était toujours très important pour Curie. Paradoxalement, il se préoccupait toujours plus de sa vieillesse que de sa situation présente.)

En effet, Curie hésite. A vrai dire, il est complètement désorienté. En France, il ne fait qu'essuyer des échecs, et l'amélioration de sa situation est très improbable dans un avenir proche. Les Suisses en revanche promettent d'étudier toutes ses conditions, ils sont charmants et chaleureux ; la proposition elle-même est flatteuse et vient au bon moment, justement quand Pierre Curie commence à douter de tout, et d'abord de son avenir. Pour une fois, il n'est pas obligé de solliciter ce qui lui est dû, de chercher des appuis, de demander. Pourtant, il a du mal à quitter Paris, d'autant plus que l'offre de Genève lui redonne foi en ses propres forces et que sa situation perd du coup le caractère catastrophique qu'elle avait quelques semaines auparavant. Il refuse tout d'abord.

« Cher Monsieur, écrit-il à Chodat le 2 mai 1900. Je me décide à rester à Paris. Vous savez quelles sont les raisons qui me retiennent. J'ai à faire à l'Ecole de physique et de chimie un cours qui m'intéresse et qui est, je crois, utile. Le directeur de cette école désire me garder. D'autre part il me semble que je ne serai peut-être pas capable de mener à bien, en même temps, mes recherches scientifiques et les nombreuses occupations que comporteraient mes fonctions à Genève. Etant naturellement lent, il me semble que je n'aurais pas la liberté d'esprit nécessaire pour songer à mes recherches. J'ai été très touché par la proposition si flatteuse de l'université, et ce n'est pas sans regrets que je renonce à aller à Genève. Les montagnes, le lac, l'université si libre et si animée et surtout l'accueil si excellent que j'avais reçu me faisaient prévoir là une vie très agréable. Aussi, fort indécis, j'ai mis bien du temps avant de vous donner une réponse définitive. La question était si importante pour moi et les miens que j'espère que vous m'excuserez.

« Veuillez, je vous prie, agréer pour Mme Chodat et pour vous-même tous mes remerciements pour l'accueil que j'ai reçu auprès de vous et que je n'oublierai pas. »

Et il ajoute dans un post-scriptum dont ses lettres abondent : « J'espère que vous ne nous garderez pas rancune et que vous nous ferez le plaisir de venir nous voir lors de votre passage à Paris. »

Mais, devant l'insistance de Chodat, il se laisse convaincre. Puis hésite à nouveau. Il se sent de plus en plus important. (« Sans être très bien installé j'ai des moyens de travail suffisants, annonce-t-il en juin avant d'ajouter : ... j'aurai un laboratoire particulier de quatre pièces dans la nouvelle Ecole que l'on doit reconstruire cette année. ») De plus : « Mon enseignement nouveau à créer [à Genève] déterminera nécessairement un arrêt d'un an ou deux dans mes recherches. » Et enfin : « Je ne sais si je réussirai dans un enseignement plus général et par conséquent plus difficile. » Cet aveu, sincère, n'était certainement pas dicté par la coquetterie ; toute sa vie, Curie souffrira d'un authentique manque de confiance en lui-même et d'une très sérieuse appréhension des cours magistraux.

Cela étant, quand il pose enfin ses conditions, les Genevois, qui craignaient le pire, sont franchement désarmés. Il faut reconnaître que c'est la première fois (et la dernière d'ailleurs) qu'on demande à Pierre Curie de fixer son salaire. Il est difficile de convertir son intelligence en francs suisses et Curie (qui voulait pourtant améliorer sa situation) demande tout juste de ne pas être payé moins qu'à Paris, c'est-à-dire 6 000 francs (son salaire annuel à l'EPCI) plus 2 500 francs (Ecole polytechnique) ainsi que les revenus annexes : « Enfin, je surveille la fabrication et je vérifie le fonctionnement des balances de précision et de quelques autres instruments construits par la Société centrale des produits chimiques, ce qui me rapporte environ 1 500. Soit en tout 10 000. » Et il ajoute, en exagérant un peu, pour se rassurer lui-même peut-être : « ... j'ai lieu de croire que d'ici quelques années ma situation sera ici améliorée. On a proposé à Mme Curie une allocation annuelle de 3 800 francs dont elle compte employer la moitié à l'extraction du radium. » En fin de compte et après tous ces calculs, il demande, avec un manque de logique remarquable, un traitement annuel de... 8 000 francs ! Moins que ce qu'il gagnerait à la Sorbonne. Chodat, ébahi, et qui se croit malin, annonce à Favon : « M. Duparc et moi, nous pensons que cette demande est modeste, vu la valeur exceptionnelle du professeur. Au cas où M. Curie hésiterait encore au dernier moment, nous pensons qu'il serait sage d'élever ce traitement à 9 000. »

De toutes les manières, le traitement n'est pas essentiel pour Curie, qui demande également à Chodat : « une fonction pour Mme Curie à l'université (je désirerais qu'elle ait à faire un cours de mathématiques ou de physique) ; un préparateur particulier pour mes recherches ».

Et, outre les 8 000 francs : « une indemnité pour changement de résidence (j'ai actuellement un loyer de 1 400 francs par an avec un bail valable encore pendant deux ans et demi). J'estime la dépense pour résiliation de bail et de déménagement à [laissé en blanc] ». Enfin : « dans le cas où beaucoup d'élèves fréquenteraient le laboratoire ou feraient des recherches, il serait nécessaire que les crédits de laboratoire fussent augmentés. »

Touché par la modicité des exigences de Curie mais inquiet (à juste titre) quant à l'issue des négociations, le doyen Chodat suggère dans son rapport : « M. Duparc et moi nous pensons qu'il serait absolument nécessaire d'accorder au nouveau professeur deux assistants à 1 200 francs. M. Soret n'en avait point, nous pensons que cette situation ne serait acceptée par aucun autre physicien de mérite. »

Tout cela ressemble pour Curie à un coup de baguette magique. Impression renforcée par l'accueil qui lui est fait lors de sa visite de reconnaissance. C'est ainsi que commence une période de doutes et d'angoisses, brève, mais éprouvante. Dès qu'il décide de rester à Paris, il se rend compte qu'une deuxième occasion comme celle-là ne lui sera plus jamais offerte.

« J'aurais à Genève à faire un enseignement d'université. J'y aurais des moyens d'action plus importants pour mes recherches. J'aurais, je l'espère, des élèves faisant des recherches. Mme Curie pourrait trouver des occupations à l'université même, ce qui serait actuellement difficile dans une université française », note-il dans les « pour » auxquels s'ajoute « l'esprit de progrès et de liberté qui semble exister dans cette université ». Enfin Curie se rassure comme il peut (« Il me semble que ce doit être une excellente chose que de vivre dans votre beau pays de montagnes[10] », écrit-il à Charles-Edouard Guillaume, lui pourtant installé à Paris).

Mais dès qu'il accepte, des doutes l'envahissent, que Chodat et Favon ne parviennent pas à dissiper par des arguments pourtant convaincants. Curie déteste prendre des décisions, surtout si elles comportent des engagements. Or, Marie préférerait rester à Paris. De même que – selon toute probabilité – le docteur Eugène. Alors Curie trouve toutes sortes des problèmes qui peuvent faire reculer l'acceptation finale.

Le 10 juillet il écrit à Chodat : « Je désire cependant avoir encore l'approbation de mon beau-frère médecin, bien au courant de la santé de ma femme et à qui j'ai demandé s'il ne pensait pas que le climat soit trop rude pour elle en hiver (...). On m'a dit beaucoup de mal de la bise noire de Genève et c'est ce qui a soulevé ce dernier scrupule. » Puis : « Nous avons fini par nous accoutumer à l'idée de ce changement d'existence et après vous avoir refusé je regrettais quelque peu. »

Une fois le poste accepté (« définitivement »), l'angoisse recommence, dont il entretient longuement et régulièrement ses futurs collègues de Genève (« je ne me dissimule pas que j'entreprends une tâche un peu lourde pour moi et que le succès n'est pas certain »). Et lorsque, sans attendre son installation (cet enthousiasme pour tout ce qui est nouveau est chez lui une constante), Curie commence à organiser, de Paris, son travail de la rentrée, l'immensité des devoirs qui l'attendent suscite chez lui une véritable panique :

« Je n'ai pas une idée absolument exacte des instruments appartenant au service de physique de l'université. Je désirerais obtenir que M. Margot [préparateur] m'envoie une liste des appareils principaux [une page de précisions]. Je vais visiter avec soin les appareils de physique de l'exposition et prendre en note ce qui pourrait nous être utile.

« Enfin il me serait bien nécessaire d'avoir des notions un peu plus précises sur les connaissances que possèdent les élèves au sortir du gymnase de Genève. (...) Je sais bien que les programmes ne signifient pas grand-chose. (...) Un ancien cahier d'élève du gymnase ou de l'université me serait encore plus utile. »

Puis : « Je prends la liberté de vous demander de vouloir bien m'envoyer le journal dont vous m'avez parlé et où sont publiées les listes de maisons à louer dans les environs de Genève. Cette question est très importante pour nous, car le seul plaisir de mon père est de soigner son jardin et je tiens à ce qu'il en ait un qui lui plaise. »

Troisième épisode. Curie à Chodat, le 15 juillet :

« Nous avons changé d'avis et nous ne nous décidons pas à aller à Genève. C'est en voyant la difficulté qu'il y aurait pour nous à poursuivre les travaux en cours et le traitement du radium, que ce revirement s'est produit. Notre départ équivaut à un retard considérable dans notre travail et une désorganisation complète de ce que nous faisons actuellement avec Debierne. »

Et, pour écarter tout soupçon de motivations bassement matérielles : « Je vous prie de croire que les conditions qui m'étaient offertes par la ville de Genève me paraissaient satisfaisantes à tous les points de vue. »

Quatrième épisode. Curie à Chodat, le 18 juillet :

« J'accepte *définitivement* d'aller à Genève. Je viens de recevoir la dépêche de M. Favon et j'ai été très touché de cette démarche. J'ai aussi reçu une lettre de mon beau-frère qui connaît le climat de Genève et le considère comme très bon pour la santé de ma femme. »

Cependant : « Je regrette surtout le petit centre de travail dont je faisais partie et que je vais quitter, la collaboration avec Debierne m'était surtout précieuse. (...) Si je pouvais à un moment donné faire venir Debierne à Genève, ce serait pour moi une grande satisfaction et pour l'université une excellente recrue. Debierne est très bon chimiste et physicien, il est élève diplômé de l'Ecole de physique et chimie et licencié ès sciences physiques. »

La décision de Curie est tellement définitive qu'il n'y revient pas pendant un mois entier, tout au moins franchement. Mais ce mois est pour lui un vrai cauchemar, où il se sent piégé, fini, où sa décision lui apparaît comme une résignation. Alternativement, il s'abaisse (certain qu'il ne réussira pas à dispenser un enseignement général, il se reproche en même temps de s'être laissé tenter par un poste bien payé et un joli paysage), se valorise (et voit sa mission de savant détruite par un destin impitoyable et une société vraiment méprisable). Mais, resté créatif cependant, même dans les moments de pire désarroi, il se réconforte en mettant au point un projet original pour son nouvel enseignement.

« Je désirerais beaucoup employer même dans le cours pour étudiants en médecine la notation différentielle, la notion de dérivée et les formules les plus usuelles de la trigonométrie. Au fond, les notions sur les infiniment petits sont des notions élémentaires et fondamentales qui devraient être enseignées dès le début des mathématiques, dès que l'on considère une courbe, une quantité qui varie, une vitesse, (...). Peut-être serait-il bon d'avoir au commencement de l'année quelques leçons de mathématiques pour les élèves qui auraient des connaissances insuffisantes sur ce point.

« Je crois que je ferai deux enseignements [suit un programme assez détaillé]. Mme Curie pourrait se charger de l'optique et de l'acoustique avec deux autres cours. Toutefois ma femme préférerait ne faire de cours que dans le second semestre cette année afin d'avoir le temps de s'installer à Genève et de s'habituer à ses fonctions d'assistant. » Et avec le sens pratique qui ne lui faisait défaut que quand il s'agissait d'organiser sa propre vie :

« La somme de 4 500 francs comme crédit [de laboratoire] me paraît admissible si l'on n'a pas à payer le gaz, le chauffage, l'éclairage et la force motrice (à Paris du moins ces dépenses-là font une somme très forte dans un laboratoire). » Il fait la liste détaillée des appareils à acheter, propose un emploi du temps. Et dans un moment de sérénité, annonce à Chodat : « me voici donc Genevois grâce à votre obstination bienveillante ».

Après l'euphorie des projets, la panique revient. « J'ai été reçu récemment par M. Liard qui m'a dit de très belles paroles mais n'a pas voulu garantir mes droits à la retraite comme pour M. B... Il dit que cela est impossible parce que je suis actuellement au service de la Ville de Paris et non au service de l'Etat », écrit Curie le 27 juillet.

Puis les Curie partent étudier la situation à Genève et Pierre semble se calmer. Au retour, ils assistent au Congrès international de physique et ensuite, alors qu'Irène, avec sa nourrice, reste à Jouy-en-Josas, ils partent tous les deux en vacances à Noirmoutier, où ils sont rejoints par Debierne, qui ne les quitte plus, et leur ami commun, le jeune physicien Georges Urbain, accompagné de sa femme, Jeanne. Leur situation à tous pourrait se trouver modifiée par l'éventuel départ de Curie et ils ne restent pas indifférents devant ses hésitations. Ainsi, ce séjour au bord de la mer n'est pas un véritable repos. Dès que cesse l'agitation extérieure, l'angoisse revient obséder Curie, discrètement conseillé par tous ses amis. Incapable de se détendre, rongé par les doutes, il écrit à Chodat, doyen presque inconnu d'une université étrangère, comme s'il écrivait son journal intime. Le pauvre Chodat se voit submergé par une quantité de missives où les doutes et les questions les plus diverses se suivent, se contredisent et se complètent. Ces lettres, écrites à la hâte, d'une écriture à peine soignée dans les premières lignes et qui se dégrade très vite, sont très raturées et, vu certaines répétitions, visiblement postées sans avoir été relues. On sent l'énervement gagner Curie au fur et à mesure qu'il écrit.

Le 29 août : « Je me considère comme engagé vis-à-vis de vous mais je vous dirai très franchement que maintenant je préférerais rester à Paris. Je suis navré d'avoir, ainsi, à démolir, en quelques jours, ce que j'ai mis si longtemps à édifier : mon enseignement à l'Ecole de physique, mon petit cercle de travailleurs sur les métaux radiants, l'installation pour l'extraction du radium, l'atelier de construction pour les balances et quelques autres instruments (c'était une bien petite affaire mais très intéressante pour moi et qui faisait chaque jour des progrès). Puis je fais quitter à mon père ses occupations et l'entraîne loin de tous ses amis. Vraiment actuellement je me demande comment j'ai eu le courage de décider de démolir tout cela et d'aller à Genève. Il me faudra des années pour édifier de nouveau quelque chose et pour me remettre complètement à des études scientifiques. De plus je ne suis pas sûr du tout de réussir dans le nouveau genre d'enseignement que j'aurai à faire et le retour en France sera pratiquement impossible. »

Et plus loin :

« L'université de Genève aurait avantage à prendre un professeur dans des conditions moins onéreuses et qui irait à elle sans aucun regret. Je vous citerai, par exemple, Sagnac dont je vous ai déjà parlé. Il m'a dit que si on lui offrait d'aller à Genève il irait avec le plus grand plaisir. (...) Au point de vue des connaissances générales, Sagnac m'est nettement supérieur. Au point de vue des travaux il a déjà fait de très belles choses et il est plus jeune que moi. »

Si cette générosité envers son jeune collaborateur ne peut manquer de surprendre, la suite de la lettre met légèrement mal à l'aise. Serait-ce la crainte, inconsciente certainement, de voir proposer le poste à un concurrent vraiment sérieux ? « Zeeman, par exemple, écrit Curie après une page d'éloges sur

Sagnac, a découvert un phénomène d'une importance très grande, mais il a été, semble-t-il, directement inspiré par Lorentz. »

Après cette lettre désagréable, la correspondance s'arrête pour presque trois semaines. La décision ne pouvant pas être remise indéfiniment, le suspense devient insoutenable. Et pas seulement pour Curie, comme en témoigne cette lettre qu'Urbain écrivit du Vieil, à Noirmoutiers, à Paul Langevin :

« Alors tu n'es pas encore fixé relativement au départ de Curie ? Sa femme est restée avec nous au Vieil. Sans doute, elle ne cachait pas son désappointement d'aller à Genève, mais elle considérait son départ pour Genève comme certain et Jeanne et moi, nous en étions convaincus, ce qui a permis à Jeanne de lui expliquer dans quelle pénible impasse tu te trouverais, s'ils ne partaient pas. De toute façon, la chose se décidera ces jours-ci nécessairement. Ce qui les embête surtout c'est de quitter leurs appareils montés et d'abandonner, fût-ce momentanément, les recherches en cours. Ils s'en rendent d'autant plus compte que la date se rapproche davantage. Si tu m'en crois, va les voir de temps en temps pour savoir où ils en sont de leur décision. Fais-le avec une certaine discrétion pour qu'ils ne te prennent pas en aversion, mais insiste doucement pour leur être un reproche vivant. J'ai suffisamment étudié Mme Curie que j'admire énormément pour savoir que les raisons sentimentales ont pour elle une grande importance ainsi que pour son mari et je crois qu'ils renonceront à l'idée de te laisser par leur faute dans l'embarras [11]. »

Pas de renseignements sur l'insistance éventuelle de Langevin pour qui le départ de Curie était effectivement une occasion inespérée d'obtenir un poste de professeur (Curie l'avait proposé comme son remplaçant à l'EPCI), alors qu'il n'avait pas encore terminé sa thèse ; marié et déjà père d'un enfant, il avait grand besoin d'un travail stable. Rien non plus sur l'influence de Marie ni du docteur Eugène. Ni sur les conseils que Jacques aurait pu lui donner.

De toute façon, Curie, qui ne peut plus rester dans le flou, décide, le 19 septembre, d'en informer officiellement le président Favon. « Pour diverses raisons, je suis tout à fait convaincu aujourd'hui que j'ai eu tort d'accepter et je préfère revenir sur ma décision, quand il est temps encore, au lieu de m'engager pour toute la vie et regretter ensuite. Je préfère rester dans ma situation actuelle, plus modeste, mais qui je crois convient mieux à mes facultés et à mon caractère. »

Et, voyant que les excuses ne seront plus à leur place, il décide de conclure d'une manière désinvolte qui sonne plus faux encore : « Bien d'autres désireraient une situation aussi enviable et je ne doute pas que la physique dans la ville de Genève ne soit dans l'avenir comme dans le passé dignement représentée. »

Avec Chodat, devenu malgré lui son confident, il est plus honnête : « (...) je vois que notre travail sur les métaux radiants va être complètement désorganisé et cette question est ce qui me tient le plus à cœur. (...) Je regrette vivement de ne pas avoir compris plus tôt que c'était pour nous la question capitale. J'aurais pu éviter toutes ces hésitations et résoudre la question dès le début. Dans nos recherches, la partie physique et la partie chimique sont intimement liées, c'est Debierne qui s'occupe de cette dernière partie et son concours nous est absolument nécessaire, nous ne pouvons continuer sans lui. Je ne puis songer à le remplacer, d'abord parce que l'on ne trouve pas facilement un excellent chimiste qui soit disposé à se dévouer entièrement à une question nouvelle et à lui consacrer tout son temps et ensuite parce que je suis engagé vis-à-vis de Debierne, l'ayant engagé il y a plus d'un an et demi à s'occuper de cette question avec la promesse de lui laisser tout ce qui est recherches chimiques pures. Il s'est du reste montré dans ce travail d'une habileté tout à fait remarquable et a trouvé des résultats importants et inattendus. »

Il est dommage qu'après ces explications sincères il doive se redonner bonne conscience par un de ces accès de générosité excessive dont il ne sait sortir que par des absurdités de plus en plus désolantes. « Pour pouvoir continuer mon travail à Genève il aurait fallu que je puisse l'amener et cela ne me paraît pas possible. J'avais songé à lui offrir la place d'assistant mais c'est insuffisant. Je pourrais au besoin pendant quelques années lui céder une partie de mes revenus pour compléter sa situation. Mais vraiment je n'ose pas lui faire quitter la situation stable (avec un traitement de 3 500 francs) », etc.

Puis : « Ces recherches sur la radioactivité touchent à la nature même de l'atome et leur importance pour la chimie peut devenir capitale. Aujourd'hui, plutôt que de renoncer au développement du travail sur les métaux radiants, je préfère rester à Paris. » Cela n'est pas seulement un prétexte : Curie est comme envoûté par les processus qu'il étudie et ne peut rompre le charme tant qu'il n'aura pas dévoilé ce mystère.

Chodat, et cela se comprend, ne lui pardonnera jamais.

« Des expressions modérées me font défaut pour qualifier un pareil procédé, écrit-il à Favon le 23 septembre. J'ai été très mortifié de voir avec quelle légèreté M. Curie rompt un engagement qu'il n'aurait pris qu'après mûre réflexion. »

Et dans le télégramme qu'il envoie à Curie pour lui notifier sa démission : « Ne vous cache pas que cela sera considéré par tout Genève comme un scandale moral. »

Mais tout n'est pas encore fini et la suite devient une comédie franchement burlesque. Le 27 septembre, Chodat reçoit un télégramme de Paris : « Puisque vous trouvez cela si grave si temps encore je retire ma démission. Curie. »

Il n'est pourtant plus du tout sincère et semble chercher à cacher ses propres faiblesses et incohérences derrière une attitude ironique et méprisante manifeste dans la lettre suivante, envoyée en même temps que le télégramme.

« Me voici encore en train de vous créer des ennuis.

M. Darboux et M. H. Poincaré m'ont proposé hier [sic !] de la part de M. Liard de me charger d'un enseignement qui vient d'être déclaré vacant à l'université de Paris. Ils proposent en même temps une situation pour ma femme [ce qui n'est pas exact] et de plus je conserverais mes collaborateurs. Je suis fortement tenté d'accepter cette occasion d'entrer dans la 1re université de mon pays [quelle délicatesse !] et ce désir est si légitime qu'il me semble que, dans ces conditions, le scandale dont vous me parliez ne se produirait pas. Je dois voir M. Liard samedi. »

Favon répondit avec beaucoup de dignité à sa démission officielle (et définitive) présentée le 1er octobre :

« Monsieur le professeur,

« Ce matin, le Conseil d'Etat a accepté votre démission. Je n'ai pas à vous juger ; si vous croyez avoir bien agi, c'est parfait. Je constate seulement que vous avez rompu un engagement formel dans des conditions propres à mettre dans l'embarras des hommes qui avaient en vous la plus entière confiance. »

L'université de Genève qui se trouva sans professeur de physique à la rentrée demanda à Soret de remettre à plus tard sa démission, le temps de nommer un remplaçant. Elle ne chercha plus d'étrangers illustres susceptibles d'attirer les regards du monde entier et se contenta d'un jeune physicien de Neuchâtel, Charles Eugène Guye, collaborateur de Soret (Guye, d'ailleurs, ne déçut pas les attentes).

La première université de France

Quant à Pierre Curie, il était suffisamment absorbé par la préparation de son nouvel enseignement (général, soit dit en passant) pour pouvoir oublier sa conduite, peu glorieuse, au cours de cet épisode qui offre l'occasion de se demander ce qu'aurait été sa carrière sans les divers concours de l'étranger. Il devait à un Britannique sa nomination comme professeur à l'EPCI en 1894, aux Suisses celle à la Sorbonne ; c'est l'appréciation des Suédois qui lui vaudra, en 1904, sa titularisation.

L'aventure, en tout cas, était révélatrice, et il ne pouvait plus regarder de la même manière sa vie et ceux qui l'entouraient, conscient désormais de l'importance de tout ce qui formait son paysage quotidien. Lui qui n'aimait pas changer ses habitudes dut se sentir soulagé en retrouvant à la rentrée les réunions à la Société de physique et à l'Union des électriciens, leurs dîners amicaux et, dans un autre ordre d'idées, la petite maison qu'il venait de louer, le hangar auquel il avait eu le temps de s'attacher, sans parler de l'Ecole où, après dix-sept ans, il se sentait chez lui comme nulle part ailleurs. Il avait dû craindre de trouver à Genève l'isolement intellectuel dont son frère, installé à Montpellier, et son ami Georges Gouy, qui vivait à Lyon, se plaignaient souvent et que ni la contemplation des sommets enneigés ni la perspective d'un poste correctement payé n'auraient pu compenser. Ni Rutherford ni Soddy, on va le voir, n'avaient de pareils états d'âme. Mais Rutherford, quoique très ambitieux, avait un caractère plus simple ; Curie en revanche, n'avait pas d'ambition, mais un immense orgueil (qu'il se refusait à reconnaître) allié à une sorte de souci esthétique concernant l'ensemble de sa vie. Ainsi, alors que sa carrière lui importait peu, il aspirait à un poste à la Sorbonne, qui était pour lui, comme pour beaucoup d'autres, un lieu mythique, « la première université de son pays », comme il écrivit à Chodat et à Favon. Elle l'impressionnait, mais il rêvait d'y accéder. Ce désir, si légitime et humain, il se le reprochait dans son for intérieur car il se voulait insensible à tout honneur.

C'est à ce moment aussi qu'il a dû prendre conscience de la place que « les métaux radiants » tenaient dans sa vie. En y réfléchissant, il ressentait une sorte d'excitation comme devaient en éprouver les alchimistes devant une préparation magique. Pierre Curie était à la fois rationnel et mystique. Il essayait d'approcher le mystique, qui le fascinait, par le rationnel qu'il pouvait maîtriser et qui le satisfaisait intellectuellement et, aussi, esthétiquement. Comprendre le mécanisme de l'émission radioactive, c'était arracher à la nature un secret fondamental. Rien à voir avec tous les autres sujets de recherche. La radioactivité ressemblait à la pierre philosophale, elle pouvait ouvrir la porte du grand mystère.

Il restait enfin son « petit cercle de travailleurs » et en premier lieu Debierne. On ne sait pas s'il essaya de détourner Curie de son départ ou si, au contraire, il trouvait préférable, comme ses amis Urbain et Langevin, que Curie allât s'installer à Genève. Ni si, le cas échéant, il l'y aurait suivi. C'est possible.

Il avait vingt-six ans et, depuis la mort, en avril 1899, de Charles Friedel, dont il avait été le dernier préparateur, il continuait ses recherches à la Sorbonne dans le laboratoire de chimie physique dirigé par Jean Perrin. Il avait déjà publié deux articles de chimie organique (dont un avec Georges Urbain, de l'EPCI également, auquel il succéda auprès de Friedel et ensuite comme professeur à l'Ecole alsacienne, établissement privé situé rue d'Assas à Paris). Il sera ensuite chef des travaux à l'EPCI (parcours obligé des anciens élèves se destinant à la recherche), mais n'aura jamais, du vivant de Pierre Curie, de poste officiel dans son laboratoire. Peintre amateur comme son ami Urbain, Debierne était extrêmement timide, absolument introverti et, par ailleurs, très travailleur et chimiste remarquable. Il était très honnête, intègre et peu sociable. D'après les souvenirs de Perrin, il pouvait « travailler de longues années sans rien indiquer sur les résultats ni même le but de ses expériences tant qu'il n'avait pas de résultats suffisamment certains [12] ».

Debierne fut heureux quand Pierre Curie, le maître qu'il admirait, lui proposa de s'occuper de la partie chimique de leurs recherches. De collaborateurs, ils devinrent vite amis, pratiquement inséparables, car Debierne passait tous ses moments libres à la maison des Curie ; ils partaient ensemble en vacances. Georges

Urbain, dont le parcours fut, au début, presque identique à celui de Debierne, était un autre ancien élève de Pierre faisant partie du petit cercle (sans jamais atteindre la même intimité que Debierne). Ses recherches ultérieures porteront sur un groupe d'éléments chimiques appelés « terres rares » ou lanthanides. Curie recrutait ses collaborateurs autant que possible parmi ses anciens élèves de l'EPCI. Avec ces jeunes, qu'il connaissait depuis des années, il forma rapidement un groupe dont le travail était le seul objectif avoué, mais dans lequel les liens affectifs jouaient un grand rôle. Dans ce climat intime de confiance et de complicité, climat qu'il avait un rare talent à créer, Pierre Curie pouvait enfin se sentir à l'aise. Il n'a jamais été entouré de courtisans (il n'avait d'ailleurs rien à leur offrir) et ne supportait réellement rien de mondain ou de superficiel, aucun manque d'authenticité. Ses amis et collaborateurs lui étaient tous sincèrement dévoués. Les relations conventionnelles en revanche lui pesaient ; c'est pour cela sans doute que les rapports de Curie avec ses supérieurs ont parfois été tendus et même conflictuels.

Quant au nouveau poste de Pierre Curie, on se rend compte, en y regardant de plus près, qu'il n'avait vraiment rien d'extraordinaire. Certes, Curie allait enseigner à la très célèbre Sorbonne. Il ne s'agissait pourtant pas d'un poste de professeur, mais de « chargé de cours complémentaire ». Son salaire était de 6 000 francs, comme à l'EPCI, et aucun laboratoire n'était associé à ces fonctions. Il disposait d'un bureau meublé d'une table, de deux chaises, d'une bibliothèque vitrée et d'une longue planche fixée au mur où étaient placés divers instruments, d'une salle de travail dans laquelle il était possible d'installer, d'après les souvenirs de son élève Albert Laborde [13], trois montages d'expériences peu encombrants, et d'une petite pièce servant de chambre noire. Le cours était un enseignement préparatoire au certificat d'études physiques, chimiques et naturelles (PCN), obligatoire depuis 1893 pour les étudiants en médecine. Curie n'échappait donc pas à la préparation d'un nouveau cours d'enseignement général ; il allait en outre avoir un très grand nombre d'étudiants et circuler chaque jour entre l'EPCI (dont finalement il n'a pas démissionné) et la rue Cuvier, où se trouvait l'annexe de la Sorbonne dans laquelle il enseignait. Le trajet n'était pas long mais, faute de moyens de transport, il devait être effectué à pied. Cette organisation entraînait de plus des interruptions constantes dans le travail, interdisant une concentration totale et une liberté d'esprit véritable, ne permettant de poursuivre aucune expérience pendant plusieurs heures de suite, ce qui devait être pénible. En revanche, après avoir quitté le glacial hangar de la rue Lhomond, après avoir parcouru le quartier sous la pluie, quel plaisir de se retrouver dans un bâtiment bien chauffé et, de plus (toujours d'après Laborde), avec des murs solides. Ce contraste, associé au nom de la Sorbonne qui rendait tout plus beau, fit que Curie se crut installé – au début tout au moins – dans un véritable palais.

Il avait droit à un préparateur de cours et à un garçon de laboratoire et, malgré cette organisation de travail impossible et un emploi du temps infernal, il se mit, heureux comme un enfant, à former ses équipes. Maintenant qu'il avait décidé de rester à Paris, il avait le sentiment que l'avenir lui appartenait et que rien ne pourrait l'empêcher d'arracher son secret à la matière radioactive. De ce pénible cumul de deux enseignements en deux endroits distincts, il ne voyait encore que le cumul de deux laboratoires, de deux équipes et de deux salaires (ce qui, ajouté au traitement de Marie, qui commença en novembre à enseigner à l'Ecole normale de jeunes filles de Sèvres, leur permettait enfin de parer sans trop de peine à toutes les dépenses). La position professionnelle de Curie n'avait toujours pas trouvé de vraie solution. Mais quelque chose de nouveau commençait, et ce genre de situation stimulait toute son énergie. Il allait en avoir besoin.

Debierne assistait les Curie dans le hangar où un préparateur, Jacques Danne, s'occupait de la radioactivité induite. Petit venait les aider tous les jours après avoir rempli ses obligations envers l'Ecole. A PCN, Curie fit venir deux autres anciens élèves de l'Ecole, le physicien Charles Chéneveau, puis, en 1902, Albert Laborde. Laborde venait de finir ses études, alors que Chéneveau, de quelques années son aîné, préparait une thèse d'optique. Curie les guidait, mais les laissait libres d'organiser leur temps et de choisir leurs sujets de recherche. Lui-même était absorbé par les propriétés des rayonnements et transportait entre ses deux laboratoires les ampoules lumineuses contenant les corps radioactifs ; elles étaient suffisamment petites pour tenir facilement dans la poche de son veston. Il continuait à s'occuper de ses instruments de mesure, leur inventant souvent des perfectionnements inattendus. Dans la balance, il mit au point en 1903 un mécanisme de réglage du parallélisme des couteaux qui permit d'augmenter sa sensibilité du décigramme au centième de milligramme, la durée de mesure restant toujours de quelques secondes. En même temps il élabora, en collaboration avec Chéneveau, un nouvel appareil servant à mesurer les coefficients d'aimantation. Ils l'appliquèrent immédiatement au chlorure de radium et le trouvèrent paramagnétique. Et, déjà en 1900, Curie avait mis au point un modèle d'électroscope spécialement adapté à l'étude de la radioactivité, dont une variante, transportable, permettait les mesures sur le terrain. Les deux modèles furent, bien sûr, commercialisés par la Société centrale.

Un des nombreux carnets de notes de Curie, utilisé, comme d'habitude, pendant plusieurs années, prouve qu'il continuait à s'intéresser à tout, à la physique bien évidemment (il lut en anglais une biographie de Maxwell), mais aussi à la biologie. En particulier, il suivait attentivement les travaux de l'Allemand Du Bois-Reymond, un des premiers à employer l'électricité pour les études physiologiques, ainsi que ceux d'Arsonval, auteur de recherches sur les applications des courants de haute fréquence en médecine. Ces notes sont entrecoupées de remarques sur les lentilles, sur la formation des cristaux, sur les étymologies allemandes et les tableaux des lettres grecques, d'une liste d'ouvrages sur le spiritisme, de notes d'une conférence concernant l'élasticité [14].

Moins on a de temps, plus on arrive à faire. En 1900, les Curie prirent un abonnement pour un cabinet de lecture mais aucune note n'indique leurs choix de livres. En 1900 encore, ils sortirent enfin de leur claustration volontaire de l'année précédente pour de nombreuses soirées au théâtre, quelques concerts.

Chapitre VII

UN CHERCHEUR SANS LABORATOIRE

De même que les rayons X en 1895, la radioactivité est vite devenue le sujet de prédilection de très nombreux physiciens. Les Curie distribuaient à tous ceux qui le demandaient les échantillons plus ou moins radioactifs et expliquaient volontiers la manière de procéder pour obtenir des sels du radium à partir des minerais d'uranium accessibles. En Allemagne, Giesel fut le premier à répéter leur « cuisine » et lui aussi prêtait sans réticence les sels qu'il préparait. Si les travaux chimiques de Marie Curie, lents, pénibles, chers et peu gratifiants ne trouvaient pas d'imitateurs, les études des rayons, qui étaient rapides et relativement faciles, attiraient beaucoup de monde. Le nombre de recherches consacrées à la radioactivité augmentait chaque mois ; en 1901, les *Comptes rendus de l'Académie des sciences*, seuls, publiaient déjà plusieurs dizaines d'articles sur le sujet. Ces travaux n'étaient pas toujours révolutionnaires et leurs auteurs ne sont pas tous passés dans l'histoire des sciences. Il s'agissait souvent de vérifications des résultats déjà publiés, de quelques nouveaux détails, d'hypothèses (assez fantaisistes parfois) concernant l'origine du phénomène. Inévitablement, certains s'égaraient. Parmi eux, René Blondlot, ami de Curie, qui « découvrit » en 1903 « une nouvelle espèce de lumière [1] », rapidement baptisée rayons N en l'honneur de Nancy, ville de Blondlot. Celui-ci était un physicien on ne peut plus sérieux et l'accuser de fraude préméditée serait sans doute injuste, surtout si on pense aux dizaines de scientifiques renommés (dont Jean Becquerel, fils d'Henri), qui pendant deux ans ont étudié avec application cette découverte sensationnelle et n'ont pas manqué de trouver aux rayons N des propriétés de plus en plus extraordinaires, pour ne se rendre compte qu'en 1905 que les expériences n'étaient pas reproductibles et qu'il s'agissait d'une erreur. Les Curie, à cause du manque de temps essentiellement, n'ont jamais fait plus que suivre les événements, non sans curiosité ni étonnement d'ailleurs. Georges Gouy en revanche a essayé, à plusieurs reprises et en vain, de reproduire les expériences de Blondlot ; en 1906, se moquant de lui-même pour y avoir si longtemps cru, il écrivait de Lyon à Pierre Curie : « J'ai annoncé à mes acolytes que nous allons nous mettre bientôt à la recherche des rayons L pour illustrer notre ville, et je fais aménager une chambre noire pour cela. »

La compétition

La radioactivité en revanche était incontestablement réelle quoique mystérieuse et les études entreprises simultanément menaient toutes, à peu près en même temps, aux mêmes résultats. Les travaux de Giesel, d'Elster et Geitel, de Schmidt, d'Owens, de Crookes, de Meyer et de von Schweidler, de Villard, sans parler de ceux d'Henri Becquerel, se succédaient et se confirmaient presque tous les jours. Nécessairement, tout le monde faisait les mêmes expériences qui, à partir de 1899, consistaient essentiellement à essayer de faire dévier ou à arrêter les rayons par différents moyens.

Ainsi donc, tout ce que Pierre Curie étudiait, d'autres, par la force des choses, l'étudiaient en même temps. Bon gré mal gré, il ne pouvait éviter d'entrer dans la course. Le peu d'importance qu'il accordait à la priorité de publication ne changeait rien au problème. On ne peut pas raisonnablement faire des mesures des déviations des rayons par un aimant et sentir l'utilité de ces expériences, en sachant que dix autres personnes dans le monde font la même chose, et de la même manière. Autant laisser les dix autres poursuivre sans lui. Ou changer complètement de sujet de recherches. Or, c'était ce que Curie ne pouvait pas admettre. La radioactivité le passionnait trop et il ne pouvait s'empêcher de la considérer comme une sorte de chasse gardée, d'où une certaine amertume involontaire. Le temps où il pouvait passer deux, trois, cinq, même dix ans s'il le fallait, à réfléchir tranquillement au même sujet était révolu pour toujours. En réalité, Curie n'a jamais été lent et n'a jamais retardé inutilement la mise au point définitive de ses résultats : ses travaux sur la piézoélectricité le prouvent déjà suffisamment. Son étude du magnétisme s'était achevée dans des délais on ne peut plus raisonnables et, si dix ans se sont écoulés entre ses deux articles sur la symétrie, le second mémoire n'était qu'une expression plus mûre et plus achevée du premier ; d'ailleurs, il s'agissait d'un travail de réflexion solitaire. Les découvertes des métaux radioactifs ont été annoncées en des temps records. Mais entre le travail rapide et le travail sous pression, il y a une différence essentielle. Curie trouvait la course actuelle absurde et, avec son tempérament anxieux et contemplatif à la fois, il s'y sentait très mal à l'aise. De plus, l'évolution de la situation était décevante. Les connaissances des propriétés des rayons devenaient chaque jour plus précises mais ne rapprochaient pas pour autant de la solution du mystère de leur origine. Il en était ainsi pour Pierre Curie et pour tous ses « concurrents ». Avec une seule exception cependant. Un Néo-Zélandais, Ernest Rutherford, avait l'air bien plus avancé que les autres. Contrairement aux autres, qui tous trouvaient toujours la même chose, il arrivait chaque fois à découvrir quelque fait nouveau en plus. Elève depuis 1894 de J. J. Thomson – « père » de l'électron et grand spécialiste de l'étude des rayonnements – Rutherford s'était installé en 1898 à l'université McGill, à Montréal. Il était brillant, extrêmement ambitieux, possédait une rare capacité de travail et, habitué à traverser les océans, il n'avait pas hésité à quitter son maître et le très prestigieux Cavendish Laboratory de Cambridge pour partir pour le Canada où un poste de professeur venait d'être déclaré vacant *. A partir de 1898 ses travaux sont parallèles à ceux des Curie et, très souvent, ils parviennent indépendamment aux mêmes résultats.

Il est indiscutable que, parmi tous les chercheurs qui travaillaient alors sur la radioactivité, Rutherford était le seul qui pût être comparé à Pierre Curie. Comme Curie, Rutherford alliait une habileté expérimentale exceptionnelle à une interrogation théorique profonde et subtile. Tous les deux savaient imaginer des expériences simples, pouvant être effectuées avec des appareils simples, mais toujours complètes, décisives, pertinentes. Tous les deux ont substitué aux expériences qualitatives de la majorité des physiciens les mesures quantitatives précises accompagnées d'hypothèses qu'ils émettaient avec une rare intuition scientifique. Par ailleurs, il aurait été difficile de rencontrer deux personnalités aussi différentes que celles de Curie et de Rutherford.

Sans vouloir entreprendre la comparaison des mérites respectifs ni l'établissement inutile des priorités éventuelles, un bref récapitulatif permettra d'évaluer ce climat de compétition.

Becquerel a découvert la radioactivité en 1896 et les Curie ont prouvé, deux ans après, qu'il s'agissait d'une propriété des atomes ; ils ont mis en évidence

* Ernest Rutherford (1871-1937), précurseur de la mobilité des chercheurs, créa à Montréal une « école » scientifique qui attira rapidement des physiciens du monde entier. Il ne retourna en Grande-Bretagne qu'en 1907, à Manchester. Outre la théorie de la transmutation (avec Soddy) et l'identification des particules α, il découvrit en 1911 le noyau atomique et réalisa, en 1919, la première transformation nucléaire provoquée. Prix Nobel de chimie en 1908, il devint le directeur du Cavendish Laboratory en 1919.

l'existence d'éléments chimiques nouveaux et élaboré une nouvelle méthode d'analyse fondée sur la radioactivité. Leurs études ont été fondées sur la mesure de la conductibilité de l'air provoquée par les rayons. Ils employèrent le quartz piézoélectrique, qui leur permit d'effectuer les mesures précises à la place des descriptions semi-qualitatives de Becquerel.

Rutherford, qui commença ses recherches sur la radioactivité dès son arrivée à Montréal, était depuis longtemps familiarisé avec l'étude quantitative rigoureuse des rayonnements, sujet de ses travaux avec J. J. Thomson à Cambridge. C'est au cours de l'étude de la conductibilité des gaz traversés par les rayons de Röntgen que Thomson avait émis l'hypothèse de la formation, sous l'effet du rayonnement, des particules portant une charge électrique positive et se mouvant dans le gaz ; il les appela ions par analogie avec la conduction dans les électrolytes. Thomson supposa que cette ionisation dépendait de la pression et de l'intensité du rayonnement.

Rutherford utilisa pour étudier la radioactivité les méthodes et les appareils (électromètre à quadrant) mis au point à Cambridge et supposa que la conductibilité de l'air était, là aussi, due à l'ionisation. Son article, publié dans le *Philosophical Magazine* paru en janvier 1899, porte la date du 1er septembre 1898 : cela situe ses expériences entre l'annonce de l'existence du polonium et la découverte du radium.

Cet article, reconnu par Becquerel et les Curie comme le plus complet quant aux propriétés des rayons [2], passe en revue toutes leurs caractéristiques mesurables : absorption par différentes substances (Rutherford remarque que le rayonnement n'est pas homogène et appelle α les rayons peu pénétrants, β les autres), il calcule la vitesse de recombinaison des ions, mesure les effets de la pression, constate que le rayonnement ne se réfracte pas et n'est pas polarisable. Marie Curie, de son côté, écrivit dans un article paru également en janvier 1899 et rédigé à la fin 1898 que « les gaz soumis à l'influence des rayons de Becquerel sont partiellement ionisés, et c'est le mouvement des ions chargés d'électricité suivant les lignes de champ électrique qui constitue le courant [3] ». Plus loin dans le même article, elle signale également que les rayons émis par le thorium ne sont pas homogènes.

Cet exemple, qui date des tout premiers débuts de la radioactivité, laisse voir déjà ce que sera la recherche ultérieure. Deux laboratoires des deux côtés de l'Atlantique effectuant des expériences similaires ne peuvent qu'engager une compétition. Rutherford aimait le jeu et s'y prêta avec joie. Ses articles sont toujours précisément datés et quand un travail trop long est inévitable pour parvenir aux résultats définitifs, il prend la précaution de communiquer ses résultats partiels presque au jour le jour à la Société chimique de Londres, de publier des notes préliminaires ; bref, il marque des points. Cela étant, il est beau joueur, et honnête. Mais les Curie ne comprennent rien au jeu et souvent, dans l'attente de la découverte de faits complémentaires, ne signalent leurs hypothèses qu'en passant ; il arrive qu'elles restent inaperçues.

La radioactivité induite

La radioactivité induite posa quelques problèmes aux deux équipes. En 1899 [4], les Curie annoncent (fait déjà signalé par Marie Curie dans son premier article d'avril 1898 [5]) que les rayons du radium et du polonium « communiquent la radioactivité » aux substances inactives et que cette radioactivité, qu'ils appellent induite, disparaît d'une manière progressive et régulière. Comme l'exigent les règles de l'Académie, leur article ne dépasse pas deux pages. L'article de quatorze pages écrit par Rutherford sur la même découverte fut envoyé à la rédaction du *Philosophical Magazine* le 13 septembre, mais ne fut publié qu'en janvier de l'année suivante : chaque équipe ignorait les travaux de l'autre. Toujours est-il que le communiqué de Rutherford [6] est remarquablement complet et comporte déjà une hypothèse quant à la nature du phénomène (qui n'est pas dû à l'induction de la radioactivité par les rayons, mais à la formation d'un gaz radioactif). Rutherford ne se contente pas de constater que les composés du thorium émettent en permanence des particules radioactives, il étudie immédiatement les propriétés ionisantes et le pouvoir de pénétration de cette « émanation » comme il l'appelle, et donne même la loi quantitative (exponentielle) qui régit sa disparition. La deuxième partie de son article, datée du 22 novembre (publiée en février 1900 [7]), complète, en trente pages, la première. Rutherford signale à la fin qu'au moment d'envoyer son texte il a eu connaissance de celui des Curie, qu'il considère, non sans raison, comme peu précis. En effet les informations des Curie sont essentiellement qualitatives, et s'ils disent avoir observé la radioactivité « induite » par « des matières radioactives, préparées par nous (le polonium et le radium) », ils ne précisent pas, en décrivant leurs expériences, duquel de ces deux éléments il s'agit. Rutherford observa le phénomène dans le cas du thorium et il remarqua tout de suite que la nature de la substance émettant l'émanation n'est pas indifférente.

Il est sans intérêt de chercher à qui, des Curie ou de Rutherford, revient la découverte de la radioactivité induite. Le phénomène était si frappant qu'il ne pouvait manquer d'être remarqué par toute personne étudiant la radioactivité d'une manière soignée : le fait que toutes les substances au voisinage du corps radioactif deviennent radioactives à leur tour ne peut pas passer inaperçu. Ce qu'il faut reconnaître en revanche, c'est que Pierre Curie n'a pas su l'interpréter et que Rutherford en a eu immédiatement l'intuition juste. Elle le mena rapidement à la théorie de l'émission radioactive et à la découverte de la transmutation chimique qui l'accompagne. Rutherford sut tirer les conclusions qui s'imposaient de la suite des découvertes simultanées de l'année écoulée. Il comprit que les Curie, lui-même, et d'autres encore peut-être, allaient continuer à trouver les mêmes résultats en même temps et que, pour que son travail ait un sens, il allait être obligé de travailler encore plus vite, de ne rien négliger ni laisser pour une étude ultérieure, enfin d'annoncer le moindre résultat au moment précis où il le découvrirait (ou au moins de le faire consigner d'une manière univoque). Cela ne le perturbe pas et, au contraire, il semble stimulé par la compétition. Ses publications se succèdent, à partir de là, à une vitesse vertigineuse pour lui permettre d'énoncer (en collaboration avec son jeune préparateur, le chimiste anglais Frederick Soddy *, venu lui aussi à Montréal à la recherche d'un poste), au milieu de 1902, la théorie de la radioactivité. Le point de départ du travail est l'étude de l'émanation du thorium que Rutherford et Soddy identifient comme un gaz, élément chimique nouveau qu'ils notent ThX, appartenant à la famille des gaz rares. Ils considèrent que la radioactivité s'accompagne d'un changement de la nature chimique de l'élément radioactif, changement d'un type inconnu survenant au niveau subatomique et qui produit un élément nouveau, radioactif lui-même et dont la radioactivité diminue avec le temps ; le temps au cours duquel la substance perd la moitié de son activité lui est caractéristique. Il est appelé période. Autrement dit, Rutherford et Soddy supposent que la radioactivité s'accompagne d'une transmutation chimique d'un élément en un autre. Leurs articles sont écrits d'une manière simple, claire et parfaitement convaincante. Les résultats sont complétés au cours des mois qui suivent et, dans le courant de 1903, les propriétés des émanations sont nettement établies et les « filiations radioactives » – c'est-à-dire les étapes successives des transformations de l'uranium, du thorium, du radium et de l'actinium – déterminées. Cela permet de supposer que le radium est un produit de la transformation

* Sir Frederick Soddy (1877-1956), prix Nobel de chimie en 1921, découvrit en 1912 l'existence des isotopes (atomes d'un même élément chimique mais de masses atomiques différentes).

d'un autre élément radioactif, ce qui expliquerait sa très petite quantité dans la nature. Rutherford et Soddy précisent encore la nature des différents types de rayons, montrant que les rayons α, très peu pénétrants et considérés initialement comme non déviables (alors qu'ils sont faiblement déviés dans la direction opposée à celle des β), sont constitués de particules de charge électrique positive, de masse voisine de celle de l'atome d'hydrogène, qu'ils transportent 99 % de l'énergie émise et que les émissions de deux types des rayonnements, α et β, sont indépendantes.

Les Curie pendant ce temps ont montré que les rayons « très pénétrants » (β) possèdent une charge électrique négative et peuvent être identifiés aux électrons de Thomson (mars 1900). C'est une découverte essentielle. Alors que Pierre cherche désespérément l'origine du phénomène, Marie détermine avec de plus en plus de précision la masse atomique du radium, qu'elle isole inlassablement.

La radioactivité induite passionne Pierre Curie. Mais, s'il se résout dès 1900 à parler de « l'émanation », expression qu'il trouve « commode », il refuse de la considérer comme un gaz matériel. Pour lui, ce terme désigne « l'énergie radioactive émise par les corps radioactifs sous la forme spéciale sous laquelle elle est emmagasinée dans le gaz et dans le vide. Cette énergie se dissipe suivant une loi exponentielle en provoquant la radioactivité des corps matériels ». Il pense que « l'émanation n'a pas pour support la matière ordinaire, et qu'il existe des centres de condensation d'énergie situés entre les molécules du gaz et qui peuvent être entraînés avec lui [8] ». Il parle aussi de la radioactivité « extériorisée ».

L'attirance de Curie pour l'hypothèse d'une forme particulière d'énergie est en harmonie avec sa préoccupation majeure : le problème de l'origine de l'énergie émise qui restait toujours irrésolu (et le restera encore pendant trente ans *). Curie pensait que sans

* Voir note p. 182.

l'identification de la mystérieuse source d'énergie on ne pourrait élucider le mécanisme de la radioactivité et que tous les résultats, si précis et exacts soient-ils, ne seraient que des descriptions phénoménologiques des manifestations extérieures d'un processus fondamental inconnu. La connaissance de ce processus allait peut-être révéler les propriétés les plus élémentaires de la matière, les lois les plus fondamentales de la nature. Et en cela il n'avait pas tort.

Il écrivit, en janvier 1902, en collaboration avec Marie, qui, depuis deux ans déjà, travaillait de son côté, un très bel article intitulé : « Sur les corps radioactifs », dont le sujet véritable était l'exposé de la démarche globale adoptée par les Curie au cours de ces recherches troublantes. « Nous pensons, disent-ils, qu'il y a avantage à donner une forme générale aux hypothèses nécessaires dans toute recherche physique.

« Dès le début de nos recherches, nous avons admis que la radioactivité était une *propriété atomique* des corps. Cette supposition est suffisante pour créer la méthode de recherche d'éléments radioactifs.

« Chaque atome d'un corps radioactif fonctionne comme une *source constante d'énergie*. On peut tirer de cette supposition des conséquences très variées que l'on peut soumettre au contrôle de l'expérience, sans qu'il soit nécessaire de préciser où le corps radioactif puise cette énergie *. »

En conclusion : « Dans l'étude des phénomènes inconnus, on peut faire des hypothèses très générales et avancer pas à pas avec le concours de l'expérience. Cette marche méthodique et sûre est nécessairement lente. On peut, au contraire, faire des hypothèses hardies, où l'on précise le mécanisme des phénomènes ; cette manière de procéder a l'avantage de suggérer

* Deux cent quinze ans plus tôt, Newton, en énonçant sa théorie de la gravitation, formula la loi du phénomène et décrivit les conséquences qui en découlaient sans émettre aucune hypothèse quant à l'origine de la force d'attraction universelle. Sa théorie, qui supposait une mystérieuse interaction à distance, fit scandale.

certaines expériences et surtout de faciliter le raisonnement en le rendant moins abstrait par l'emploi d'une image. En revanche, on ne peut espérer imaginer ainsi *a priori* une théorie complexe en accord avec l'expérience. Les hypothèses précises renferment presque à coup sûr une part d'erreur à côté d'une part de vérité ; cette dernière partie, si elle existe, fait seulement partie d'une proposition plus générale à laquelle il faudra revenir un jour * [9]. »

Cependant, les hypothèses de Rutherford, certes « hardies », étaient si bien vérifiées par l'expérience que les réticences de Curie, justifiées en 1900, sont incompréhensibles en 1903. Aussi, quand, en janvier 1903, dans son article « Sur la radioactivité induite et sur l'émanation du radium [10] », Curie s'avise de critiquer directement le travail de Rutherford, lui reprochant des conclusions hâtives que ses propres expériences n'ont pas pu confirmer (le spectre caractéristique de l'émanation est introuvable ; celle-là disparaît spontanément d'un tube scellé ; son existence ne peut résulter d'une réaction chimique car elle est indépendante de la température), Rutherford perd patience. Dans une brève note adressée aux éditeurs du *Philosophical Magazine*, il récuse un à un les reproches de Curie (la réaction étant subatomique, il n'y a pas de raison pour qu'elle suive les mêmes lois qu'une réaction chimique macroscopique ; les conditions actuelles des expériences justifient parfaitement

* L'atome, dont on ne connaissait presque rien à l'époque, était un autre grand sujet d'études et de spéculations. On savait qu'il était extrêmement petit, électriquement neutre et qu'il contenait les électrons qui devaient être responsables du fait que, dans certaines conditions, les atomes émettaient de la lumière. J. Perrin supposa, en 1901, que l'atome pouvait ressembler à un système planétaire en miniature, les électrons gravitant autour d'une (ou plusieurs) masse(s) positivement chargée(s). J. J. Thomson proposa, un an plus tard, un autre modèle (souvent comparé à un pain aux raisins), totalement différent : une charge électrique positive à l'intérieur de laquelle seraient répartis les électrons. Les deux modèles permettaient d'interpréter les spectres atomiques, seule caractéristique des atomes accessible à l'expérience.

l'absence – provisoire – du spectre [introuvable également, soit dit en passant, pour le polonium], etc.). Rutherford juge ses hypothèses simples et opératoires, alors que celle des « centres de condensation d'énergie » ne lui « paraît pas nécessaire ». Par la même occasion, il règle ses comptes avec Becquerel, qui, de même que Curie, émet des hypothèses compliquées, confuses et inutiles alors qu'il dispose de préparations beaucoup plus actives que celles de Rutherford (qui, il est important de le souligner, travaille avec les minerais ordinaires de thorium et d'uranium), et qui ne parvient à rien de plus qu'à des confirmations directes de résultats de Rutherford qu'il se permet de traiter de grossiers [11]. Et quelques mois avant (juillet 1902) Rutherford avait écrit qu'il préférait, contrairement à « certains auteurs », le terme « radioactivité excitée » à celui de « radioactivité induite » *, cette dernière expression suggérant à tort une action due au milieu [12].

De plus, les travaux de Soddy et de Ramsay montrent l'apparition de l'hélium dans les tubes scellés contenant du radium ; c'est, probablement, un des produits de la désintégration des atomes du radium, et la nouvelle preuve, s'il en faut, de la transformation atomique.

Devant l'évidence, Curie capitule, mais à contrecœur. Le 3 mars 1905, au cours d'une séance de la Société de physique, tout en reconnaissant la justesse de l'intuition de Rutherford et de Soddy, qui « ont au contraire dès le début admis que les émanations et les radioactivités induites sont constituées par des particules matérielles provenant de la désagrégation des corps radioactifs », Curie ne peut s'empêcher d'insister sur sa priorité en ce qui concerne l'idée de la « désagrégation des atomes », énoncée en premier par Marie Curie dans sa conférence de 1899 et publiée dans la *Revue générale des sciences*. C'était exact. La revendication était parfaitement contraire aux habi-

* *Excited radioactivity* et *induced radioactivity*.

tudes et aux opinions de Pierre Curie, mais très humaine. Curie expliqua alors son attitude au cours des dernières années. « Devant l'abondance des théories émises et encore incertaines – note le rapporteur de la Société – M. Curie a préféré ne point préciser une hypothèse déterminée. C'est ainsi que, dans l'étude des radioactivités induites et des émanations, MM. Curie et Debierne ont montré que l'on pouvait poursuivre très loin l'étude des phénomènes en admettant seulement qu'il existe sous diverses formes successives des centres d'énergie radioactive, sans préciser *a priori* quel est le support de cette énergie ; la nature de ces centres devait ressortir ensuite nettement de l'étude des faits [13]. » C'est à peu près ce que Pierre et Marie avaient déjà écrit en 1902.

En conclusion, si c'est à Rutherford que l'on doit l'explication de la radioactivité, ce furent les Curie qui postulèrent, les premiers, que le phénomène se passe au niveau de l'atome, qui, hypothèse incroyable et invraisemblable, n'est donc pas invariable. Or, cette hypothèse formulée, il ne leur restait qu'un pas à faire pour envisager la possibilité de la transmutation, c'est-à-dire de la transformation des atomes d'un élément en ceux d'un autre. Pourquoi est-ce Rutherford qui franchit ce pas décisif, et non pas les Curie qui en étaient vraiment très près en 1899 ? « On pourrait, par exemple, écrivait Marie Curie dans son article légèrement provocateur à la *Revue générale des Sciences*, rattacher la radioactivité à la théorie de Crookes sur l'évolution des éléments, en attribuant la radioactivité aux éléments à gros poids atomiques, qui se seraient formés en dernier et dont l'évolution ne serait pas encore achevée [14]. » L'idée de Crookes d'une « évolution » temporelle des éléments était plus une spéculation intellectuelle qu'une véritable théorie, et c'est comme telle que Marie l'avait présentée, à côté de celles d'une violation du second principe de la thermodynamique et de l'existence d'une énergie inconnue. Cette dernière idée exprimait cependant – contrairement aux autres – une conviction personnelle très profonde de Pierre Curie, si forte que, rapidement, elle allait lui cacher toutes les autres possibilités. C'était elle qui allait orienter ses recherches. Il est impossible de savoir si pour Marie l'adhésion à cette idée était aussi solide que chez Pierre. Marie semblait admettre toutes les éventualités, mais laissait à Pierre le soin d'approfondir le problème ; pour elle, la question prioritaire était l'isolement du radium et la détermination de sa masse atomique.

Par ailleurs, la nature des liens entre la structure des atomes et les propriétés chimiques des éléments n'était pas encore connue. On pouvait parfaitement admettre qu'un atome se transforme sans que cela entraîne un changement de nature de l'élément qu'il forme (ce qui est effectivement le cas des isotopes). L'hypothèse de Rutherford et de Soddy n'a pu être formulée qu'après qu'ils eurent montré que la radioactivité induite consistait en la formation d'un nouvel élément. Or, c'est justement ce que Pierre Curie n'a compris que beaucoup plus tard. (Une transformation de l'énergie est effectivement, on le sait maintenant, à la base du phénomène. Si Curie a raté une étape, il a été, d'une certaine manière, en avance sur les découvertes de son époque. Mais cela personne ne pouvait le savoir *.)

* Un atome est composé d'un noyau, formé de nucléons (protons et neutrons), et d'électrons. La radioactivité α consiste en l'expulsion du noyau radioactif de particules composées de deux protons et de deux neutrons (c'est-à-dire les noyaux d'hélium), la radioactivité β est une transformation d'un neutron en un proton et un électron suivie de l'expulsion de ce dernier. L'énergie provient de la transformation d'une partie de la masse du noyau initial, phénomène expliqué par la théorie de la relativité.

La radioactivité induite n'existe pas : le radium (par exemple) se transforme en radon, gaz radioactif qui se dépose sur tous les objets environnants (qui ne deviennent pas radioactifs pour autant) ; c'est le radon (émanation) qui émet les rayonnements « induits ». La chronologie des découvertes scientifiques ne suit pas toujours l'ordre le plus logique : le noyau atomique et le proton ont été découverts (par Rutherford) en 1911 et le neutron en 1932 (par James Chadwick) ; on connaissait donc la transformation et ses propriétés bien avant de savoir quel est l'objet qui se transforme.

Subventions et récompenses

Revenons en 1900. Après celui de 1898, Marie reçoit deux fois encore le prix Gegner de l'Académie des sciences, en 1900 et en 1902 ; (serait-ce « l'allocation annuelle de 3 800 francs proposée à Mme Curie » mentionnée par Pierre dans une lettre à Chodat ?) En 1901, le prix La Caze est décerné à Pierre pour l'ensemble de ses travaux. Ils disposent, à partir de 1901, d'un peu plus d'argent (les divers titres, dont ceux achetés en Pologne, commencent à rapporter des sommes de plus en plus importantes), mais leur façon de vivre ne change pas pour autant. Dès qu'ils touchent les 10 000 francs du prix La Caze, ils font don de 400 francs à la Société de secours des amis des sciences, association fondée au milieu du siècle pour « venir au secours des savants ou de leurs familles qui se trouvent dans le besoin ». Marie s'offre juste un bref voyage à Varsovie à Pâques et, le jour de l'anniversaire de Pierre, ils dînent au restaurant avant d'aller au théâtre ; ils passent le mois d'août au Pouldu, en Bretagne (« on a baptisé Irène dans la mer [15] », notent les Curie dans un de leurs carnets noirs), reprennent dès la rentrée leurs excursions de deux jours en Ile-de-France, assistent à quelques spectacles, visitent une exposition de chrysanthèmes. Le 31 décembre 1901, Pierre prend le train pour passer le jour de l'an avec son frère à Montpellier.

Les deux laboratoires, le hangar et le PCN fonctionnent parfaitement, chacun à sa manière, et Pierre arrive à engager de nouveaux collaborateurs qui augmentent et consolident son « petit cercle ». Au début de 1902, Marie Curie obtient un décigramme du chlorure de radium absolument pur et peut enfin déterminer directement la masse atomique du radium.

Les académiciens, dont le soutien aux Curie était total et sans réserve, eurent l'idée de demander à la commission gérant le legs Debrousse une somme importante pour aider les travaux sur le radium. Sur la proposition de Becquerel et de Berthelot, présentée à la réunion du comité secret du 23 décembre 1901, on décida d'appuyer l'attribution de la subvention aux seuls Curie et de faire, au nom de toute l'Académie, une seule demande qui aurait ainsi plus de poids. Cela fut adopté par un vote unanime à main levée [16].

La Commission justifiait l'attribution d'une somme si élevée (20 000 francs) par l'importance fondamentale du phénomène, mais aussi par ses applications pratiques, déjà connues (météorologie, « l'obtention des radiographies par des dispositifs très simples donnant des images extrêmement fines » ; « en biologie, action constatée, à l'Institut Pasteur, du radium sur les microbes et les diastases ») et futures (« les corps radiants ont une action intense sur les tissus (...), cette action peut être curative pour certaines affections de la peau. Elle paraît devoir fournir un nouveau traitement du lupus »). Enfin, la commission constate que, malgré les frais extrêmement élevés d'acquisition, de transport et de traitement des minerais (Pierre Curie les estime à 4 000 ou 4 500 francs pour une tonne dont on obtient à peine 2 décigrammes de chlorure de radium), l'investissement est quand même rentable : étant donné que l'activité d'un échantillon reste constante, « la matière obtenue peut servir à des expériences indéfiniment renouvelées et variées [17] ».

Cela n'empêchera pas Pierre Curie de se demander, quelques années plus tard, à quoi sert l'Académie et de porter sur l'ensemble de ses membres un jugement on ne peut plus sévère.

Le 20 mars 1902, Curie écrivit à Gouy une longue lettre : « Comme vous avez pu voir, la fortune nous favorise en ce moment ; mais ces faveurs de la fortune ne vont pas sans nombreux tracas. Jamais nous n'avons été moins tranquilles qu'en ce moment. Il y a des jours où nous n'avons le temps de souffler, et dire que nous avions rêvé vivre en sauvages loin des êtres humains ! Et puis il y a tous ceux qui viennent pour demander du radium et ceux-là augmenteront quand nous aurons fait faire le traitement pour lequel l'Institut nous a ouvert un crédit de 20 000 francs. Je vous ferai certainement plaisir en vous disant que de tout le monde c'est Becquerel qui nous rase le plus et que nous en avons plein le dos.

« Vous qui êtes un malin (c'est ainsi que s'exprime un de mes préparateurs quand je lui donne une bonne démonstration), vous qui êtes un malin et qui avez le sens physique des phénomènes, dites-nous donc ce qui se passe dans les phénomènes de radioactivité induite. (...) Nous travaillons à l'aveuglette sans comprendre quoi que ce soit. »

Georges Gouy *, élu correspondant de l'Académie des sciences en novembre 1901, poursuivait à Lyon des recherches toujours très originales et d'une grande profondeur. La renommée de ses travaux n'a pourtant jamais dépassé le cercle limité des spécialistes. Gouy n'inventa pas de théories nouvelles, mais permit d'étendre les anciennes théories aux domaines frontières non encore explorés, de trouver des interprétations des phénomènes nouveaux dans le cadre des théories connues ; il étudia surtout l'optique (la propagation des ondes lumineuses en particulier), mais aussi le mouvement brownien, les diélectriques, les décharges dans les gaz raréfiés, l'électrocapillarité, la spectroscopie.

L'Académie

Il est difficile de comprendre qu'un couple de savants connu au point qu'on vient leur demander des auto-

* On ne sait rien sur la vie privée de Georges Gouy (1854-1926). Il était originaire de Vals-les-Bains en Ardèche où vivait sa famille et où il passait généralement ses vacances. A part son séjour pendant ses études, il venait rarement à Paris mais était alors inséparable de Pierre Curie. Il était aussi peu attiré par la vie sociale que son ami, avec lequel il partageait également sa grande indépendance de jugement et son humour sarcastique. Georges Gouy obtint le prix La Caze en 1905 ; il fut élu membre non résidant de l'Académie des sciences en 1913.

graphes n'a ni laboratoire convenable ni situation fixe. Peu de gens ont été surpris par ce côté du problème pour Marie Curie, dont la gloire était pourtant en train de naître. On ne s'attendait pas à voir une femme, même exceptionnelle, gagner sa vie ou occuper un poste de responsabilité.

En ce qui concerne Pierre, tout le monde s'était habitué à le voir parcourir de son pas rapide, par tous les temps et plusieurs fois par jour, les ruelles étroites derrière le Panthéon, souriant toujours, en apparence serein et content de son sort. Le caractère bancal de sa situation devenait cependant de plus en plus gênant. On lui dit que sa position serait plus forte s'il devenait membre de l'Académie. Le côté honorifique lui déplaisait profondément, mais les avantages semblaient indiscutables : on n'avait pas encore vu d'académicien sans poste. Par ailleurs, et ceci a son importance, un académicien assiste aux séances hebdomadaires de l'Académie, participe aux discussions, présente lui-même ses travaux sans être obligé de les confier à un tiers.

On était rarement élu à la première tentative. Se présenter à plusieurs reprises, recommencer la tournée de visites chaque fois qu'un fauteuil devenait vacant, vanter ses propres mérites et flatter les membres de l'Académie, tout cela était un rituel normal pour accéder à l'Institut. Curie pensait au contraire qu'on ne devrait devenir membre de l'Académie que si celle-là invitait elle-même le candidat. Situation sans issue s'il ne faisait pas de concessions : Curie se résolut à jouer le jeu quand il sut que la section de physique voulait le présenter comme son candidat à la succession d'Alfred Cornu. Il se mit alors, à contrecœur, à rédiger une belle notice sur ses travaux (qu'il dut publier à ses frais), à faire, comme la coutume l'exige, la tournée des académiciens. Mais d'après de nombreux témoignages, une fois sa timidité surmontée au point d'aller frapper aux portes des personnes illustres dont dépendait son sort, la pudeur ne lui permettait pas de faire autre chose que l'éloge de son rival. Sa conduite envers l'université de Genève permet d'accorder foi à ces anecdotes.

L'heureux rival de Curie était Emile Amagat, auteur de travaux sur la chaleur et sur les fluides. Les autres candidats (Désiré Gernez *, Edmond Bouty et Henri Pellat) n'avaient aucune chance (ils seront encore une fois rivaux de Curie en 1905 et les deux premiers finiront plus tard, en 1906 et 1908 respectivement, à se faire élire à l'Académie).

Les jours qui précédèrent le vote, Curie ne put s'empêcher d'être inquiet. Après s'être fait violence pour accomplir toutes ces démarches désagréables et humiliantes, comprenant que son élection n'était pas assurée, il se mit à redouter la blessure de l'échec. Il récapitula plusieurs fois ses impressions, nota sur des bouts de papier la liste des votants et étudia toutes les possibilités. Il mettait un « C » à côté de ceux dont le soutien lui semblait sûr, un « A » à côté des noms des partisans d'Amagat et un « G » pour les amis de Gernez ; il prenait en compte les votes blancs et les éventuels indécis. Il imaginait, pour chaque résultat du premier scrutin, tous les seconds tours envisageables. Pour Becquerel, il nota d'abord « C » ; il le barra ensuite, écrivit enfin « indécis [18] » (rien ne semblait pourtant justifier cette méfiance). Le vote eut lieu le 9 juin : 32 voix pour Amagat, 6 pour Gernez, 20 pour Curie, 1 bulletin blanc.

Il écrivit, le jour même, à Georges Gouy : « Je regrette somme toute d'avoir perdu du temps à faire des visites pour ce brillant résultat.

« La section avait d'abord, comme je l'ai appris plus tard, voulu présenter Blondlot mais les règlements s'y opposent. Elle m'a alors présenté en 1re ligne à l'unanimité et je me suis laissé faire.

« Mais Amagat s'est beaucoup remué, il a fait valoir son ancienneté, son âge [soixante et un ans], puis il

* Désiré Gernez (1834-1910), professeur à l'Ecole normale supérieure, sera élu au siège devenu vacant après la mort de Pierre Curie.

s'est posé en homme persécuté. Enfin, Becquerel, bien que s'étant déclaré pour moi, a joué, j'en suis convaincu, un double jeu. En tout cas je suis convaincu qu'il a été enchanté que je ne passe pas et je pense aussi qu'il a dû voter pour Amagat. Amagat a eu aussi toutes les voix cléricales et toutes celles des académiciens arrivés à l'ancienneté.

« Je vous raconte tous ces potins parce que je sais que vous aimez assez cela, mais ne croyez pas que je sois affecté sensiblement par ces petits événements. »

Gouy, réaliste, le console raisonnablement : « Je me méfiais de ce qui est arrivé l'autre jour à l'Académie ; Amagat était regardé depuis longtemps comme l'héritier présomptif, et cette idée une fois reçue, la présentation de la section n'a pas pu en faire démordre. Mais enfin vous n'avez pas trop à vous plaindre ; maintenant c'est vous l'héritier présomptif, et à la prochaine vacance ce sera votre tour indiscutablement.

« Or ni Potier ni Violle ne sont dans un état de santé bien brillant et la vacance peut arriver d'un jour à l'autre. Vous ne devez pas regretter le temps perdu à faire vos visites, car tout cela vous facilitera les choses pour la prochaine fois » poursuit Gouy plein de bon sens, avant d'ajouter : « Des gens plus à plaindre, ce sont les deux Sorbonniens qu'on a jetés par-dessus bord sans beaucoup de procédés ; j'en suis même tout ébahi. »

« Le petit événement » affecta fortement Pierre Curie. Jusque-là, Marie, avec son caractère raisonnable, le soutenait en toute occasion ; il était tacitement admis qu'elle était forte et pleine d'esprit pratique alors que Pierre était un éternel enfant vulnérable et inadapté à la vie en société. Marie, toujours à la hauteur, jouait parfaitement ce rôle qui, d'ailleurs, devait lui convenir. Or cette fois, c'était elle qui avait besoin d'être consolée et calmée. Elle venait en effet de perdre son père, mort en Pologne le 14 mai. Elle était d'autant plus déprimée que, partie pourtant de Paris dès qu'elle avait appris la gravité de l'état de son père, elle n'arriva à Varsovie qu'après sa mort.

Le voyage dura dix jours au total, dont deux fois deux jours et demi de train, et Marie, séparée de sa famille, eut du mal à retrouver son équilibre. Elle ne se sentira un peu mieux qu'en automne, après un séjour de un mois à Zakopane avec son frère et ses sœurs.

Ils avaient passé tous les deux l'été au Guichet et à Arromanches mais ne se sentaient pas vraiment reposés au retour. Dans ces moments difficiles, ils attribuent au surmenage et à l'épuisement nerveux leur fatigue permanente qui augmente continûment, ainsi que les douleurs aiguës que Pierre ressent très souvent. A partir de 1902, la colonne « maladie » du carnet des dépenses qui, jusque-là, ne mentionnait que quelques rares visites chez le dentiste, cesse d'être vide : les consultations des médecins et les frais de pharmacie deviennent de plus en plus fréquents.

Pierre Curie écrivit à Georges Gouy le 13 novembre 1902 : « Voici bien longtemps déjà que nous n'avons eu l'occasion de potiner sur la physique et sur nos contemporains. Je n'ai du reste rien de particulier à vous dire. Nous faisons traiter des tonnes de résidus avec les 20 000 francs de l'Institut.

« J'étudie pour changer la radioactivité induite et malheureusement j'ai un cours quotidien qui vient malencontreusement troubler l'existence.

« Il y a une constante de temps caractéristique de la disparition de l'activité induite qui n'a aucun caractère spécifique. C'est une constante indépendante des conditions où l'expérience est faite et indépendante de la nature des corps avec lesquels on opère. Elle doit donc avoir un rôle d'ordre général et être par cela même importante.

« J'ai lu cet été un livre de Gibbs et Wilson sur l'analyse vectorielle ; c'est fort intéressant et très clair. J'ai au contraire voulu lire le traité des quaternions de T. et je n'y ai absolument rien compris. »

En effet, la radioactivité « induite » décroît toujours d'une manière régulière, diminue de moitié pendant un laps de temps toujours le même pour la même substance. Ce temps * reste fixe quelles que soient les conditions de l'expérience, au point qu'il peut servir d'étalon de temps absolu, comme Curie le fait remarquer à la réunion de la Société de physique du 21 décembre 1902. Cela doit nécessairement être la manifestation d'un mécanisme fondamental à découvrir et Curie ne cesse d'y penser. Seul ou avec Jacques Danne, il fait et refait ses expériences sur la « désactivation », toujours insatisfait par les résultats qui restent descriptifs (de même que ceux de Rutherford).

Décorations ou laboratoire ?

Il y a quand même des choses positives : les subventions diverses accordées aux Curie se multiplient depuis quelque temps (outre l'Académie des sciences qui leur accorda, au total, 22 500 francs entre 1900 et 1902, la Société d'encouragement leur offrit deux fois 1 000 francs en 1900 ; Edmond de Rothschild devint, en 1904, un bienfaiteur régulier avec 12 000 francs en dix-huit mois). Aucun chercheur français de cette période n'a reçu des sommes comparables (toutes proportions gardées, car les recherches des Curie étaient exceptionnellement chères). Mais les subventions ne concernent que le travail lui-même et laissent de côté le problème du laboratoire. Or Pierre Curie, qui attendait en silence depuis plusieurs années, se montre maintenant très impatient. Sa situation personnelle mise à part (c'est ce qui lui importe le moins en fin de compte), il ne peut pas différer de dix ans ses recherches et se consacrer uniquement à son double enseignement dans l'attente des décisions administratives éventuelles et de leur réalisation.

Il reste quand même étrange que, titulaire du doctorat, auteur de travaux généralement estimés et ensei-

* Le temps au bout duquel la moitié des atomes a subi la transformation radioactive est appelé période et caractérise la substance. Ici, il s'agit de la période du radon.

gnant expérimenté, il ait toujours rencontré des difficultés insurmontables pour obtenir une situation correspondant à ses qualifications et à laquelle tant d'autres parvenaient à la suite des étapes classiques de la carrière universitaire. Il n'est pas exact que pour devenir professeur il était indispensable d'être normalien, même si cela facilitait les choses. Il n'est pas vrai non plus que Curie ne s'occupait pas de sa carrière, puisqu'il avait postulé lui-même, plusieurs fois et de son propre gré, pour divers postes. Il n'était pas non plus un marginal vivant et travaillant en dehors du système ; au contraire, ce qu'il voulait justement, c'était en faire partie. Il refusait cependant les règles selon lesquelles ce système fonctionne avec un manque de conséquence vraiment surprenant. Que ce soit par orgueil, modestie, timidité, pour d'autres raisons encore ou tout cela à la fois, Curie s'arrangeait toujours pour se retrouver dans une situation particulière exigeant des mesures d'exception. Pour apprécier un savant, il faut généralement de la perspective, quelques années au moins de distance ; les avancements sont toujours lents, exigent des démarches et de la patience. Curie faisait tout pour ne pas être remarqué, puis apparaissait brusquement sans que personne s'y attende ; il voulait alors que ses mérites soient immédiatement reconnus et sa personnalité admirée. Il refusait de se mettre en valeur, mais espérait qu'on le cherche et le « découvre ». Sa « perfection » en devenait agaçante et sa rigidité morale insupportable. Victime de ses propres contradictions (entre autres), il devait alors dépenser une quantité d'énergie prodigieuse en démarches désespérées et interminables, recherches de solutions provisoires, calculs de faisabilité inutiles.

La création du laboratoire et du poste pour Curie est une véritable épopée. Car pendant que le monde scientifique essaye de résoudre le problème, Curie, de son côté, manque totalement de souplesse (ce qui, après ses échecs, peut se comprendre). Il veut un laboratoire pour travailler, on lui propose des « stratégies ». Comme celle imaginée, le 2 mai 1903, par Paul Appell *, le nouveau doyen :

« Mon cher Collègue,

« Le Ministère me demande la proposition pour la légion d'Honneur. *Vous devez être* sur ma liste. Je vous demande, comme un *service pour la Faculté*, de vous y laisser mettre. Je reconnais que la décoration n'a guère d'intérêt pour un homme de votre valeur ; mais, pour le Ministère, je tiens à proposer les hommes les plus méritants de la Faculté, ceux qui se sont le plus distingués par leurs découvertes et leurs travaux. C'est une des façons de les faire connaître du Ministre et de montrer comment nous travaillons à la Sorbonne. Si vous êtes nommé, vous porterez ou ne porterez pas votre décoration, comme il vous plaira, naturellement ; mais je vous demande de vous laisser proposer.

« Excusez-moi, mon cher Collègue, de vous ennuyer ainsi et croyez-moi votre cordialement dévoué [19]. »

Cette lettre de supplication envoyée, Appell, qui fait ce qu'il peut, en adresse une autre à Marie :

« Madame,

« Veuillez me permettre de vous mettre au courant d'une question qui me préoccupe et qui va peut-être se fixer un de ces jours.

« J'ai parlé plusieurs fois au Recteur Liard des beaux travaux de M. Curie, de l'insuffisance de son installation, de l'intérêt qu'il y aurait à lui donner un plus grand laboratoire. M. le Recteur a parlé de M. Curie au Ministre et il a saisi pour cela l'occasion que lui offraient les présentations du 14 juillet pour la Légion d'Honneur. Le Ministre paraît s'intéresser beaucoup à M. Curie – peut-être voudra-t-il, pour commencer, manifester son intérêt en décorant M. Curie. Dans cette hypothèse, je vous demanderais d'user de toute votre influence pour que M. Curie *ne refuse pas*. La chose en elle-même n'a évidemment

* Paul Appell (1855-1930), mathématicien, auteur de nombreux travaux dans le domaine de la mécanique rationnelle, succéda à Darboux comme doyen de la faculté des sciences le 1er avril 1903.

pas d'intérêt, mais au point de vue des conséquences pratiques (laboratoire, crédits...) elle en a un *considérable*. D'ailleurs M. Curie portera ou ne portera pas son ruban, cela le regarde.

« (...) je vous demande d'insister auprès de M. Curie comme je l'ai déjà fait, pour la science, pour l'intérêt supérieur de la Faculté pour qu'il se laisse faire [20]. »

« Veuillez, je vous prie, remercier M. le Ministre et l'informer que je n'éprouve pas du tout le besoin d'être décoré mais que j'ai le plus grand besoin d'avoir le laboratoire [21] », répondit Pierre Curie.

De même que pour les Palmes académiques, il était parfaitement logique. Il écrivit encore plusieurs autres lettres (« Quant à la décoration, non seulement je ne la désire pas, mais il me sera *très désagréable* de la recevoir, et je vous serais reconnaissant si vous pouviez m'éviter de l'avoir » ; « Il me semble que si M. le Ministre est bien convaincu que tel est mon désir, il n'insistera pas [22] », etc.), car le problème revêtait pour lui une signification particulière et touchait ses convictions personnelles les plus profondes. N'espérant pas être compris et craignant le ridicule, il ne voulait pas ébruiter cette affaire. Son attitude constituait cependant une très forte critique de la politique de la science consistant à récompenser les chercheurs par des honneurs et des médailles sans leur donner les moyens de travailler. Si la recherche scientifique est, comme il en était convaincu, un problème concernant la société, elle devrait – il ne se lassera jamais de le répéter – être financée par l'Etat.

Toujours est-il que, un an plus tard, la presse s'emparera de l'incident ; nous en reparlerons. Notons seulement qu'en 1910 Marie Curie refusera elle aussi, mais sans beaucoup de conviction, la Légion d'honneur. « Il s'agit ici pour moi non point d'une opinion personnelle (...) mais d'un réel cas de conscience résultant du respect que je dois à la mémoire de Pierre Curie qui ne désirait pas être décoré [23] », écrivit-elle alors au ministre.

Qu'a-t-elle pensé vraiment de la décision de Pierre ? N'aurait-elle pas aimé, malgré le respect et l'admiration que ce refus devait lui inspirer, voir son mari décoré de ce ridicule ruban ? Marie ne recherchait pas les honneurs, mais était consciente de leur importance ; en 1910, elle posera sa candidature à l'Académie des sciences * (et ne sera d'ailleurs pas admise).

Cependant, les savants les plus célèbres continuaient à chercher une solution définitive au « cas Curie » ; elle n'était pas facile à trouver. Pour sa titularisation, le plus simple aurait été de postuler pour un poste existant devenu libre, mais ces cas étaient rares. Aussi, la mort en décembre 1902 de Gabriel Hautefeuille, professeur de minéralogie à la faculté des sciences, a été envisagée par les amis de Curie comme l'occasion si longtemps attendue. Or ils se sont vite rendu compte que celui-là, s'il pouvait maintenant être considéré comme un physico-chimiste, ne s'occupait plus depuis longtemps de la minéralogie. Le projet de présenter Curie a donc été abandonné mais pas celui de le faire nommer à un poste fixe ; l'idée, entre-temps, avait fait son chemin. Au conseil de la faculté du vendredi 20 février 1903, la titularisation de Curie est discutée bien plus longuement que la nomination à la succession de Hautefeuille du géologue Frédéric Wallerant, élu à l'unanimité. Voici quelques extraits du procès-verbal de la séance :

« M. le doyen [Darboux] tient à dire que ceux-là même qui auraient refusé leur suffrage à la candidature de M. Curie estiment à leur prix les très beaux travaux qui ont attiré sur lui l'attention de tous les Physiciens. Et, pour donner la satisfaction à de très légitimes désirs, M. le doyen soumet au Conseil la proposition suivante :

" La Faculté désirant faciliter de plus en plus les recherches d'un si haut intérêt entreprises par M. Curie et donner à ses travaux la récompense depuis long-

* Pour la place de Gernez.

temps méritée, émet le vœu que l'Enseignement dont il est chargé au PCN soit transformé en une chaire magistrale dont il serait titulaire. La Faculté classe cette demande au premier rang de toutes celles qu'elle a déjà présentées. "
Ce vœu est adopté à l'unanimité par le Conseil. »

Et juste avant la levée de la séance :

« M. le Doyen estime que (...) la difficulté à résoudre provient exclusivement d'un écart de traitement à couvrir. (...) D'ailleurs certaines combinaisons en préparation rendront probablement disponible une somme suffisante [24]. »

Ces « combinaisons » sont évoquées dans la correspondance entre le vice-recteur, le doyen et le ministre, dans laquelle Darboux appuie sa demande par un fait nouveau d'une grande importance : un groupe de savants français, dont Henri Poincaré (et lui-même, mais il ne le dit pas), vient de proposer Curie pour le prix Nobel 1903 [25].

Cette perspective attire enfin l'attention du gouvernement. Avec une magnanimité digne de la plus grande admiration, le ministre répond le 12 mars 1903 : « (...) si l'éventualité prévue à la fin de votre rapport se réalisait [c'est-à-dire le prix Nobel], je ne manquerais pas à rechercher les moyens de donner satisfaction aux vœux de la Faculté [26]. »

D'interminables démarches

A cette époque, les gens les plus occupés trouvaient miraculeusement le temps pour écrire chaque jour plusieurs longues lettres (et le courrier était alors distribué six fois par jour en été et cinq fois en hiver) ; il reste par conséquent de nombreuses traces de ce qui, au temps du téléphone, n'en laisserait aucune. Le 18 juillet 1903, Curie écrivait au recteur :

« J'ai vu hier Mr. le Doyen, et il a reconnu que la création d'un laboratoire pour moi à l'Ecole normale est pour l'instant impossible, et, dans l'avenir, je ne puis avoir là de laboratoire installé et productif que dans trois ans au moins.

« Dans ces conditions, j'ai demandé à Mr le Doyen de vouloir bien me faire donner de suite au PCN deux petites pièces qui m'avaient été promises formellement l'année dernière et que Mr Appell n'avait pas jugé utile de me donner par ce qu'il avait d'autres projets à mon égard.

« Avec ces deux petites pièces mon laboratoire sera encore bien exigu, mais je m'en contenterais, en espérant pour l'avenir une solution plus complète. Si, comme Mr le Doyen me le fait espérer, je suis bientôt titularisé, je pourrai quitter l'Ecole de physique et de chimie. Je suis actuellement surchargé de besogne, et cela m'empêche d'avoir l'esprit libre pour continuer mes recherches. Je voudrais pouvoir faire aménager de suite ces deux petites pièces pendant les vacances et disposer pour cela d'un petit crédit.

« Mr le doyen me paraît encore un peu hésitant, il me semble cependant que cette solution soit la seule immédiate. Je vous serais reconnaissant si vous vouliez bien lui en parler quand vous aurez l'occasion de le voir. J'avais songé à une solution plus générale au PCN qui agrandirait largement mon laboratoire mais je n'ose la proposer.

« Jadis certains laboratoires de recherche pouvaient être rattachés à un établissement quelconque. Le laboratoire de Mr Moissan à l'Ecole de pharmacie était je crois dans ce cas.

« Je quitterais du reste avec regret l'Ecole de Physique. Les élèves y sont instruits et travailleurs. J'y fais un cours assez élevé qui m'est fort utile à moi-même, en me forçant de m'occuper de questions théoriques importantes. Malheureusement la situation que j'occupe est insuffisante et ne semble pas pouvoir s'améliorer [27]. »

Au mois de novembre, « l'éventualité » est confirmée mais les démarches s'avèrent interminables. L'administration est lente et incroyablement lourde. Une note, préparée le 10 décembre 1903 par un certain Guiller, secrétaire au rectorat, témoigne de la complexité de la situation :

« D'après les renseignements recueillis à la faculté, M. Curie a un préparateur pour son cours : c'est M. Chéneveau. Il a en outre des préparateurs particuliers à l'EPC, où il est professeur, et à l'enseignement PCN (MM. Danne, Laborde, etc.), sans compter Mme Curie qui travaille avec lui.

« Aucun professeur de la Faculté ne possède un préparateur pour ses propres recherches.

« Pour ses recherches personnelles, Mr Curie a reçu à diverses reprises d'importantes sommes, de l'Académie des sciences en particulier.

« Les frais dits de cours dont la Faculté a la charge s'élèvent pour Mr Curie à une somme d'environ 5 000 francs. De plus, il peut utiliser les appareils de la collection ainsi que le mécanicien attaché au PCN [28]. »

Et voici la version de Pierre Curie, adressée au recteur le 18 décembre 1903 :

« Je suis profondément touché par la proposition que vous avez faite de créer pour moi une nouvelle chaire de physique.

« Je désirerais beaucoup que cette création se passe dans les conditions telles qu'elle n'entrave pas les recherches scientifiques que je fais actuellement, ni que font les personnes qui travaillent près de moi au PCN et à l'Ecole de physique (4 personnes travaillent auprès de moi : Mme Curie, M. Danne que je rétribue moi-même comme préparateur, Mr Chéneveau, préparateur du cours, Mr Laborde ; enfin Mr Debierne vient souvent travailler avec nous).

« Si j'entre d'ici peu en fonction pour cette chaire nouvelle, il me faudra consacrer beaucoup de temps à la création de ce nouvel enseignement, car je ne sais pas improviser et je n'arrive à faire quelque chose de bien qu'après de longues réflexions. Dans ces conditions je devrai quitter immédiatement mes fonctions actuelles au PCN et à l'Ecole de physique et *je n'aurai plus de laboratoire.*

« En admettant que l'on me donne l'hospitalité pendant quelque temps dans les laboratoires où je travaille actuellement cela ne suffira pas, car *je suis certain* qu'un laboratoire ne se crée pas en quelques mois par un coup de baguette magique, surtout aujourd'hui où tout laboratoire de physique doit être greffé sur une installation de distribution d'énergie électrique. Le laboratoire créé il faut encore 6 mois ou un an pour l'adapter aux recherches que l'on poursuit et pour qu'il devienne réellement productif.

« Cette question de laboratoire est donc pour moi la question capitale, car je voudrais non pas diminuer, mais augmenter le nombre des personnes qui travaillent auprès de moi. Je préférerais conserver pour le moment l'enseignement dont je suis chargé et profiter de la bienveillance que l'on me témoigne pour me faire créer le plus tôt possible un laboratoire bien aménagé. Lorsque ce laboratoire serait créé j'accepterai avec joie d'être chargé d'un nouvel enseignement.

« (...) Je serais désolé qu'en échange de la bienveillance que vous m'avez témoignée spontanément, cette lettre ne vous fasse l'impression que je suis bien difficile à satisfaire. Je tenais à vous dire que pour moi le laboratoire est la question principale, mais je suis de toute façon profondément reconnaissant pour tout ce que l'on veut faire pour moi [29]. »

Nobel aidant, le 22 décembre, une subvention de 34 000 francs est destinée à la création et à l'installation à la faculté des sciences d'un laboratoire de recherches sur le radium et ses applications ; elle est augmentée de 4 000 francs pour l'organisation du service des échanges universitaires à la bibliothèque de l'université. « Cette subvention est accordée à titre tout à fait exceptionnel et n'implique aucun engagement pour l'avenir », précise le ministre.

Pourtant Curie n'est toujours pas satisfait. Il refuse des demi-mesures par lesquelles on risquerait de gaspiller l'argent si difficilement obtenu. Son rêve est de construire un laboratoire modèle, dont il n'arrête pas d'élaborer les plans dans sa tête.

Le 23 décembre, il écrit au recteur :

« Je viens de voir Mr Bayet [directeur de l'enseignement supérieur] qui m'a dit que le conseil des ministres avait proposé de faire voter un crédit de 34 000 francs pour l'installation intérieure de mon futur laboratoire. Mais c'est le laboratoire lui-même que je ne vois pas et je redoute d'avoir à passer par une période de transition prolongée pendant laquelle mes recherches seront fortement entravées.

« D'autre part Mr Brisson m'a présenté à Mr Daumer, président de la commission du budget, qui m'a donné l'assurance que la commission du budget était disposée à faire *tout ce qui serait nécessaire* pour ma nouvelle installation et admettait au besoin une dépense beaucoup plus forte, 100 ou 150 000 francs par exemple.

« Si M. le ministre des finances ne faisait pas d'objection, il y aurait là une occasion pour obtenir de suite la somme nécessaire à la *création* d'un laboratoire. Nous aurions ainsi l'avenir assuré [30]. »

Curie n'est pas le seul à ne pas voir le laboratoire. Car, si le ministère a accordé une subvention, personne ne dispose de terrain pour la construction. La première proposition est d'utiliser les anciens réservoirs d'eau appartenant à la Ville de Paris et situés rue de l'Estrapade, derrière le Panthéon ; elle doit être abandonnée pour des raisons administratives complexes. On décide finalement de construire rue Cuvier, dans l'enceinte du PCN, mais le projet se révèle tout aussi compliqué. Pendant que l'architecte Nénot prépare des devis sommaires et dresse des plans provisoires, Curie, désespéré, demande quelques avances sur la subvention pour l'achat des appareils et le fonctionnement de son laboratoire existant, ainsi que l'engagement d'un préparateur ; cela au moins lui est accordé sans délais. Avec le concours de Nénot et avec ce talent pratique qui lui a permis d'inventer les divers appareils, Curie trouve pour la situation des solutions de plus en plus ingénieuses dont il calcule lui-même les coûts. Le projet grandiose de laboratoire modèle se termine par la construction dans la cour de PCN de deux pièces nouvelles avec un petit atelier. Elles existent toujours.

Chapitre VIII

UNE INSUPPORTABLE GLOIRE

Au mois de mars 1903, Albert Laborde, qui voulait vérifier si le rayonnement du radium exerçait une pression analogue à celle de la lumière, construisit rapidement en utilisant – comme d'habitude – les moyens du bord, c'est-à-dire quelques feuilles de plomb et un fil de torsion, un dispositif qui devait, si le phénomène existait, tourner autour du fil sous l'effet de la radiation. Il observa en effet une rotation, mais dans le sens contraire de celui qu'il attendait. Seul un déplacement de l'air chaud dans l'appareil justifiait cette anomalie aux yeux de Curie, que Laborde avait immédiatement alerté. Ils découvrirent ainsi que le radium dégageait en permanence de la chaleur. Ils firent des mesures très précises et trouvèrent que, en tenant compte de la quantité infime du radium lui-même, la quantité de chaleur dégagée était énorme, suffisante pour faire fondre en une heure son poids de glace. A la mystérieuse énergie rayonnée s'en ajoutait donc une autre, dissipée sous forme de chaleur, et dont on ignorait également l'origine. Cela ouvrait encore de nouvelles perspectives. Il n'était pas exclu par exemple que ce soit le radium contenu dans les roches qui soit responsable de la température de la Terre. En admettant l'hypothèse de Rutherford de l'existence de « familles » radioactives *, un élément se transformant en un autre avec une constante de temps caractéristique et déjà connue, la radioactivité permettrait de déterminer, à partir de la teneur en divers minerais de la croûte terrestre, l'âge de notre planète. S'il n'était pas si cher, le radium pourrait constituer une source d'énergie inépuisable !

« Le dégagement continu d'une telle quantité de chaleur ne peut s'expliquer par une transformation chimique ordinaire. (...) Cette transformation doit être de nature plus profonde et doit être due à une modification de l'atome de radium lui-même. Cependant (...) les propriétés du radium n'éprouvent pas de variations notables en plusieurs années (...). Si donc l'hypothèse précédente était exacte, l'énergie mise en jeu dans la transformation des atomes serait extraordinairement grande [1] », écrivent Pierre Curie et Albert Laborde le 16 mars 1903. C'est la première mention de l'énergie atomique.

Cependant l'idée de transformation atomique déplaît toujours autant à Pierre Curie. La trouve-t-il décevante par rapport à celle d'une énergie fantastique inconnue qui remplirait l'espace et produirait des effets défiant l'imagination ? Elster et Geitel d'une part, et Wilson d'autre part, viennent justement de découvrir une légère ionisation de l'air atmosphérique, fait qui suggère en effet l'existence dans l'espace de radiations très pénétrantes dont on ignore l'origine. C'est avec l'obstination d'un enfant que Curie note à la fin de son article : « L'hypothèse d'une modification continue de l'atome n'est pas la seule compatible avec le dégagement de chaleur du radium. Ce dégagement de chaleur peut encore s'expliquer en supposant que le radium utilise une énergie extérieure de nature inconnue [2]. »

* Dans les « familles » radioactives, l'élément « père » se transforme en un autre élément (« fils ») qui, lui-même instable, donne à son tour un autre élément. La file de désintégrations continue ainsi jusqu'à ce que l'élément « fils » soit un élément stable (non radioactif).

Ajoutons enfin que la confiance ne régnait pas sans partage dans les laboratoires. Sans souffrir de la manie de persécution et à une époque où son génie n'avait plus besoin d'être démontré (le 15 janvier 1904 précisément), Pierre Curie écrivait, amusé, dans une lettre à Charles-Edouard Guillaume : « Je viens de voir Louguinine * qui je crois avait été envoyé par Berthelot ** pour faire une enquête et voir s'il n'y avait pas de fraude dans le dégagement de chaleur de radium [3]. »

Quant à Rutherford, dès l'annonce de la découverte de Curie et de Laborde, il effectua ses propres expériences sur le dégagement de la chaleur [4]. C'était comme si les sujets de recherche manquaient.

En mai 1903, Frederick Soddy raconta, dans une revue destinée au grand public, que la matière doit désormais être considérée comme « un réservoir d'énergie bourré d'explosifs, incroyablement plus puissant que tous ceux qu'on connaît et, probablement, attendant seulement le détonateur approprié pour faire retourner la Terre à l'état du chaos [5] ». Quelques mois plus tard, en s'adressant cette fois aux ingénieurs, il parla de la possibilité de la construction d'armes utilisant l'énergie atomique [6]. Cela dit, il était aussi enthousiaste et optimiste que tous ceux qui, au tournant du siècle, croyaient que la science allait apporter le bonheur universel, l'abondance générale et, dans la foulée, la solidarité, la fraternité, l'amour et la sagesse.

C'est ainsi que Georges Gouy commenta la situation le 27 juillet 1903 :

« C'est un lieu commun parmi les profanes de s'étonner de l'incertitude des théories scientifiques. Je

* Vladimir Louguinine, professeur de thermochimie à l'université de Moscou, venait souvent faire des séjours prolongés dans les laboratoires parisiens.

** Marcelin Berthelot (1827-1907) était chimiste organicien (il effectua, notamment, la synthèse de l'acétylène ; il démontra l'inutilité du concept de la « force vitale », mais s'opposa violemment à la notion de l'atome) et homme politique (ministre, successivement, de l'Instruction publique, puis des Affaires étrangères ; il participa à la réforme des facultés en 1877).

m'étonne au contraire de les voir si souvent vérifiées. Quand on a imaginé la structure atomique de la matière c'était au fond un artifice logique pour échapper aux difficultés qu'on éprouve à raisonner sur le continu. Que, de cette hypothèse tout artificielle, on ait été conduit à supputer les grandeurs des atomes et à constater presque leur existence réelle, c'est pour moi un sujet de profond étonnement. La théorie cinétique des gaz donnerait lieu à une remarque analogue. C'est du roman, et pourtant il est difficile d'échapper à la conviction que c'est vrai au fond.

« Quant à la théorie corpusculaire de l'électron, qui commence à s'élaborer de plusieurs côtés, elle m'intéresse vivement, mais ses lacunes m'impressionnent. Ce n'est pas tout d'expliquer l'inertie et l'énergie cinétique par le champ magnétique créé par le [illisible] des électrons ; que fait-on de toutes les autres forces ou énergies, chimique par exemple ? S'il faut conserver les forces à distance, autant vaut les conserver toutes. S'il faut imaginer un champ spécial dans l'éther pour chaque espèce de force sensible, c'est bien compliqué, en particulier quand l'atome de radium fait explosion en projetant des éléments avec des vitesses énormes et produisant une chaleur importante, il faut bien que ses constituants soient soumis, pendant cette explosion, à des forces colossales, vu la petitesse du trajet effectué sous leur action et la quantité de travail produite. »

En effet, alors que les Curie étudient la radioactivité, la physique tout entière est en pleine mutation. Ce n'est plus l'existence des électrons qui constitue le problème, mais leur nature. L'interprétation de leurs propriétés – ils sont caractérisés aussi bien par une masse que par une charge électrique – se heurte à la contradiction entre la vision purement mécanique des « particules cathodiques » et la théorie électromagnétique de Maxwell * qui suppose un espace rempli par

* La théorie de James Clerk Maxwell, proposée en 1864, décrit, grâce aux quatre équations de forme mathématique simple, tous

l'éther transmettant les interactions. Gouy, qui s'intéressait à tout, et en particulier à la propagation de la lumière, étudiait également ces questions.

Quelques mois plus tard, le 14 décembre, Gouy écrivit à Pierre Curie qu'il ne croyait pas à l'existence réelle des électrons individuels. « J'ai essayé, écrit-il, d'entendre le bruit que devraient faire lesdits électrons en venant choquer une membrane tendue, mais sans aucun succès. » Albert Laborde [7] raconte que, au début de 1904, Pierre Curie lui demanda d'effectuer un essai concernant des membranes à haute pression. Laborde oublia ensuite l'objectif théorique de cet essai. Il s'agissait peut-être de poursuivre les expériences de Georges Gouy.

Pierre Curie entreprit alors une étude systématique des gaz qui se dégagent des eaux thermales : la présence de l'émanation du radium (ou, d'après la terminologie moderne, du radon) a été constatée dans de nombreuses sources. Pionnier des recherches interdisciplinaires, il demanda conseil au chimiste Charles Moureu, spécialiste des gaz rares, et au médecin Albert Robin, qui participèrent aux mesures. Curie analysa, avec Albert Laborde, les flacons de gaz qui lui furent envoyés par les compagnies françaises et étrangères exploitant les sources. Ils notèrent que presque toutes les eaux minérales contenaient du radon. De plus, deux sources, Badgastein en Autriche et Plombières dans les Vosges, dont les propriétés thérapeutiques étaient reconnues depuis longtemps sans qu'on puisse les expliquer par leur composition chimique, étaient les plus radioactives. On pouvait donc supposer que leur action sur l'organisme était due à la présence du radon *. Le premier travail de Curie et de Laborde sur ce sujet date du 9 mai 1904 ;

les phénomènes électriques et magnétiques. Il en résulte l'existence des ondes électromagnétiques (dont la lumière visible est un cas particulier), fait qui ne fut accepté qu'en 1887 quand Heinrich Hertz produisit ces ondes par des moyens électriques.

* Cependant, cette corrélation n'a pas été confirmée (Albert Laborde, *Pierre Curie dans son laboratoire, op. cit.*).

un autre, plus complet, fut réalisé au cours des derniers mois de la vie de Pierre Curie et publié après sa mort. Les études précises furent facilitées par les récents étalonnages effectués par Marie : la quantité d'émanation émise avait déjà son unité.

Malades

A ce moment, l'état de santé des Curie commence à préoccuper sérieusement leurs collaborateurs. Les vacances à la campagne sont les seules périodes où Pierre et Marie pensent un peu à eux-mêmes. A Paris, ils doivent se prendre pour des purs esprits. De nouveau, ils ne se reposent plus, travaillent du matin au soir, respirent l'air chargé de l'émanation dont les effets nocifs ne leur sont plus inconnus, manipulent le radium avec leurs doigts nus. Pierre, qui souffre de douleurs de plus en plus insoutenables, parvient au moins à déjeuner tous les jours. Selon les horaires de ses cours, il mange soit à la cantine de l'Ecole, soit dans un petit restaurant situé au coin de la rue Monge et de la rue Censier où se rencontrent les tanneurs du quartier, des ouvriers, des employés ainsi que quelques chercheurs du Muséum et des enseignants de l'EPCI [8]. Quant à Marie, elle a perdu quatre kilos entre 1899 et 1903. En avril 1903, Georges Sagnac décide de mettre sur papier ce qu'il n'osait pas dire en face et ce qu'il croit de son devoir de dire. Sa lettre à Pierre a plus de huit pages.

« (...) Pour lire ce qui suit, je vous prie de vous souvenir que je suis votre ami, votre jeune ami sans doute mais enfin votre ami. C'est pourquoi vous me lirez j'espère avec patience et réflexion.

« J'ai été frappé en voyant Mme Curie à la Société de Physique, de l'altération de ses traits. Je sais bien qu'elle s'est surmenée à l'occasion de sa thèse, qu'elle s'est certainement reposée depuis et qu'elle pourra, une fois débarrassée de sa soutenance, se reposer avec plus de tranquillité. Mais c'est pour moi l'occasion de me rendre compte qu'elle n'a pas une source de résistance suffisante pour vivre une vie aussi purement intellectuelle que celle que vous menez tous les deux ; et ce que je vous dis là vous pouvez aussi le prendre pour vous.

« Il y a longtemps que je serais passé au-dessus du plan horizontal si j'avais méprisé mon corps comme vous méprisez chacun le vôtre. Je ne prendrai qu'un seul exemple pour pouvoir mieux insister. Vous ne mangez presque pas, ni l'un ni l'autre. J'ai vu plus d'une fois pendant que j'avais le plaisir de manger à votre table, Mme Curie grignoter deux ronds de saucisson et avaler là-dessus une tasse de thé. Eh bien, un peu de réflexion, je vous prie. Croyez-vous qu'une constitution *même robuste* pourrait ne pas souffrir d'une pareille *insuffisance d'alimentation.* (...) Sans doute je préférerais vivre de l'air du temps et avoir toujours l'esprit vif que permet l'estomac peu chargé ; mais avant de philosopher, il faut vivre. Que deviendrait ma mère si je sombrais dangereusement malade ? Et vous que deviendrez-vous si Mme Curie perdait la santé ?

« Je sais bien que les habitudes prises, vous aurez beaucoup de peine à faire faire de la suralimentation à Madame Curie. Mais faites-lui faire seulement de *l'alimentation normale* et vous verrez le résultat.

« L'indifférence ou l'entêtement qu'elle pourra vous opposer ne seront pas pour vous une excuse. Je prévois l'obstacle suivant : “Elle n'a pas faim. Elle est assez grande pour savoir ce qu'elle a à faire ! ” Eh bien, non. *Elle se conduit actuellement comme une enfant.* Je vous le dis avec toute la conviction de ma raison et de mon amitié.

« Et puis il est bien facile de voir comment elle est *entraînée* à faire cette énorme bêtise : vous n'accordez pas assez de temps à vos repas. Vous les prenez à des heures quelconques et le soir vous les prenez si tard que l'estomac énervé par l'attente se refuse à la longue à fonctionner. Sans doute, une recherche peut vous amener à dîner tard un soir ; c'est excusable pour une fois. Mais *vous n'avez pas le droit* d'en faire une habitude. Votre corps n'est pas votre pure propriété personnelle que vous pouvez détériorer à votre guise. C'est votre devoir de vous ménager, d'abord pour les vôtres, pour vos amis, puis pour la science pour laquelle vous serez supprimé le jour où votre santé déclinera.

« Et comment vous gaspillez à plaisir votre vie ! Il faut que vous soyez joliment résistants tous les deux pour pouvoir y tenir. Et ce serait si facile. Vous n'avez qu'à dire : je veux que régulièrement le déjeuner se fasse à telle heure, le dîner à telle autre, et chaque fois qu'un changement d'heure se produit sans raison majeure je le dirai à haute voix en déplorant avec insistance. Soyez sûr qu'avec ce système vous y apportez la *meilleure partie de la volonté et de la ténacité que vous manifestez dans la poursuite des découvertes*, avant un an votre vie sera réglée pour toujours, vous aurez fini avec cette préoccupation de santé (...) et vous aurez la joie de voir Mme Curie bien portante et de vous sentir aussi plus dispos, plus gai ; plus fort pour le travail. Mais pour y arriver il est nécessaire de ne pas mélanger continuellement, comme vous le faites, les préoccupations scientifiques à tous les instants de votre vie. Il faut laisser le corps souffler. Il faut vous asseoir à votre aise devant votre repas et l'avaler lentement en évitant de parler de choses tristes ou simplement fatigantes pour l'esprit. Il ne faut pas lire en *mangeant ni causer physique.* N'avez-vous pas Irène. Il me semble que je n'aurais pas l'idée de lire un mémoire de Rutherford qui m'empêcherait d'avaler ce dont mon corps a besoin, au lieu de regarder une si agréable petite fille. Embrassez-la bien pour moi. Si elle était un peu plus grande elle penserait comme moi et elle vous le dirait. Songez un peu à elle.

« Je ne m'excuse pas de la longueur de ma lettre et je recommencerai au besoin parce que je crois y voir clair et que je suis votre ami dévoué [9]. »

On ne sait pas quel effet fit à Pierre Curie cet appel désespéré. Rien en tout cas ne changea dans leur vie. Georges Sagnac ne savait probablement pas qu'au moment où il écrivait sa lettre Marie était de nouveau enceinte.

Elle décida, après les vacances de Pâques (passées au Tréport), de montrer à ses élèves un vrai laboratoire de recherche. Un matin de printemps, une demi-douzaine de jeunes filles débarqua donc rue Cuvier pour assister aux mesures calorimétriques de Pierre et entendre de la bouche même du mari de leur professeur de longs commentaires et toutes les explications nécessaires. Pour les sévriennes ce fut une expérience inoubliable [10].

Entre Londres et Saint-Trojan

Cependant, toujours sans poste ni laboratoire convenables, luttant courageusement pour faire reconnaître par ses supérieurs la nécessité de ses recherches, Pierre Curie devient, contre toute attente, une gloire internationale. A la différence des honneurs français, les distinctions étrangères viennent toutes seules, sans qu'il ait à les solliciter. Le 15 février, il est élu à l'Académie des sciences et des lettres de Cracovie, décision sanctionnée personnellement par Sa Majesté l'empereur et le roi [11]. Au mois de mai il est l'objet d'une distinction tout à fait différente. La très célèbre Royal Institution de Londres, équivalent anglais du Collège de France, l'invite à faire, le 19 juin 1903, un exposé sur le radium, dans le cadre des conférences publiques du vendredi soir instaurées par Faraday en 1826 (et qui existent toujours). C'est une véritable reconnaissance internationale, et Pierre Curie, accompagné de sa femme, part pour Londres quelques jours. A lord Kelvin, auquel il avait offert un électromètre vingt ans plus tôt, il apporte en cadeau une ampoule de verre contenant un grain de sel de radium. Il fait connaissance de sir William Crookes, avec lequel il avait déjà échangé de nombreuses lettres, de sir William Ramsay, de lord Rayleigh, de Sylvanus P. Thompson, de sir Oliver Lodge... Avec William et

Hertha Ayrton, un autre couple de physiciens, les Curie lient une amitié que Marie poursuivra toute sa vie. Enfin, sir James Dewar et Pierre Curie mettent en commun leurs compétences respectives pour réaliser des expériences originales. Dewar, spécialiste incontesté des basses températures, mit au point en 1898 la première méthode permettant d'obtenir des quantités importantes d'hydrogène liquide. Ils s'en servent pour évaluer la chaleur libérée par le radium qu'ils utilisent pour faire bouillir l'hydrogène liquéfié ; ils mesurent alors le volume de l'hydrogène gazeux qui se dégage. Une autre expérience concerne l'apparition d'hélium dans le bromure de radium solide fondu (ce fait, déjà constaté par Ramsay et Soddy avec un sel de radium dissous, suggérait que l'hélium est produit à partir du radium) [12]. C'était peut-être la première collaboration internationale de ce type : le bromure était préparé par Marie Curie à Paris, puis transporté à Londres ; Pierre ramena ensuite à Paris le tube scellé contenant le bromure et les gaz dégagés pour confier leur analyse spectroscopique à l'astronome Henri Deslandres *, spécialiste de la lumière solaire habitué à reconnaître les raies caractéristiques de l'hélium **.

Pierre, qui ne parlait pas l'anglais, fit sa conférence en français ; pourtant le nombre de personnes voulant l'écouter dépassa de beaucoup la capacité de la salle ; une foule attendit sa sortie dans les rues avoisinantes. Au cours des jours suivants il participa, avec Marie, à de somptueuses réceptions. Ils firent une visite éclair à Cambridge, au fameux laboratoire Cavendish dirigé

* Depuis la mort, en 1903, d'Eugène Demarçay, c'est à Henri Deslandres que les Curie confient les analyses spectroscopiques de leurs échantillons.

** L'existence de l'hélium, de même que celle du radium, fut découverte à partir de l'étude du rayonnement et avant son observation directe : en 1868, J. Janssen et J. N. Lockyer observèrent (indépendamment) la présence dans la lumière solaire d'une raie ne correspondant à aucun élément chimique connu. Sur Terre, l'hélium fut identifié par Ramsay en 1895.

par J. J. Thomson. En Angleterre tout était un peu irréel, en marge de la vie quotidienne.

A Paris, en revanche, ils retrouvent leurs soucis bien réels. Pierre est attendu à l'Ecole et au PCN. Marie est immédiatement absorbée par les derniers préparatifs pour la soutenance de sa thèse qui va avoir lieu le 25 juin. Depuis quelques années déjà, Marie fait autorité dans le domaine et elle ne peut pas être considérée comme une candidate ordinaire au doctorat. Elle profite donc de l'occasion pour faire le point sur la question car le besoin d'une récapitulation se fait de plus en plus sentir depuis le Congrès de 1900 (alors que la thèse de Marie donne une large place à l'aspect historique – la radioactivité commence en effet à avoir une histoire, et ce sont ses auteurs mêmes qui l'écrivent – Pierre publie dans le *Journal de Chimie physique* un long article faisant état des recherches les plus récentes). Dans le jury de thèse figurent Gabriel Lippmann, Edmond Bouty et le chimiste Henri Moissan. Il s'agit en réalité d'une réunion scientifique de très haut niveau, et le jury n'est certainement pas là pour juger les connaissances de la candidate ; en ce qui concerne la radioactivité, elle en sait plus que qui que ce soit d'autre. Elle est reçue avec la mention « très honorable » et ils fêtent l'événement par un déjeuner au Pavillon Royal, 277 francs, une vraie folie ! Rutherford arrive à Paris (pour d'autres raisons, d'ailleurs) juste à temps pour assister au dîner amical organisé pour la circonstance par Paul Langevin. On ne pouvait pas imaginer de plus belle occasion pour la rencontre entre Ernest Rutherford et Pierre Curie. Après le repas, dans l'obscurité du jardin, Pierre sortit de sa poche un tube lumineux contenant un sel de radium préparé par Marie [13].

Mais pour Marie Curie, si connue et reconnue qu'elle puisse être, le doctorat n'est pas une simple formalité. Elle est la première femme en France à obtenir le titre de docteur ès sciences physiques et elle a vraiment besoin de cette consécration officielle ;

nombreux sont encore ceux qui la considèrent plus comme la compagne de Pierre travaillant « aux côtés de son mari » que comme une chercheuse à part entière. Mais les conséquences pratiques de cette reconnaissance officielle restent limitées : si Marie peut désormais postuler, théoriquement au moins, aux postes auxquels, sans doctorat, elle n'avait pas accès, elle n'a pas beaucoup plus de chances de les obtenir avec une thèse ; l'éventualité d'une femme docteur n'avait pas été envisagée par les lois et la majorité des postes restaient fermés aux femmes. Il est intéressant de noter que l'attribution de son premier prix Gegner a été annoncé à Pierre Curie (on le priait d'en faire part à Madame [14]). Pour demander son poste à l'Ecole normale, Marie Curie s'est fait accompagner par Pierre à son entretien avec le recteur [15]. Première femme à enseigner dans cette école, elle pouvait considérer avoir atteint le sommet de sa carrière.

Tous les ans, dès le début de l'été, Marie louait une maison dans les environs de Paris. Irène pouvait ainsi profiter de l'air pur même si cela compliquait légèrement la vie de ses parents, obligés de prendre le train plusieurs fois par semaine. En 1902 et 1903, ils choisirent Le Guichet dans la vallée de Chevreuse, à une vingtaine de kilomètres au sud-ouest de Paris. Au mois de juin, ils firent également une excursion à Rambouillet. Marie, enceinte, fit une chute assez importante pour qu'elle soit notée dans le carnet noir et qualifiée d'« accident [16] ».

Pour les grandes vacances les Curie partirent à Saint-Trojan sur l'île d'Oléron, un petit port de pêche très tranquille à l'époque. L'endroit leur avait été conseillé par Eugénie Feytis, originaire de Saintonge, une des élèves préférées de Marie. Marie, qui ne pouvait pas concevoir son rôle de professeur comme strictement limité aux cours et aux examens, entretenait avec les sévriennes des relations presque familiales. Elles ont assisté à la soutenance de sa thèse, elles sont venues goûter boulevard Kellermann. Marie invita Eugénie à passer quelques jours du mois d'août avec elle et sa famille : Pierre, Irène, le docteur Eugène, ainsi que les « assimilés », Georges Urbain et André Debierne, installés également à Saint-Trojan pour les vacances.

La deuxième semaine d'août, Marie accoucha prématurément d'une fille qui mourut tout de suite après sa naissance. Le surmenage, le stress et, enfin, la chute à Rambouillet ont sans doute joué un rôle dans cet accident où on a souvent voulu incriminer uniquement les rayonnements radioactifs. (Marie, soumise toujours aux mêmes doses d'irradiation, supporta sans problème sa grossesse suivante et l'enfant est née en parfaite santé.)

L'arrivée d'Eugénie Feytis, qui n'était au courant de rien, soulagea au lieu de déranger. Pierre insista pour qu'elle reste auprès de sa femme, malade et bouleversée, à laquelle la jeune fille fit de la lecture à haute voix. Elle put aussi s'occuper un peu d'Irène, enseigner les rudiments du patois saintongeais au vieux docteur Curie et apprendre à monter à bicyclette auprès de Pierre, professeur patient et rassurant, enchanté de pouvoir déployer tout son charme devant une élève aussi attentive. Eugénie voulait devenir physicienne et vouait aux Curie une admiration sans bornes. Aussi ces promenades à vélo avec Pierre Curie restèrent-elles un de ses plus forts souvenirs de cette période. Il lui parlait des cristaux, de la symétrie, du magnétisme et la jeune fille passait ses nuits à lire les traités de cristallographie pour profiter pleinement de ses leçons de cyclisme. André Debierne, toujours présent, et Georges Urbain entrant par la fenêtre pour s'entretenir avec Marie, alitée, des propriétés du radium et autres sujets similaires ont donné à Eugénie l'avant-goût des après-midi du boulevard Kellermann où elle allait venir souvent désormais (c'est là qu'elle rencontra son futur mari, le physicien Aimé Cotton) [17].

Marie, seule, partit encore se reposer quelques jours à Villers-Cotterêts. Les Curie reprirent leur travail en octobre. En novembre, la Royal Society leur décerna, pour leurs recherches sur le radium, la médaille Davy, destinée à récompenser la plus grande découverte de l'année en chimie. Cette fois Pierre partit pour Londres seul, Marie n'étant pas encore assez rétablie pour refaire le voyage. Il n'y resta pas longtemps, assez cependant pour terminer ses expériences avec Dewar, commencées en juin. A son retour à Paris, il lui écrivit plusieurs lettres mettant au point les derniers détails concernant les résultats et leur publication. Décidément, la compétition lui déplaisait :

« Je désirerais beaucoup vous voir publier en même temps les résultats de l'examen des spectres que vous avez fait avec Mr le professeur Liveing. (...) Je vous avoue que dans le cas présent la question de savoir qui signe la note envoyée à la publication scientifique n'a aucune importance, et que la seule chose désirable c'est que les résultats soient publiés [18] », écrivit Curie le 29 décembre 1903.

Le 11 janvier 1904, il proposa de réduire au strict minimum leur note commune qui devait être présentée à l'Académie le 25 janvier. « Quant aux autres détails des expériences, c'est intéressant *pour nous*, mais je me demande s'il y a intérêt à mettre le public au courant de toute cette cuisine encore mal définie et s'il ne vaut pas mieux attendre d'avoir compris ce qui se passe réellement. »

Il garda un souvenir ému de la manière dont il fut reçu à Londres par l'astronome sir William Higgins et sa famille.

Le prix Nobel

Le 10 décembre est la date officielle de l'attribution des prix Nobel ; c'est le jour anniversaire de la mort de son fondateur. Cette distinction, qui n'existait pas avant 1901, acquit dès la première année une renommée exceptionnelle, dépassant de loin celle de tous les autres prix attribués par diverses académies des sciences. La raison en était sans doute son caractère international, l'importance de son montant également

(140 000 francs en 1903) et peut-être aussi le côté spectaculaire de sa fondation : Alfred Nobel, industriel richissime et inventeur de la dynamite, légua par testament toute sa fortune à l'instauration de cinq prix annuels pour récompenser les personnes « qui, au cours de l'année écoulée, auront rendu à l'humanité les plus grands services » dans les domaines de la physique, de la chimie, de la physiologie ou de la médecine, à « l'auteur de l'œuvre littéraire la plus remarquable d'inspiration idéaliste » et « à la personnalité qui aura le plus ou le mieux contribué au rapprochement des peuples, à la suppression ou à la réduction des armées permanentes, à la réunion et à la propagation des congrès de la paix [19] ». Les prix Nobel de physique et de chimie étaient décernés par l'Académie royale des sciences de Suède d'après les recommandations des comités Nobel. Les candidats étaient proposés par des personnalités scientifiques du monde entier ; les membres de l'Académie suédoise, des comités Nobel, les lauréats des années précédentes et les professeurs des sciences physiques des pays scandinaves disposaient d'un droit permanent à la présentation ; de plus, quelques autres savants étaient invités chaque année à faire leurs propositions. Le premier prix Nobel de physique couronna les travaux de Röntgen, le deuxième ceux de Lorentz et Zeeman. Celui de 1903 était le troisième.

L'idée de récompenser la découverte de la radioactivité s'imposa immédiatement aux présentateurs. En 1901 déjà, le médecin Charles Bouchard (qui étudiera ensuite avec Pierre Curie les effets physiologiques des radiations) proposa de décerner le prix conjointement à Henri Becquerel et aux époux Curie. Il renouvela sa proposition en 1902 [20]. En 1902 également, Gaston Darboux, Eleuthère Mascart et le physicien allemand Emil Warburg firent la même proposition. « L'ardeur au travail, le désintéressement dont ont fait preuve M. et Mme Curie me paraissent devoir être particulièrement signalés et je suis convaincu que l'attribution du prix leur permettrait d'obtenir de grandes quantités de ces corps singuliers dont la production entraîne des frais si élevés [21] », écrivit Darboux dans sa lettre à l'Académie suédoise, soulignant, ici aussi, l'importance du côté financier de la récompense.

Marcelin Berthelot, membre étranger de l'Académie suédoise comme tous les autres présentateurs, proposa la candidature de Becquerel, seul [22].

Cette convergence d'opinions aurait dû aboutir à l'attribution du Nobel 1903 à Becquerel et aux Curie sans grandes discussions et querelles. Il en fut tout autrement. Le prix Nobel 1903 fut l'occasion d'étranges intrigues et de manipulations qui, grâce au secret que l'Académie suédoise doit garder pendant cinquante ans, sont restées cachées jusqu'aux dernières années. La chose la plus surprenante est certainement la lettre collective de membres de l'Académie des sciences de Paris et présentée par Henri Poincaré, Mascart et Darboux (membres étrangers de l'Académie suédoise) ainsi que par Lippmann, invité par l'Académie cette année ; elle est conservée dans les archives de l'Académie des sciences de Suède. Cette lettre propose d'attribuer le prix Nobel à... Henri Becquerel et à Pierre Curie. Le nom de Marie n'y est même pas mentionné.

Il n'est pas nécessaire de lire toute la lettre pour se convaincre qu'elle n'a pas pu être écrite par Poincaré, Mascart, Darboux et Lippmann. Contrairement à d'autres lettres de présentation, longues d'une demi-page tout au plus, celle-ci est une dissertation de trois grandes pages à l'aspect brouillon, comportant de très nombreuses ratures. Non datée, commençant sans aucune formule de politesse conventionnelle, elle raconte les recherches que Pierre Curie aurait effectuées en commun avec Becquerel. Son style, incohérent et inégal, fait penser aux articles de la presse populaire plutôt qu'à la correspondance, toujours très élégante, des quatre présentateurs supposés : « dès que l'importante propriété reconnue par Mr Curie eut été publiée, le minerai d'où le radium peut être extrait fut immédiatement accaparé de sorte que MM. Becquerel et Curie faillirent être privés du fruit de leur travail. (...) Souvent ils hésitaient à entreprendre une expérience dans la crainte de perdre une parcelle de cette substance (...). Bien que leurs concurrents, favorisés par l'accaparement, n'eussent pas à compter avec cette difficulté, les deux savants ne se laissèrent pas devancer. » Cet échantillon est représentatif de l'ensemble de la lettre, qui est une suite de mensonges grossiers et absurdes, à commencer par le fait que Curie et Becquerel auraient travaillé ensemble, à l'exclusion d'autres collaborateurs. Il est vraiment difficile d'admettre que les membres de l'Académie des sciences aient écrit une lettre aussi stupide. Il est de plus peu probable que Darboux et Mascart aient changé d'avis depuis l'année précédente. Les quatre présentateurs étaient, d'ailleurs, les amis de Marie Curie. Comme pour brouiller les pistes, la lettre fut accompagnée d'un « Tableau chronologique des faits nouveaux obtenus par Mr Becquerel et par Mr et Mme P. Curie » et d'une « Liste et analyse succincte des publications de Mr et Mme Pierre Curie dans les Comptes Rendus de l'Académie des Sciences ». L'écriture de cette annexe, soignée, n'est pas la même que celle de la lettre de présentation.

Pourtant, même si cette dernière est un faux (dont l'auteur gardera probablement pour toujours l'anonymat), les vingt signatures * qui y figurent sont incontestablement authentiques. Est-il possible que les respectables académiciens aient signé un texte sans le lire [23] ? Si une autre lettre a été écrite, qu'est-elle devenue ? d'où vient alors celle-ci ? Qui, enfin, détestait Marie Curie au point de monter une pareille intrigue ? Un mystère de plus attaché à la radioactivité.

* Dans l'ordre : Gal Bassot, G. Lemoine, A. de Lapparent, G. Humbert, Poincaré, G. Lippmann, Emil Picard, Paul Appell, H. Deslandres, E. Mascart, O. Callandreau, Emil Amagat, J. Violle, C. Wolf, A. Haller, R. Radau, L. Cailletet, G. Darboux, M. Lœwy, M. Levy.

Ce fut le mathématicien suédois Gösta Mittag-Leffler qui, sans préciser les détails (qui étaient secrets), informa Pierre Curie des nominations possibles pour cette année. Mittag-Leffler ne faisait pas partie du comité mais était très influent et, officieusement, jouait un rôle de premier plan dans l'attribution des prix. Ami et protecteur de la mathématicienne russe Sofia Kovalevskaïa, il était une des rares personnes qui, à cette époque, estimaient et encourageaient le travail scientifique des femmes ; il ne voyait aucune raison pour que Marie ne soit pas récompensée.

« Mon cher ami, lui répondit Pierre le 6 août 1903.

« Vous avez été assez aimable pour m'informer qu'il avait été question de moi pour le prix Nobel. Je ne sais si ce bruit a beaucoup de consistance, mais dans le cas où il serait vrai que l'on songe sérieusement à moi, je désirerais beaucoup que l'on me considère comme solidaire avec Mme Curie dans nos recherches sur les corps radioactifs. C'est, en effet, son premier travail qui a déterminé la découverte des nouveaux corps et sa part est très grande dans cette découverte (elle a aussi déterminé le poids atomique du radium). Je crois que si nous étions disjoints en cette circonstance cela étonnerait beaucoup de gens. Puis ne trouvez-vous pas que ce serait *plus joli au point de vue artistique* de nous laisser ainsi associés ? (...) J'ai envoyé en Suède la thèse de Mme Curie et je pense qu'ils verront eux-mêmes que sa part est aussi grande que la mienne dans ce travail [24]. »

Quant à Mittag-Leffler, il n'avait pas besoin d'être convaincu. S'il avait fallu choisir entre les candidats et s'il ne tenait qu'à lui, Becquerel aurait été le seul que Mittag-Leffler aurait accepté d'écarter. Voici ce qu'il écrivit le 8 septembre à Henri Poincaré :

« Mon cher ami,

« Voulez-vous me dire sincèrement et tout à fait confidentiellement votre opinion sur la question suivante :

« Serait-il plus juste de décerner le prix Nobel de physique à M. et Mme Curie seuls ou de partager le prix entre Becquerel d'un côté et les Curie de l'autre. Veuillez m'indiquer en même temps les raisons de votre opinion [25]. »

La réponse de Poincaré lève le dernier doute quant au manque d'authenticité de la lettre de présentation de l'Académie :

« Je crois qu'il serait plus juste de partager le prix entre Becquerel et les Curie ; car si les Curie sont plus fins et ont été plus en avant, Becquerel a été l'initiateur.

« Mais je tiens surtout à assurer le succès et il n'y aurait pas lieu d'insister sur le partage si cette insistance devait compromettre le succès de la combinaison [26]. »

L'attribution du prix aux Curie et à Becquerel posait un autre grave problème à l'Académie suédoise. Les Curie et Becquerel avaient été proposés pour le prix de physique et par ailleurs d'autres considérations, concernant d'autres candidats, rendaient l'attribution du prix de chimie très délicate ; la formulation de la motivation devait donc mentionner des travaux relevant de la physique et passer sous silence la découverte du radium appartenant indiscutablement à la chimie. Finalement, l'Académie décida de diviser le prix en deux parties égales et d'en attribuer une à Becquerel, l'autre à Pierre et Marie Curie. Ainsi Becquerel obtint la moitié du prix « en reconnaissance de ses services extraordinaires rendus par la découverte de la radioactivité spontanée » ; Pierre et Marie Curie eurent la seconde moitié « pour leurs recherches communes sur les phénomènes des radiations découverts par le professeur Becquerel ».

« Le prix qui nous est décerné nous permettra de consacrer une plus grande partie de notre temps aux recherches scientifiques. C'est pour nous un grand bienfait (...) », écrivit Pierre Curie le 20 novembre à Bernhard Hasselberg, président du comité Nobel de physique. Il désirait cependant que [nous remettions] à une autre époque notre voyage à Stockholm et la conférence que nous dev[i]ons faire. (...) Mme Curie a en effet été malade cet été et n'est pas encore parfaitement remise. A cette époque de l'année, notre absence apporterait un grand trouble dans l'enseignement dont nous avons tous deux la charge et nous ne pourrions rester en Suède que fort peu de temps [27] ».

Le voyage à Stockholm durait en effet quarante-huit heures à l'aller comme au retour. Les Curie se firent représenter par l'ambassadeur de France en Suède et promirent d'aller à Stockholm à Pâques (une conférence devant l'Académie suédoise était obligatoire pour les lauréats). La remise des prix eut lieu le 11 décembre ; Becquerel y fit un long exposé dans lequel il raconta les travaux de tous ceux qui étudiaient la radioactivité. Le président de l'Académie royale des sciences de Suède, H. R. Törnebladh, dit que « le grand succès du professeur et Madame Curie est la meilleure illustration du vieux proverbe *coniuncta valent*, l'union fait la force. La parole divine nous apparaît dans un nouvel éclairage : “ Il n'est pas bon que l'homme soit seul. Il faut que je lui fasse une aide assortie. ”

« Ce n'est pas tout. Le couple savant représente une équipe de différentes nationalités, l'heureux présage pour l'humanité, l'union des forces dans le développement de la science [28]. » (La presse française insistera, au contraire, sur la nationalité française du couple et soulignera que la France est le pays d'adoption de Marie, qui n'aurait gardé aucun lien avec la Pologne.)

Le montant du prix, 70 000 francs, fut transmis aux Curie par leur banque en janvier.

A la « une » de la presse

Ils pensaient pouvoir prendre un peu de repos et continuer ensuite leur travail dans le calme, sans précipitation. C'était sans compter avec la presse. A partir de là et jusqu'à la fin de leur vie, les Curie, telles les stars de cinéma de nos jours, seront poursuivis par les journalistes guettant les moindres de leurs gestes, faisant des reportages sur leurs cours, inventant des histoires extraordinaires et mélodramatiques à leur sujet. Un Américain voudra baptiser de leur nom son cheval de course, tous les jours on leur demandera des photos, des autographes.

Le grand public avait déjà entendu parler du radium, « métal mystérieux », « éternel foyer d'éternelle lumière » pour reprendre quelques expressions par lesquelles la presse espérait attirer ses lecteurs. On racontait qu'il « provoque la génération spontanée » et pourrait être « à l'origine de la vie * [29] ». Avec les rayons X, le cinématographe, la TSF et les avions, il est une des merveilles apparues dans les dernières années du XIXe siècle. Mais en faisant la petite enquête de routine pour annoncer le prix Nobel, les journalistes tombent sur un vrai « coup » : alors que Becquerel, qui incarne le personnage type d'un brillant savant, ne présente absolument aucun intérêt pour la presse, tout, chez les Curie, peut servir de matériau pour une légende : l'objet même de leur découverte, ses applications potentielles, le fait que femme et mari travaillent ensemble, le hangar qu'on dirait fait exprès pour émouvoir. Aussi la presse se déchaîne-t-elle. Il y a bien sûr de bons articles, bien documentés. Mais la plupart des auteurs ne se donnent même pas la peine de vérifier les faits de base, scientifiques (on écrit des absurdités) ou concernant les Curie (on dit qu'ils ont un fils par exemple, que la piézoélectricité a été décou-

* Cette dernière nouvelle était annoncée aussi, de temps en temps, par des chercheurs dans les journaux scientifiques sérieux (John Butler Burke, de Cavendish, par exemple, prétendait obtenir des cultures vivantes à partir du bouillon stérilisé saupoudré par du radium ; *Revue générale des Sciences pures et appliquées*, 1905). Le mystère entourant le mécanisme de la radioactivité et la rapidité à laquelle se succédaient les découvertes rendaient les savants plus crédules que d'habitude à ces nouveautés. Pierre Curie de même que Marcelin Berthelot (qui, pourtant, refusait d'admettre la force vitale et ne croyait pas à l'existence de l'atome !) trouvaient cette éventualité intéressante.

verte par Pierre et Marie, que Skłodowska est son prénom, etc.).

« Derrière le Panthéon, dans une rue étroite, sombre et déserte, telle qu'en représentent les eaux-fortes qui illustrent de vieux et mélodramatiques romans, la rue Lhomond, entre des maisons noires et lézardées, au bord d'un trottoir tremblant, une misérable baraque dresse sa cloison de bois », écrit Paul Acker dans *L'Écho de Paris* du 30 décembre. Après la traversée de la cour vraiment dramatique, il arrive enfin au laboratoire où : « il faisait froid, d'un robinet des gouttes d'eau tombaient, deux ou trois becs de gaz brûlaient. Enfin, un homme apparut, grand, maigre, la figure osseuse, la barbe grise et rude, coiffé d'un petit béret usé. C'était M. Curie. Ah ! comme sa gloire, retentissante et toute jeune, le gênait ! »

Dans *Le Soleil* du 29 décembre 1903, V. Corniglion raconte comment il pénétra « dans le laboratoire, sanctuaire mystérieux où s'est élaboré le corps qui est peut-être le corps unique et primitif à peine soupçonné par les savants les plus audacieux. Une femme, vêtue d'une longue blouse blanche, m'apparut. Elle était entourée d'une fumée blanche qui me prit à la gorge (...) »

Le Matin expose pendant toute une journée de dimanche des échantillons radioactifs et les minerais dont on les extrait devant l'entrée de l'immeuble de la rédaction et publie, le 4 janvier 1904, une description détaillée de la marche suivie par les Curie pour purifier le radium comme s'il s'agissait d'une recette de cuisine. D'ailleurs, l'idée que chacun peut se préparer du radium à la maison est très bien accueillie, et Henri Farjas, qui avait déjà fondé la *Revue universelle des inventions nouvelles* en 1886 et *La Protection de l'intelligence* en 1890, crée rapidement une revue mensuelle illustrée, *Le Radium*, pour « les touristes, ouvriers, travailleurs du sol, grands ou petits propriétaires » qui pourraient être intéressés par la découverte de minerais contenant « le nouveau corps lumineux ». Son objectif est de fournir « et les indications nécessaires pour découvrir les minerais ayant des chances de contenir le corps irradiant, et les moyens de s'assurer de l'importance de la découverte [30] ». Pour cela, il suffit d'envoyer 50 grammes de minerai à Farjas qui s'engage à les analyser gratuitement. Son espoir de trouver en France des mines d'uranium pouvant concurrencer celles de Buffalo dans le Colorado et son projet de donner à ses lecteurs un compte rendu sérieux des travaux concernant la radioactivité sont d'ailleurs des idées excellentes. Mais malgré la nomination, dès février, de Jacques Danne, collaborateur des Curie, comme rédacteur en chef, et malgré les bonnes intentions de Farjas, on trouve dans la revue, où les articles ne sont pas signés, un peu tout et n'importe quoi. Les résumés d'articles scientifiques et une très bonne bibliographie sont complétés par des commentaires sur la radioactivité et la télépathie, de longs articles sur l'utilisation du radium pour distinguer les vrais diamants des faux et pour falsifier les denrées alimentaires. Le numéro d'avril décrit « les gros traitements [de minerai] que chacun pourra faire chez soi, sans grandes dépenses ». *Le Radium*, que l'on peut trouver dans toutes les gares, rencontre un tel succès que les scientifiques en sont alarmés. « La faveur toute spéciale accordée à la Revue par les différents milieux techniques nous a engagés à créer un comité de rédaction constitué par les principaux savants et techniciens qui se sont occupés des questions relatives aux substances radioactives. Cette transformation permettra, tout en continuant de faire la revue complète des travaux (...) de présenter (...) des articles originaux émanant des collaborateurs compétents », écrit Henri Farjas à la fin du dernier numéro qu'il dirige, le sixième, celui de juin 1904. A partir de juillet la revue change de présentation (qui devient très élégante, style « art nouveau »), d'éditeur (elle passe chez Masson) et – pour éviter toute confusion – la numérotation recommence à 1. On garde juste le titre et Jacques Danne, qui devient le secrétaire de la rédaction, mais secondé maintenant par un comité international comprenant, entre autres, d'Arsonval, Béclère, Becquerel, Blondlot, Bouchard, Pierre Curie, Debierne, Guillaume, Rutherford. Cette revue, dont le besoin se faisait effectivement sentir, fusionnera en 1920 avec le *Journal de Physique théorique et appliquée* pour devenir alors le *Journal de Physique et Le Radium.*

Mais revenons à la presse quotidienne. Toute légende doit être entretenue et, une fois qu'on a raconté la malheureuse candidature de Curie à l'Académie et les éloges qu'il faisait de son rival, le sujet s'épuise et il faut inventer autre chose. Pierre Curie ne déçut pas les journalistes qui découvrirent rapidement qu'il avait refusé, quelques mois plus tôt, la Légion d'honneur. Et alors que les premiers articles rapportent juste l'information (*Le Soleil* : « Il estime que les décorations ne signifient pas grand-chose. (...) Si on veut le récompenser, qu'on lui donne les moyens de tirer de sa découverte les résultats qu'il soupçonne. » « Je n'aime pas les décorations. L'institution est mauvaise. », *Le Matin* du 30 décembre), les mêmes journaux s'avisent vite d'avoir manqué une occasion extraordinaire et « complètent » leurs articles précédents. Ainsi *Le Matin* découvre une semaine après un « scrupule honorable » à l'origine de la décision de Curie et annonce le 8 janvier sa grande découverte qui sera reprise et longuement commentée par tous les journaux.

« Et ma femme ? a-t-il pu se dire, lit-on dans *Le Matin.* Et ma femme qui, la première, a su isoler la matière précieuse, le corps prestigieux où l'avenir nous montrera peut-être l'atome du monde ? Est-ce qu'on ne la remerciera pas, elle ? Est-ce que je vais l'effacer dans mon ombre en acceptant pour moi seul un témoignage d'estime et un encouragement que nous avons ensemble mérités ? Unis par la loi, par le travail et par nos découvertes, va-t-on distinguer désormais entre nous, et nous désunir dans la récompense ? Je ne veux pas de cette croix-là. »

L'Écho de Paris du 30 janvier renchérit : « Nous possédons aujourd'hui le mot de l'énigme. Le désir manifesté par M. Pierre Curie de n'être objet d'aucune distinction honorifique tient à un sentiment très élevé de délicatesse inspiré par sa piété filiale pour son père, le docteur Curie, que le ruban rouge n'a pas encore récompensé de toute une vie de labeur et de dévouement.

« (...) Ajoutons (...) que M. Curie a un frère (...). Jamais M. Curie ne consentit, par déférence pour son aîné, à soutenir avant lui sa thèse pour le grade de docteur ès sciences. »

Cette information a été si universellement acceptée que, des années plus tard, après la mort de Pierre Curie, Marie a cru nécessaire d'insérer dans *Le Temps* une brève note remettant les choses en place.

La reconnaissance vient maintenant de partout et en janvier 1904 le Syndicat de la presse parisienne décerne le prix Osiris, d'un montant de 100 000 francs, conjointement à Marie Curie (60 000 francs, pour la continuation de ses recherches sur le radium) et à Edouard Branly * (40 000 francs, pour les travaux relatifs à la TSF).

La vie quotidienne des vedettes

La gloire de Pierre Curie ainsi que son attitude désemparée agacent cependant de plus en plus ses collègues de l'Ecole de physique et chimie où, officiellement, il travaille toujours. Le 31 janvier, le président de la République, Émile Loubet, et le ministre de l'Instruction publique, Joseph Chaumié, visitent son laboratoire, discutent avec lui des projets de construction des nouveaux locaux ; ensuite Curie improvise une petite conférence accompagnée d'expériences. A la réunion du comité de patronage de l'EPCI du 23 février, le directeur Charles Lauth « tient

* Edouard Branly (1844-1940) inventa, en 1890, un « cohéreur » qui constitue une des pièces principales des appareils de réception de la télégraphie sans fil.

à rectifier une erreur de la presse qui a pu laisser croire que M. le président de la République était venu 42, rue Lhomond, visiter le laboratoire de M. Curie, sans que le comité fût avisé de cette visite. Ce n'est pas à l'Ecole de physique et chimie (où est le véritable laboratoire de M. Curie et le siège de tous ses travaux depuis 1882) qu'est venu M. Loubet, mais bien au PCN, où M. Curie est chargé d'un cours complémentaire et ce, à l'insu de l'administration préfectorale et de la direction de l'Ecole [31] ».

« Mon cher ami, écrit Pierre à Gouy le 22 janvier.

« Je voulais vous écrire il y a bien longtemps, excusez-moi si je ne l'ai pas fait, cela tient à la vie stupide que je mène en ce moment. Vous avez vu cet engouement subit pour le radium, cela nous a valu tous les avantages d'un moment de popularité : nous avons été poursuivis par les journalistes et les photographes de tous les pays du monde, ils ont été jusqu'à reproduire la conversation de ma fille avec sa bonne et à décrire le chat blanc et noir qui est chez nous. Puis nous avons reçu des lettres et des visites de tous les excentriques, de tous les inventeurs méconnus, de tous les méconnus... Puis nous avons eu des demandes d'argent en grand nombre, enfin des collectionneurs d'autographes, des snobs, des gens du monde et même quelquefois des gens de science sont venus nous voir dans le magnifique local de la rue Lhomond que vous connaissez. Avec tout cela plus un instant de tranquillité au laboratoire, et une volumineuse correspondance à expédier tous les soirs. A ce régime, je sens l'abrutissement m'envahir. »

« Notre vie s'est tout à fait abîmée avec les honneurs et la gloire [32] », écrit Marie à son frère le 14 février 1904. Harcelés de partout, exaspérés, malades, ils essaient presque de se cacher. Leurs collaborateurs ont la consigne stricte de ne laisser entrer aucun journaliste au laboratoire, mais la tension dans laquelle ils vivent devient infernale. Ils n'arrivent plus à travailler et gaspillent leur énergie à repousser les attaques des curieux. Ils parviennent, on ne sait pas comment, à rester toujours polis, à essayer de ne blesser personne.

« Nous avons permis, Mme Curie et moi, que l'on prenne nos photographies un certain nombre de fois, écrit Pierre à un journaliste le 3 février 1904. Mais vu le dérangement qui en résultait pour nous, nous avons décidé de ne plus nous prêter à des demandes de ce genre. (...) Notre décision est absolue (...) et je certifie qu'il n'y a dans notre refus rien de personnel ni contre vous ni contre votre journal qui nous est sympathique [33]. »

Au moins leur situation professionnelle s'arrange-t-elle. Le 1er octobre 1904, Pierre est enfin nommé professeur à la faculté des sciences de l'université de Paris. La chose a été décidée en décembre de l'année précédente (c'est-à-dire immédiatement après l'attribution du prix Nobel), mais sa mise en application a été retardée par l'insistance de Curie pour associer au poste un laboratoire.

A une lettre de Georges Gouy du 14 décembre 1903 (« Maintenant il faut que la Sorbonne vous titularise bien vite, pour que vous n'usiez pas votre énergie potentielle à faire des cours à trop haute dose. »), Pierre Curie répond, le 22 janvier 1904 :

« Tout ce bruit n'aura peut-être pas été inutile cependant pour me faire avoir une chaire et un laboratoire. A vrai dire ils vont me créer une chaire et je n'aurai pas tout d'abord de laboratoire, j'aurais préféré qu'ils fassent l'inverse ; mais Liard ne veut pas en démordre, il veut profiter du moment présent pour faire créer la chaire nouvelle qui sera ensuite acquise pour l'université.

« Ils créent une chaire sans programme, ce sera quelque chose comme un cours au Collège de France et je crois que je serai obligé de changer de sujet chaque année, ce qui me donnera beaucoup de mal. »

Marie est nommée chef de travaux à la chaire de Pierre et ainsi leur travail commun devient un fait officiel. Elle commence par faire don au laboratoire de ses deux premiers salaires [34].

Pierre Curie demande, dès janvier 1904, à se faire remplacer, pour une partie de ses cours à l'EPCI, par Paul Langevin. Il ne donnera sa démission définitive que le 29 juillet 1905 et sera nommé professeur honoraire de l'Ecole le 13 novembre.

Il consacre à la radioactivité le premier semestre de son enseignement de 1904-1905 à la Sorbonne ; celui du second semestre est intitulé : « Symétrie et la théorie des vecteurs ». De son premier cours, le 7 novembre 1904, comme s'il s'agissait d'un spectacle exceptionnel, *La Petite République* fait un long reportage, dans lequel le journaliste, Eugène Thébault, écrit à propos des coûts de la recherche : « Une partie du budget des cultes peut servir à cela. Pourquoi pas ? Il vaut mieux, pour l'humanité, assister à la faillite des religions qu'à la faillite de la science [35]. »

Les Curie sont maintenant presque riches. Tout au moins, ils ne sont plus obligés de tout compter. Ils peuvent enfin installer une salle de bains moderne – une des premières à Paris – boulevard Kellermann, arranger le petit salon, refaire les peintures et installer quelques meubles dans la maison de campagne qu'ils décident de louer dans la vallée de Chevreuse, à Saint-Rémy cette fois. Ils n'ont pas acquis des goûts de luxe pour autant : tous ces travaux ont coûté à peine 2 000 francs. Ils peuvent faire une donation au sanatorium de Bronia à Zakopane, envoyer un peu plus d'argent à Jacques, aider quelques parents et amis, engager un préparateur particulier. Leur façon de vivre ne change pas.

Pierre, cependant, est submergé par les demandes de conférences. Le succès de la première, faite le 14 janvier 1904 à l'Ecole supérieure de télégraphie, était sans précédent pour un exposé scientifique. Le public, entassé dans l'amphithéâtre, était proche de l'asphyxie, malgré les portes laissées ouvertes pour permettre aux personnes rassemblées dans les salles voisines d'entendre ne serait-ce que des bribes du discours. Quelqu'un a eu l'idée d'installer des échelles contre les fenêtres du côté de la rue ; en montant sur les marches on pouvait au moins, faute d'entendre cette fois, voir les démonstrations que Curie faisait comme d'habitude lors de ses conférences [36].

La suivante fut organisée par la Société des amis de l'université dans le grand amphithéâtre de la Sorbonne.

« Ma conférence aura lieu le 18 février, les journaux étaient mal informés. Je dois à cette fausse nouvelle deux cents demandes de cartes par lettres auxquelles j'ai renoncé à répondre, écrit Curie le 15 janvier 1904 à Charles-Edouard Guillaume. (...) J'aspire vers les temps plus calmes passés dans un pays tranquille où les conférences seraient interdites et les journalistes persécutés [37]. »

Il profita de l'occasion pour rendre justice à l'EPCI :

« Je désire rappeler ici que nous avons fait toutes nos recherches à l'Ecole de physique et de chimie de la Ville de Paris. Dans toute production scientifique, l'influence du milieu dans lequel on travaille a une importance très grande et une partie des résultats est due à cette influence. Depuis plus de vingt ans, je travaille à l'Ecole de physique et de chimie. Schützenberger, le premier directeur de l'Ecole, était un homme de science éminent. Je me rappelle avec reconnaissance qu'il m'a procuré des moyens de travail alors que j'étais préparateur. Plus tard, il a permis à Mme Curie de venir travailler près de moi, et cette autorisation, à l'époque à laquelle elle a été donnée, était une innovation peu ordinaire. Schützenberger nous laissait à tous une grande liberté, et son action se faisait sentir surtout par sa passion communicative pour la science. Les directeurs actuels, MM. Lauth et Gariel, m'ont conservé la même bienveillance. Les professeurs de l'Ecole de physique et de chimie, les élèves qui en sortent constituent un milieu bienfaisant et productif, qui m'a été très utile. C'est parmi les anciens élèves de l'Ecole que nous avons trouvé nos collaborateurs et nos amis. Je suis heureux de pouvoir, ici, les remercier tous [38]. »

Victime de son succès, il ne put faire autrement qu'accepter de refaire son exposé le 24 mai.

Chapitre IX

LE RADIUM : UNE SUBSTANCE IMPRÉVISIBLE

C'est dans sa petite maison que Curie trouve un peu de calme et cette ambiance de chaleureuse amitié dont il a tant besoin. Jean Perrin, avec sa famille, est venu s'installer dans la maison voisine (qui, de même que celle des Curie, a été rasée depuis et remplacée par un ensemble de grands immeubles blancs). Perrin, le jeune normalien prometteur que la Sorbonne avait préféré à Curie en 1898, est effectivement très brillant. Il est également très gai et particulièrement sociable, et organise en alternance avec le mathématicien Émile Borel des dîners hebdomadaires très informels où se rencontrent une quinzaine de normaliens et d'autres jeunes intellectuels. Paul Montel, Aimé Cotton, Georges Urbain, Paul Langevin y sont toujours présents ; Léon Blum, Charles Péguy, Edouard Herriot font parfois une apparition. Ils boivent de la bière, mangent des gâteaux secs, plaisantent beaucoup, parlent de littérature (ils lisent tous énormément), de sciences, sautent d'un sujet à un autre. Ces réunions sont essentiellement masculines, à l'exception de Marie Curie qui accompagne toujours Pierre quand il décide d'y aller (rarement). Tous les deux « se glissent, pareils à deux ombres. Lui parle peu. Elle, d'apparence très jeune, attrayante sous ses cheveux frisés, entre brusquement dans une conversation scientifique pour exposer longuement son point de vue. Ils m'intimident », reconnaît la deuxième représentante du sexe féminin présente à ces soirées, la très jeune épouse de Borel, Marguerite, fille de Paul Appell [1].

On retrouve la majorité de ces invités chez les Curie. Ainsi que leurs collaborateurs : Debierne, Laborde, Sagnac. Ici, ce ne sont pas les dîners hebdomadaires mais les après-midi quotidiens où les habitués viennent sans avoir été invités, circulent entre le jardin et la salle à manger, discutent des dernières expériences, rédigent les communications pour les *Comptes rendus*. Chez les Curie, on peut travailler, se reposer, jouer aux boules avec le docteur Eugène ; on prépare rarement des repas (comme l'avait déjà remarqué Sagnac), mais on y trouve toujours du thé et quelque chose à grignoter. Irène et ses deux amis, Aline et Francis Perrin, font des allers et retours entre les deux maisons. Le groupe constitué à ce moment restera aussi libre et uni durant trente ans encore et ne sera dispersé que par la Seconde Guerre mondiale ; jusque-là, tous ces amis, puis leurs enfants et des nouveaux amis continueront à sè voir régulièrement, à passer ensemble les vacances et à s'aider en toute occasion.

Parfois, cependant, les Curie reçoivent. Lorentz, quand il passe à Paris, vient dîner chez eux, de même que lord Kelvin, Crookes, Arrhenius et beaucoup d'autres, accompagnés de leurs épouses. Ils recommencent aussi à sortir. Depuis 1893, l'année où Lugné-Poe a fondé le théâtre de l'Œuvre, le public parisien peut découvrir les dramaturges étrangers contemporains. Chaque création est un événement dans le milieu intellectuel. Pierre et Marie essaient d'assister à toutes les pièces d'Ibsen, ils sont impressionnés par *Les Bas-fonds* de Gorki. Ils sortent sans se préoccuper de leur tenue et on les remarque à l'entrée au milieu des personnalités élégantes : Marie porte son habituelle cape sombre, Pierre, un vieux pardessus déformé [2]. C'est encore l'époque des grands interprètes comme l'Italienne la Duse, une de leurs préférées, ou Sarah Bernhardt, Lucien Guitry, et, parmi de plus jeunes,

Suzanne Desprès. Ils vont aussi à la Comédie-Française voir Julia Bartet et Mounet-Sully, apprécient également les pièces plus légères avec Jeanne Granier.

Il y a même eu une représentation théâtrale boulevard Kellermann. Loïe Fuller était une artiste de music-hall d'origine américaine, amie de Rodin et de Toulouse-Lautrec qui admiraient ses chorégraphies fascinantes dans lesquelles elle faisait onduler au rythme de sa danse les larges voiles de son costume éclairé par des projections lumineuses de couleurs changeantes. Son spectacle, mis au point dans les années 1890, avait quelque chose d'envoûtant mais ne se renouvelait plus beaucoup. Or, Loïe entendait parler d'une nouvelle substance merveilleuse, lumineuse elle-même et rendant lumineux tout ce qui se trouvait à proximité. Elle s'imagina dansant dans une robe enduite de radium et écrivit aux Curie pour leur demander des précisions. Ils lui répondirent et, touchée parce qu'ils ne s'étaient pas moqués d'elle, elle décida de les remercier par un spectacle conçu spécialement pour eux. Une longue amitié débuta ainsi, et d'autres relations également, avec Auguste Rodin entre autres.

Le radium peut-il guérir ?

Le laboratoire de Pierre commençait alors à accueillir de jeunes chercheurs étrangers, quelques Polonais d'abord, puis deux Américains, Duane * et George Jaffé. D'après les souvenirs de ce dernier, habitué sans doute à de meilleures conditions, les installations de Curie étaient particulièrement petites et inconfortables, son laboratoire, en revanche, un lieu très élitiste et d'accès difficile (mais il n'est pas exclu que cette impression ait été causée par la petitesse de l'équipe, sans commune mesure avec les équipes américaines ou même celle de J. J. Thomson à Cambridge, où

* William Duane (1872-1935) est auteur, notamment, de travaux sur la charge électrique des rayonnements radioactifs.

Jaffé avait travaillé). Jaffé raconte également qu'au laboratoire, comme partout ailleurs, Pierre ne parlait que rarement. C'était presque toujours Marie qui menait la conversation, « même avec les hommes », précise Jaffé, comme si d'autres femmes étaient présentes [3].

Le travail lui-même, consolidation monotone des résultats antérieurs, progressait lentement. Quand il ne préparait pas ses cours et quand il ne souffrait pas trop de ses douleurs, Pierre étudiait toujours la loi de disparition de la radioactivité induite, cherchant à découvrir une piste nouvelle en faisant varier les conditions de l'expérience. Il étudiait également les effets des radiations sur l'organisme. Curie, de même que Giesel, Becquerel (et tant d'autres, inéluctablement), avait remarqué, comme eux par hasard, que les rayons exercent une action physiologique. Ce furent d'abord des brûlures de la peau restée au contact des tubes contenant des substances radioactives (à travers les vêtements) que notèrent Giesel, puis Walkoff, dès 1900. Curie décida immédiatement de faire des expériences quantitatives aussi précises que possible. Comme matériel expérimental, il utilisa du chlorure de baryum radifère de faible activité, son propre bras ainsi qu'une feuille mince de gutta-percha qu'il plaça entre les deux. La première expérience dura dix heures, et six centimètres carrés de la peau étaient devenus rouges. La rougeur s'était étendue ensuite, « le vingtième jour, il se forma des croûtes, puis une plaie que l'on a soignée par des pansements ; le quarante-deuxième jour, l'épiderme a commencé à se reformer sur les bords, gagnant le centre, et, cinquante-deux jours après l'action des rayons, il est encore à l'état de plaie une surface de un centimètre carré qui prend un aspect grisâtre indiquant une mortification plus profonde [4] », écrit-il en observant scrupuleusement les effets sur son propre corps. Pendant cette période, Curie exhibait joyeusement sa plaie à chaque personne qu'il rencontrait : il relevait sa manche, écartait le bandeau qui enveloppait son avant-bras et contenait la substance radioactive et faisait admirer les progrès de son action à ses interlocuteurs ébahis [5]. Becquerel, quoique involontairement, servit également de cobaye, en transportant du baryum radifère dans la poche de son gilet. La plaie se cicatrisa au bout de quarante-neuf jours, temps qui a été utilisé pour d'autres expériences. Il vérifia ainsi qu'un tube de plomb protège efficacement la peau. Curie et Becquerel décrivirent longuement leurs érythèmes le 3 juin 1901. Ils signalaient des effets analogues chez Mme Curie et notaient déjà que, bien malgré eux, ils avaient été exposés aux actions des radiations au cours de leur travail.

« En dehors de ces actions vives, nous avons eu sur les mains, pendant les recherches avec les produits très actifs, des actions diverses. Les mains ont une tendance générale à la desquamation ; les extrémités des doigts qui ont tenu les tubes ou capsules renfermant des produits très actifs deviennent dures et parfois très douloureuses ; pour l'un de nous, l'inflammation des extrémités des doigts a duré une quinzaine de jours et s'est terminée par la chute de la peau, mais la sensibilité douloureuse n'a pas encore complètement disparu au bout de deux mois. »

L'idée des applications thérapeutiques vient immédiatement à l'esprit et Curie contacte tout de suite des médecins, Charles Bouchard *, Victor Balthazard et le dermatologue Danlos, de l'hôpital Saint-Louis, ainsi que des biologistes, Georges Bohn, de PCN, et le Polonais Jean Danysz de l'Institut Pasteur. L'action du radium sur les micro-organismes est immédiatement constatée et la possibilité de soigner les affections cutanées et les cancers sérieusement envisagée.

Curie et ses collaborateurs commencent alors à étudier d'une manière systématique les effets physiologiques des radiations et de l'inhalation des émanations sur divers organes, études continuées ensuite par de très nombreux chercheurs dans le monde. Main-

* Charles Bouchard (1837-1915) fut un des premiers à comprendre le rôle des micro-organismes en médecine.

tenant, Curie utilise des animaux, des souris, des lapins et des cobayes. Bouchard, membre de l'Académie, présente leurs résultats le 6 juin 1904.

La découverte des effets physiologiques et l'espoir de leurs applications thérapeutiques changèrent immédiatement le statut du radium. De curiosité de laboratoire, il devint une substance précieuse et sa production industrielle nécessaire ; les purifications effectuées par la Société centrale pour fournir du radium aux chercheurs n'étaient plus suffisantes. En février 1904, l'industriel Emile Armet de Lisle, propriétaire d'une usine chimique de quinine à Nogent-sur-Marne, à côté de Paris, eut l'idée de fabriquer les corps radioactifs pour les applications médicales. Il demanda des renseignements aux Curie, qui avaient décidé, une fois pour toutes, de ne pas breveter leur méthode de fractionnement et de n'en tirer aucun profit matériel. Ils le prévinrent cependant contre les dangers d'une telle entreprise : la très faible teneur en radium des minerais risquait de limiter considérablement les profits. Armet de Lisle décida quand même d'ouvrir une usine de radium, la première dans le monde. Il engagea les collaborateurs des Curie, Jacques Danne et F. Haudepin, pour surveiller l'ensemble des opérations et offrit aux Curie un petit local pour les travaux qui ne pouvaient pas être effectués au laboratoire. Ce fut un des premiers cas de collaboration réussie entre l'industrie et la recherche fondamentale. Armet de Lisle prit en charge tous les frais de fonctionnement de cette « annexe » de la Sorbonne, dirigée par Pierre Curie et Debierne, alors que le laboratoire contrôlait la pureté du radium destiné à la vente. Patriote, il voulut utiliser les minerais français mais, vu leur rareté, dut se résigner à en importer des Etats-Unis et du Portugal. Mais, de même que Farjas, le premier directeur du *Radium*, Armet de Lisle espérait qu'on finirait par en découvrir en France. Il encouragea la publication de la revue, pour laquelle il faisait des examens gratuits des échantillons. Le prix de vente qu'il fixa (variant entre 40 et

100 000 francs le gramme selon l'activité) était raisonnable et servit de norme aux usines ouvertes par la suite, ce qui empêcha la spéculation.

En 1904, Marie est de nouveau enceinte et, pour la première fois, elle décide de se ménager. Le voyage en Suède est encore remis, elle demande un court congé à Sèvres et les Curie renoncent à leur séjour annuel au bord de la mer ; ils passent toutes les vacances avec la famille de Jacques dans la maison louée à Saint-Rémy-lès-Chevreuse. Bronia vient voir sa sœur en avril et reste trois semaines ; elle revient, encore une fois pour trois semaines, fin novembre. Le 6 décembre 1904, naît la deuxième fille des Curie, Eve Denise. Elle pèse 3,7 kg.

Le 31 janvier 1905, Curie écrit à son ami Gouy :

« (...) Je regrette toujours vivement que vous soyez si loin, il me semble que vous gagneriez beaucoup aujourd'hui à être moins isolé.

« Nous avons en effet une deuxième fille, née au commencement de décembre, ma femme commence à retourner au laboratoire et va bientôt reprendre ses cours à Sèvres.

« Mes rhumatismes me laissent assez tranquille dans ce moment, mais j'ai eu une crise violente cet été et j'ai dû renoncer à aller en Suède. Nous sommes comme vous voyez tout ce qu'il y a de moins en règle avec l'Académie suédoise. A la vérité je n'arrive à me maintenir en état qu'en évitant toute fatigue physique. Ma femme est dans le même cas que moi, et il ne faut plus songer aux grandes journées de travail d'autrefois.

« J'ai gardé au PCN deux pièces où nous travaillons, puis on me construit dans une cour deux autres pièces. Elles coûteront vingt mille francs, que l'on prend sur mon crédit destiné à l'achat d'instruments. J'ai quelques élèves et quelques préparateurs. Un professeur américain, M. Duane, qui travaille dans mon laboratoire, a une réelle valeur. Je fais un cours à la Sorbonne en le préparant rue Cuvier, c'est fort gênant et cela cause de grandes pertes de temps. Comme travail je ne fais rien pour le moment ; avec mon cours, les élèves, les appareils à installer et la procession interminable de gens qui viennent me déranger sans raison sérieuse, la vie se passe sans que j'aboutisse à rien de bien utile.

« (...) Langevin a suppléé Mascart au Collège, ma femme à Sèvres et moi à l'Ecole de physique ; avec cela il a une famille nombreuse à élever et il a en préparation de nombreux mémoires. C'est un travailleur enragé et un *croyant*. Il croit aux ions et voit tout au travers de cette religion nouvelle. Du reste cela lui réussit, et c'est certainement le meilleur physicien que nous ayons ici en ce moment. Sagnac m'a succédé au PCN et je dois dire qu'il se donne beaucoup plus de mal que moi ; il fait beaucoup d'expériences simples et bien démonstratives et je crois que son enseignement est excellent.

« Quant aux rayons N que vous dirai-je ? Becquerel dit aux autorités que son fils fait des choses admirables et que l'on mène contre ceux qui s'occupent des rayons N, par jalousie, une campagne odieuse. Je viens en feuilletant un numéro des *Comptes rendus* de l'année dernière de tomber sur une note de Bagard où il mesure le pouvoir rotatoire du sucre pour les rayons N de diverses longueurs d'onde avec une précision étonnante. Il y a toute une page de chiffres et je suis resté stupéfait. »

Nouveau motif d'accablement pour Pierre : une erreur d'un zéro qui s'est glissée dans une lettre, on ne sait plus de qui – de Pierre ou du gouvernement autrichien – provoque un incident diplomatique pour lequel il doit dépenser beaucoup d'énergie et perdre énormément de temps. Curie a promis, en échange des résidus de la pechblende, 2 centigrammes de bromure du radium pour soigner le lupus dans une institution de Vienne. Or l'ambassadeur d'Autriche s'attendait à en recevoir 20 centigrammes. La correspondance est interminable et absurde : même sans tenir compte du temps et du coût de la purification, tous les résidus qui se trouvent en France sont insuffisants pour obtenir 20 centigrammes de bromure et il n'est pas possible de faire venir la quantité suffisante avant deux ou trois ans, la production de ces déchets, devenus précieux, étant déjà retenue pour plusieurs années [6].

Sans pouvoir les consoler, les distinctions honorifiques pleuvent sur le couple fatigué et stressé : médaille d'honneur de la Ville de Paris (19 mars 1904), médaille d'or Matteucci de la Société italienne des sciences (8 août 1904), élections à de nombreuses académies (Département des sciences physiques du Mexique et Royal Institution de Londres en mai 1904, Société batave de philosophie expérimentale de Rotterdam, 27 août 1904) pour les deux ; Marie seule est élue en plus à la Société d'encouragement à l'industrie et au commerce russes de Varsovie, à la Société impériale des amis des sciences de l'université de Moscou.

Le 26 avril, Pierre demande à Gouy s'il ne connaîtrait pas une place universitaire pour Urbain. Et il avoue : « Je ne suis pas précisément malade mais je ne suis pas cependant non plus en bon état, car toute fatigue physique me met à bas, et le travail du laboratoire ne marche guère. »

Il est très difficile, en absence de toute description clinique, de faire, quatre-vingt-dix ans plus tard, un diagnostic concernant la maladie de Pierre Curie. Depuis sa jeunesse, il souffrait de rhumatismes et travaillait, sauf pendant les grosses chaleurs, habillé d'une veste et coiffé d'une toque. Le surmenage et la manipulation de matières radioactives ont certainement affaibli les défenses de son organisme. Il est cependant tout à fait exclu que les irradiations, auxquelles il était exposé depuis 1898, aient pu provoquer une maladie chronique des articulations en six ans ; ce genre d'effet nécessite pour se déclarer un temps beaucoup plus long [7]. De plus, Marie, vivant pourtant dans les mêmes conditions, se sentait très fatiguée mais ne souffrait pas de douleurs analogues (sa leucémie, non diagnostiquée d'ailleurs, ne se déclarera que des années plus tard). Ni Debierne ni leurs autres collaborateurs n'étaient malades. Cela pourrait expliquer le fait que les Curie, bien au courant déjà des effets nocifs et même mortels de l'inhalation du radon par les cobayes (les symptômes, il est vrai, étaient tout à fait différents), n'aient jamais rapproché (ou osé rapprocher) la maladie de Pierre de son contact permanent avec le radium.

Le radium peut-il tuer ?

En juin 1905 ils décident enfin de se rendre en Suède. C'est l'état général de Pierre qui les pousse à arrêter cette date ; ses crises se sont un peu espacées depuis Pâques et il trouve raisonnable d'en profiter avant que sa santé ne se détériore de nouveau. La période est pourtant mal choisie : plusieurs de leurs amis suédois, dont Hasselberg et Mittag-Leffler, sont déjà en vacances. C'est Arrhenius * qui s'occupe d'organiser leur séjour, aussi bien le côté officiel à l'Académie que les visites de Stockholm qui laissent à Pierre « comme un bon souvenir d'écoliers qui ont pris un bon moment de vacances [8] ».

Dans la lettre à Georges Gouy du 24 juillet, il réserve un long passage à la description de ce voyage :

« Nous avons bien regretté d'avoir été privés cette année de votre visite, et nous espérons vous voir en octobre. Si l'on ne réagit pas de temps en temps, on finit par perdre de vue ses amis les meilleurs et les plus sympathiques, et on fréquente d'autres personnes uniquement parce qu'on a facilement l'occasion de les rencontrer. Nous menons toujours la même vie de gens très occupés pour ne rien faire d'intéressant. Voilà plus d'un an que je n'ai fait aucun travail, et je n'ai pas un moment à moi. Evidemment je n'ai pas

* Svante Arrhenius (1859-1927), chimiste suédois (lui aussi prix Nobel, en 1903, de chimie), est l'auteur de la théorie de la dissociation électrolytique des solutions.

trouvé encore le moyen de nous défendre contre l'émiettement de notre temps, et c'est cependant bien nécessaire. C'est une question de vie ou de mort au point de vue intellectuel.

« Nous venons de faire ma femme et moi un voyage en Suède très agréable. Nous étions délivrés de tout souci, et c'était pour nous un repos. Du reste en juin, il n'y avait presque plus personne à Stockholm, ce qui fait que le côté officiel a été beaucoup simplifié.

« La Suède est composée de lacs et de bras de mer avec un peu de terre autour, des pins, des moraines, des maisons en bois rouge ; c'est un paysage assez uniforme mais bien joli et très reposant. Il n'y avait plus de nuit au moment de notre voyage et presque tout le temps un soleil d'automne.

« Nos enfants et mon père se portent très bien, et ma femme et moi nous allons mieux quoique facilement fatigués. En ce qui me concerne, mes douleurs semblent provenir d'une espèce de neurasthénie plutôt que des rhumatismes véritables et cela va mieux depuis que je mange plus convenablement et que je prends de la strychnine *. »

Le 6 juin à Stockholm, Pierre Curie prononce enfin le discours qu'il « doit » à l'Académie suédoise. Il résume, encore une fois, l'histoire de la radioactivité, depuis la découverte de Becquerel jusqu'à la théorie de la transmutation des éléments de Rutherford et Soddy. Il fait, comme d'habitude, des expériences. Une première série est une illustration des propriétés radioactives des corps : décharge de l'électroscope, pénétration des rayons dans le plomb, étincelle provoquée par la présence du radium, excitation de la phosphorescence de plusieurs substances, coloration du verre par les rayons, radiographies avec le radium. Les expériences suivantes mettent en évidence l'émanation du radium et la radioactivité induite (radioactivité temporaire des solides mis en présence des corps

* Agissant, à faible dose, comme stimulant, la strychnine était alors couramment administrée pour soigner des maux divers.

radioactifs que Curie s'obstine à distinguer de l'émission des émanations, tout en reconnaissant qu'il pourrait s'agir de la même chose).

Un tiers de l'exposé est consacré aux conséquences de la radioactivité. Pour la physique d'abord, comme un outil nouveau de recherches et en tant qu'argument décisif en faveur de la structure granulaire de l'électricité et, plus généralement, de la matière. On se rend compte, en lisant le texte de la conférence de Curie, du chemin parcouru depuis la découverte de la radioactivité dix ans auparavant. On ne connaissait pas alors l'existence de l'électron ; on est maintenant à la veille de la théorie de la relativité. La conciliation des propriétés des électrons avec la théorie électromagnétique devient une véritable impasse. En effet, les expériences effectuées par Michelson et Morley dans les années 1880 n'ont pas permis de déceler le mouvement de l'éther par rapport à la terre. Afin de conserver la forme des équations de Maxwell par rapport à un repère fixe et par rapport à l'éther, Lorentz * vient de proposer d'introduire, dans la description du mouvement, un changement de coordonnées, dont il découle que la masse d'un corps n'est pas constante mais varie avec la vitesse et donc avec le référentiel.

Les rayons β, dit Pierre Curie dans sa conférence, sont « la confirmation de la théorie de J. J. Thomson et de Heaviside sur la masse des particules chargées d'électricité en mouvement » ; d'après cette théorie, une partie de la masse résulte des réactions électromagnétiques de l'éther et du vide. Les expériences de Kauffmann sur les rayons du radium conduisent à admettre que certaines particules ont une vitesse très peu inférieure à celle de la lumière, que conformément à la théorie la masse de la particule augmente avec la vitesse pour les vitesses voisines de celle de la lumière et que toute la masse de la particule est de

* Woldemar Voigt proposa des équations analogues à celles connues sous le nom de « transformation de Lorentz » dès 1887.

nature électromagnétique. Si l'on fait de plus l'hypothèse que les corps matériels sont constitués par une agglomération de particules électrisées, on voit que l'on est amené à modifier profondément les *principes fondamentaux de la mécanique.*

Quelques jours après cette conférence, le 30 juin 1905, paraîtra dans *Annalen der Physik* l'article d'Albert Einstein « Sur l'électrodynamique des corps en mouvement ». En postulant que la vitesse de la lumière est une constante, indépendante du référentiel, Einstein intègre, dans une seule théorie, la mécanique et l'électromagnétisme ; la relativité restreinte lève les contradictions entre la masse de particules et les équations de Maxwell ; la transformation de Lorentz y trouve une justification théorique et l'hypothèse de l'existence de l'éther devient du coup inutile.

Dans la conférence prononcée devant les académiciens suédois, Curie parle ensuite des conséquences pour la chimie, dues à l'énorme énergie que libèrent les transformations radioactives et à l'existence probable des réactions spécifiques à l'intérieur de l'atome qui ne serait plus indestructible. Puis pour la géologie, car il est de plus en plus probable que certains éléments, comme le radium, se sont formés à la surface de la Terre par transformation des autres éléments, comme l'uranium. Pour la météorologie encore, par la présence dans l'air de l'émanation du radium, pour la biologie, à cause de l'action des corps radioactifs sur l'organisme.

La conclusion de l'exposé de Curie est le premier avertissement contre la manipulation des énergies incontrôlables, la première interrogation douloureuse d'un savant sur la légitimité de la recherche, qui peut mettre entre les mains des hommes des moyens de destruction qui les dépassent.

Visionnaire, elle est aussi profondément tragique que courageuse. Depuis son enfance, Curie croyait, comme son père et son grand-père, que la science ouvrirait un jour la voie vers un monde nouveau plus juste dans lequel le progrès matériel rendrait l'humanité plus heureuse. Il aspirait, à peine dix ans plus tôt, à vivre « hypnotisé » dans le « rêve scientifique », le seul qui lui semblait légitime car ne comportant pas de risque « de faire plus du mal que du bien » ; c'était l'unique terrain qu'il jugeait solide. Sans y renoncer, il acceptait maintenant l'amertume du réveil ; il prenait également sur lui le triste devoir de sonner l'alarme pour les savants du monde entier.

« On peut concevoir encore que dans des mains criminelles le radium puisse devenir très dangereux et ici on peut se demander si l'humanité a avantage à connaître les secrets de la nature, si elle est mûre pour en profiter ou si cette connaissance ne lui sera pas nuisible. L'exemple des découvertes de Nobel est caractéristique, les explosifs puissants ont permis aux hommes de faire des travaux admirables. Ils sont aussi un moyen terrible de destruction entre les mains des grands criminels qui entraînent les peuples vers la guerre. Je suis de ceux qui pensent avec Nobel que l'humanité tirera plus de bien que de mal des découvertes nouvelles [9]. »

L'Académie, encore une fois

Le retour est dur comme d'habitude. Cette fois, ce sont les nouvelles démarches pour entrer à l'Académie, interrompues par le voyage, qui attendent Pierre Curie à Paris. Il n'accepta de se représenter qu'après avoir reçu l'assurance formelle de Mascart de l'absolue impossibilité de l'échec ; ce physicien presque septuagénaire fut obligé de déployer une véritable stratégie et d'utiliser les arguments les plus ingénieux, faisant valoir, par exemple, qu'il s'agissait en fait d'un devoir, d'une obligation en quelque sorte. Voici sa lettre du 22 mai 1905 :

« Mon cher Curie

« La section de physique vient de décider que Mr Potier serait remplacé avant les vacances. L'élection aura lieu soit le lundi 27 juin, soit au plus tard le 3 juillet. Vous êtes naturellement placé en première ligne, sans concurrent sérieux et la nomination ne laisse aucun doute.

« Cependant, il est *nécessaire* que vous preniez votre courage à deux mains et que vous fassiez une tournée de visites aux membres de l'Académie, sauf à laisser une carte de visite *cornée* quand vous ne trouverez personne à domicile. Commencez dès la semaine prochaine et en une huitaine de jours la corvée sera finie. »

Et, le 25 mai, en réponse à une lettre de Curie dont on peut deviner le contenu :

« (...) arrangez-vous comme vous pourrez, mais il faut qu'avant le 20 juin vous fassiez le sacrifice d'une tournée finale chez les membres de l'Académie des sciences, quand même vous devriez pour cela louer une automobile à la journée ».

PS : « Les raisons que vous me donnez sont excellentes en principe, mais on doit faire quelques concessions aux exigences de la pratique. Vous devez aussi songer que le titre de membre de l'Institut vous permettra plus facilement de rendre service à d'autres [10]. »

Il n'était décidément pas simple d'être ami de Pierre Curie.

A part Amagat, les candidats étaient les mêmes qu'en 1902 : Curie en première ligne ; Gernez, Bouty et Pellat en deuxième.

Et voici la description de l'élection que Curie fit à son ami Gouy :

« Quant à l'Académie je me trouve en être sans l'avoir désiré et sans que l'Académie ait désiré m'avoir. La première fois, quand Amagat a passé, c'est à la suite d'une espèce de malentendu que je m'étais présenté. Cette fois je n'ai pas cru pouvoir ne pas me présenter, j'ai fait une seule tournée de visites en laissant des cartes chez les absents. Puisque cette question vous intéresse, je vais vous raconter mes cancans. Quand j'ai fait ma tournée tout le monde m'a déclaré qu'il était convenu que j'aurais 50 voix. C'est pourquoi j'ai failli ne pas passer ! *On* a fait campagne pour Gernez de la façon suivante : “ Il est certain que Curie passera, Gernez aura seulement les 7 voix de ses amis intimes qu'il a à chaque élection, votez donc pour lui cela lui fera 8, et cela lui fera si plaisir. ” Et cette huitième voix répétée n fois a fini par faire 22. Le coup a été fort bien monté, car quand on a appelé les bulletins à la séance la plupart des académiciens étaient absolument stupéfaits devant le nombre des bulletins Gernez et cela a été une surprise générale même pour ceux qui avaient voté pour lui. Plusieurs de ceux-ci ont cru devoir me faire des excuses. Le vieux père Schlœsing et Vielle * ont dit qu'ils avaient eu l'intention de voter pour Gernez, et qu'au dernier moment ils s'étaient ravisés, pris de crainte qu'il ne passât réellement.

« Que voulez-vous ? Dans cette maison ils ne peuvent rien faire simplement et tous intriguent, et ils sont inconscients encore plus que mauvais et dépourvus de tout sentiment de dignité. Quant à moi, je regrette vivement que Gernez n'ait pas été nommé ; je n'avais rien à y perdre, et l'Académie se serait mise elle-même en si mauvaise posture que c'eût été une bonne leçon très réjouissante. En dehors de cette petite intrigue, il y a eu aussi contre moi le manque de sympathie des cléricaux et de ceux qui ont trouvé que je n'avais pas fait assez de visites. Schlœsing fils m'a questionné sur les académiciens qui voteraient pour moi, et je lui ai répondu “ je n'en sais rien, je ne leur ai pas demandé ”. “ C'est cela, vous n'avez pas *daigné* leur demander. ” Et on fait courir le bruit que je suis *orgueilleux.* »

Et quelques mois après, le 6 octobre 1905 : « (...) j'ai été lundi à l'Institut, mais je me demande vraiment ce que j'ai été y faire. Je ne suis lié avec aucun des membres, l'intérêt des séances est nul. Je sens très bien que ce milieu n'est pas le mien et, comme je

* Jean-Jacques Schlœsing (1824-1919), de même que son fils Alphonse (1856-1930), était spécialiste de la chimie agricole. Marie-Eugène Vielle (1854-1934) était inspecteur général des poudres et salpêtres.

vous le disais, c'est tout à fait par la suite d'un malentendu, que je fais partie de l'Académie ».

L'énergie toujours mystérieuse

C'est vers cette époque que Curie recommence à participer aux séances spirites organisées par une société de psychologie dont le siège se trouve rue de Condé. Pour Curie, que le spiritisme n'a jamais cessé d'intriguer, les phénomènes spirites relèvent de la science, ou ne sont qu'une supercherie. Si leur caractère mystérieux l'attire, s'il se montre parfois, souvent même, trop crédule et s'il fait tout pour ne pas être déçu, il cherche dans l'élucidation du spiritisme la clé des problèmes physiques également non résolus. Dix ans auparavant, il a cru y voir du magnétisme libre. A ce moment, il n'écarte pas la possibilité d'y découvrir la source d'une énergie inconnue qui livrerait enfin le secret de la radioactivité. Pour cette raison sans doute il emploie les mêmes méthodes expérimentales pour étudier le spiritisme que celles qu'il utilise couramment en radioactivité, notamment la mesure de l'ionisation de l'air dans la pièce. De même que d'autres savants, dont Crookes et Lodge à Londres et, à Paris, l'astronome Camille Flammarion, d'Arsonval et Richet *, Curie ne va pas aux réunions spirites en simple spectateur et son but n'est pas de communiquer avec les esprits. Il envisage les séances comme des expériences scientifiques, essaie de bien contrôler tous les paramètres, prend des notes détaillées de chaque observation. Il est réellement intrigué par Eusapia Paladino (ou Palladina), le médium le plus cher du monde (elle prenait 2 500 francs pour cinq séances [11]) qui fait de nombreuses visites à Paris. Eusapia était une Italienne d'origine modeste et sans instruction,

* Le physiologiste Charles Richet (1850-1935), prix Nobel de médecine 1913, un des inventeurs de la sérothérapie, découvrit en 1902 un phénomène proche de l'allergie, l'anaphylaxie.

née le 27 juillet 1854 dans un petit village des Pouilles et mariée à un petit commerçant de Naples. Elle se produisit à la fin du XIXe siècle dans de nombreuses villes européennes et, malgré quelques incidents, parvint à convaincre un grand nombre d'intellectuels de la réalité de ses dons et, par conséquent, des phénomènes spirites [12].

C'est ainsi que Curie décrit une séance à Georges Gouy, le 24 juillet 1905 :

« Nous avons eu à la Société de psychologie quelques séances avec le médium Eusapia Paladina. C'était fort intéressant, et véritablement ces phénomènes que nous avons vus nous paraissent inexplicables par des supercheries – tables soulevées de quatre pieds, apports d'objets éloignés, mains qui vous pincent et vous caressent, apparitions lumineuses. Le tout dans un local préparé par nous avec un petit nombre de spectateurs tous connus et sans compère possible. La seule supercherie possible est celle qui pourrait résulter d'une habileté extraordinaire du médium comme prestidigitateur. Mais comment expliquer les phénomènes quand on lui tient les pieds et les mains, et quand l'éclairage est suffisant pour que l'on puisse voir tout ce qui se passe ? Eusapia doit revenir en novembre, j'espère que nous arriverons à nous faire une conviction sur la réalité des phénomènes ou tout au moins de certains d'entre eux. Si certains phénomènes existent réellement, on se demande comment en aborder l'étude d'une façon méthodique. Puis il n'est pas commode de faire des expériences. J'ai voulu voir si l'air était ionisé autour du médium. Le bruit d'un petit ventilateur qui aspirait l'air a suffi pour incommoder le médium et l'empêcher de travailler. Une autre difficulté provient de ce que le médium essaye de tricher, même s'il sait produire certains phénomènes, parce que cela le fatigue moins. »

De ces séances, Curie a gardé des notes prises sur le vif. Le 6 juillet, par exemple, il note très précisément les conditions d'éclairage, la manière d'exercer le contrôle, dessine un schéma avec la position des personnes, meubles et objets, puis écrit :

« La table se soulève des 4 pieds, reste une seconde en l'air puis retombe brusquement (comme retombe l'armature d'un électro-aimant quand on coupe le courant, les phénomènes se terminent le plus souvent ainsi brutalement). » « On vient me frapper, me tirer les cheveux à travers le rideau, pincer le bras, petit coup de poing. Gifles quand j'avance la tête. » « Il semble s'accumuler de l'énergie derrière le rideau, énergie qui agit ensuite quelquefois violemment avec une sorte de bras. Après chaque phénomène en général un temps d'arrêt est nécessaire pour l'accumulation d'une nouvelle énergie [13]. »

Dans les fiches des expériences du printemps 1906 il insiste surtout sur les conditions de contrôle :

Mardi 27 mars, 4 h 1/2

– bascule – boîte pour jambes fixes sur bascule – gaines pour pieds de la table (d'Arsonval, Kauriewitch). Mains sur la table (rien). Main touchée (?) sous la table soulèvement des 4 pieds (...)
– augmentation poids Eusapia. 14 à 20 kilos ;
– après séance je constate que les gaines facilitent phénomène. Il suffit d'un doigt sous le rebord de la table pour soulever en tirant un peu à soi les pieds flottant dans les gaines (même augmentation de poids).

Vendredi 30 mars

– (...) laisser la boîte autour des jambes. Retiré les gaines des pieds ;
1° résultats négatifs avec l'éclairage moyen,
2° avec obscurité complète 2 soulèvements des 4 pieds (mains en dessus ou sans contact) (table d'abord tirée en arrière par Eusapia puis soulevée) ;
3° mains et pieds tenus. Déplacement guéridon ;
4° debout ; apport chaise ; Sallier dit plus tard que c'est lui ;
5° je demande faire quelque chose à laquelle nous avons pensé. (...) Eusapia dit qu'elle voit ce que c'est (blague !) »
etc., etc.

« Vendredi 6 avril

– (...) table se soulève 4 pieds ; guéridon se déplace ; contrôle complet par moi-même ; la robe se gonfle comme si un bras caché dessous ; (vient au contact des pieds du guéridon).
... contrôle excellent entièrement personnel (...)
– déplacements latéraux de la table sans contact ; contrôle excellent des deux côtés (Curie, Anglais) ; plusieurs fois ;
(...)
– on demande des apparitions. résultats négatifs [14].

Pour accepter de très nombreux « résultats négatifs », il fallait avoir la foi. Pierre Curie l'avait, plus que sa femme, qui assista aussi à certaines séances. On peut juger à quel point il croyait à ces phénomènes par le fait qu'il pensait les inclure dans son programme de recherches officiel.

En été, la famille Curie reprend ses habitudes : ils passent juillet à Saint-Rémy-lès-Chevreuse, louent une maison à Carolles au bord de la Manche pour août et septembre. Marie avec les enfants, sa sœur Helena venue de Pologne avec sa fille Hania, la nourrice et la cuisinière partent les premières, Pierre ne les rejoint qu'un peu plus tard. Ils font alors une excursion à Saint-Malo, le jour de l'éclipse complète du soleil [15]. Mais, fatigués tous les deux, ils doivent renoncer aux longues promenades à vélo qu'ils remplacent par l'étude des nouveaux traités de physique théorique. Pierre, de nouveau malade (il a même du mal à marcher sur le sable), travaille également sur le rapport, demandé par Mascart, concernant les travaux de Georges Gouy, pressenti cette année pour le prix La Caze. « Je ne suis guère compétent pour analyser vos travaux, ne m'étant jamais occupé d'optique. J'ai cependant accepté cette mission parce que je me suis dit qu'au moins votre rapporteur sera animé de bonnes intentions et ne glissera pas de ces petites phrases perfides qui font le passe-temps et la joie des académiciens », lui écrit-il le 24 juillet. Puis, le 19 septembre 1905 :

« Mon cher ami,

« Nous sommes actuellement au bord de la mer ; notre maison donne sur une plage isolée où la mer seule fait du bruit. Nous comptons revenir précisément le 25 septembre à Paris ; à moins qu'il fasse mauvais temps, mais dans ce cas nous reviendrons encore plus tôt. Mon frère doit venir aussi vers le 25 avec sa fille passer quelques jours avec nous. Nous serons tous très heureux de vous avoir. » Puis, après de longues considérations sur les travaux de Gouy (on peut admirer la délicatesse, le tact ainsi qu'une appréciation remarquablement fine de la tactique à adopter pour la présentation des travaux de Gouy dont il fait preuve dans les conseils qu'il donne à son ami, et dont il semblait totalement dépourvu quand il s'agissait de mettre en valeur ses propres mérites) : « Je m'étais trompé en vous disant que j'étais en meilleure santé, j'ai eu plusieurs crises nouvelles et la moindre fatigue les détermine. Je me demande si je pourrai jamais travailler sérieusement au laboratoire dans l'état où je suis maintenant. »

Le 7 novembre :

« Je commence mon cours demain, mais je me trouve dans de bien mauvaises conditions pour préparer les expériences : l'amphithéâtre est à la Sorbonne et mon laboratoire rue Cuvier. De plus il se fait dans l'amphithéâtre un grand nombre d'autres cours et j'ai seulement une matinée pour préparer le cours dans la salle. Je ne vais ni très bien, ni très mal ; mais je me fatigue facilement et je n'ai plus qu'une très faible capacité de travail. Ma femme au contraire mène une vie très active entre ses enfants, l'Ecole de Sèvres et le laboratoire. Elle ne perd pas une minute et s'occupe beaucoup plus régulièrement que moi de la marche du laboratoire dans lequel elle passe la plus grande partie de la journée. (...)

« Je n'ai pas encore découvert à quoi sert l'Académie. »

Et le 21 mars 1906 :

« Rien de bien nouveau ici, j'ai fini mon cours, ce qui est bien agréable ; mais je n'ai pas fini avec mes douleurs dans les jambes. Je me suis remis un peu au travail de laboratoire mais je ne puis faire de longues séances et je suis fort dérangé. »

L'angoisse de ne plus pouvoir travailler doit être terrible. Curie, en effet, n'est pas très créatif à ce moment. S'agit-il d'un ralentissement passager (il en a déjà eu quelques-uns), ou est-ce un effet irréversible de la maladie ? Il travaille quand même mais souffre beaucoup et sans arrêt. Il fait une conférence pour la société d'éducation populaire Art pour tous le 15 octobre, dans son laboratoire. Il refait les mêmes expériences que celles qu'il avait montrées aux académiciens suédois. Il étudie les sources thermales (le Syndicat des eaux minérales, voyant là une publicité inespérée, lui fait don de 5 000 francs, les établissements de Plombières y ajoutent 500 francs encore). Mais lassé et légèrement déçu par la radioactivité – ses résultats ne sont pas à la hauteur de ses attentes – il envisage d'autres recherches et repense de plus en plus aux cristaux, sujet incontestablement moins angoissant.

Les cours à la Sorbonne qu'il consacre à ce dernier sujet le ramènent vers son ancien projet de rédaction d'un livre sur la question. Il promet aux Borel un article intitulé « Les théories géométriques dans les sciences physiques » pour un numéro de la fin de 1906 de la *Revue du mois*. (Diriger une revue était un rêve de jeune fille de Marguerite Appell ; une somme d'argent imprévue, 10 000 francs du prix Petit d'Ormoy, décernée par l'Académie à son mari Emile Borel, lui permit de le réaliser en 1906. Les Borel créèrent alors un mensuel se proposant de faire communiquer les différents milieux intellectuels, artistiques et scientifiques. « *La Revue du mois* est une revue de libre discussion. La rédaction laisse aux auteurs toute la liberté et accueille toutes les opinions ayant une base scientifique », annonçait la quatrième de couverture. Toute l'élite intellectuelle parisienne se retrouvait aux réunions des collaborateurs chez les Borel ; la présence des Curie n'y était pas rare.)

Printemps 1906

En janvier 1906, cent quatre-vingt onze professeurs des facultés des sciences de toute la France créèrent une association amicale fondée sur la loi de 1901. Son objectif était « l'amélioration de la situation matérielle et de la situation morale des chefs des travaux et des préparateurs ». Comme l'expliquait son président, Etienne de Rouville, « ceux-ci sont rangés actuellement dans le personnel auxiliaire des facultés alors que beaucoup d'entre eux sont pourvus du grade de docteur et que la plupart participent, par la direction des travaux pratiques, à une forme d'enseignement qui n'est pas moins importante que l'enseignement oral [16] ». Curie était bien placé pour comprendre la justesse de ces projets, mais dut user de toute sa diplomatie pour éviter de devenir le président de l'Association ; il ne put échapper à la fonction de trésorier, puis à son élection pour la fonction de vice-président. Pour Curie, qui ne voulait pas se défiler, cela constituait un travail supplémentaire et une volumineuse correspondance avec tous les « militants » de toutes les villes de France qui ont eu l'idée de lui écrire. Assez sceptique quant à l'efficacité de l'Association, il prit pourtant son rôle très au sérieux et rédigea un long projet de programme pour la réunion du 19 avril ; c'était une occasion de proposer quelques solutions aux nombreux problèmes auxquels il avait été confronté tout au long de son travail d'enseignant.

« L'Association des professeurs des Facultés des sciences fondée récemment a pour but d'assurer les relations et les liens d'amitié entre professeurs.

« Elle compte examiner les modifications qui pourront être proposées pour y favoriser le développement des recherches scientifiques. Elle compte s'occuper des intérêts matériels des professeurs et discuter les meilleurs moyens de recrutement et d'avancement permettant de favoriser le développement scientifique des facultés. Elle se propose de veiller avec un soin jaloux à ce que les titres scientifiques et les services rendus soient les seuls titres à l'avancement et elle cherchera à mettre les nominations à l'abri des influences politiques, d'écoles ou de familles.

« Enfin l'Association se propose d'avoir une action plus générale pour obtenir que les recherches scientifiques soient plus largement encouragées et pour obtenir que l'enseignement des sciences soit considéré comme d'une importance dominante dans l'enseignement secondaire.

« Les découvertes scientifiques ont profondément modifié les conditions d'existence sur la terre et malgré cette preuve de puissance la science n'occupe pas la place dominante qui lui est due dans les préoccupations de l'humanité. Dans l'enseignement secondaire des garçons, elle n'occupe pas une place suffisante et de cet enseignement devraient disparaître l'étude surannée de la philosophie et l'étude des langues mortes devenue superflue. La place qu'occupe l'enseignement scientifique dans l'enseignement des jeunes filles est encore bien plus petite et cet enseignement devrait être entièrement réformé de manière à permettre aux jeunes filles l'accès des carrières scientifiques et des facultés [17]. »

Parmi les points à discuter, Curie notait également les propositions telles que : ne pas faire porter l'examen du baccalauréat uniquement sur la dernière année d'études ; augmenter considérablement le nombre des hommes de science dans le personnel administratif du ministère et dans les lycées ; faire adopter une législation sur la responsabilité de l'État dans les accidents de laboratoire.

L'idée de réforme de l'enseignement lui était chère depuis longtemps, de même qu'à Marie, mais elle devenait particulièrement d'actualité à cause de la petite Irène. Les Curie trouvaient les journées scolaires beaucoup trop chargées. Aucune place n'y était faite aux jeux et aux sports, alors que les enfants, même les tout jeunes, étaient submergés par un nombre insupportable d'heures de cours théoriques sur des sujets qui ne pouvaient pas les intéresser. Irène, en revanche, n'allait à l'école que le matin, les après-midi étant consacrés à la gymnastique, la musique, le dessin (et les leçons de polonais). Elle apprit à monter à bicyclette à six ans et demi et un an plus tard était capable de faire sans s'arrêter seize kilomètres comportant des côtes et des descentes ; elle nageait déjà très correctement [18].

Ces idées restaient totalement incomprises. Il est curieux de constater que même certains des amis des Curie, mathématiciens et physiciens pourtant, ont eu du mal à comprendre leurs opinions sur l'enseignement des sciences naturelles, qui, de l'avis général, au lieu d'exercer les intelligences, ne pouvait être qu'une description inutile des phénomènes connus [19]. L'opinion avait, en réalité, si peu évolué depuis l'enfance de Pierre que les idées sur l'éducation du docteur Eugène, reprises telles quelles par son fils, restaient en 1906 aussi en avance sur l'époque qu'elles l'étaient en 1860 *. Cela étant, si Pierre avait des idées très arrêtées quant à l'éducation, s'il jouait avec sa fille le dimanche et pendant les vacances, les enfants (avec tout ce qui concernait la maison) restaient, chez les Curie, un domaine essentiellement féminin dont il laissait toute la responsabilité à Marie.

Une autre préoccupation de Pierre a toujours été le projet de laboratoire parfait. Le 6 février 1906, il

* Plusieurs réformes ont eu lieu depuis la jeunesse de Pierre Curie. Celle de 1890, début de l'enseignement moderne, supprimait la distinction entre les deux baccalauréats. Celle de 1902 instaurait dès la 6e un choix entre une filière où les langues anciennes étaient remplacées par un programme renforcé de français et de sciences, et une autre avec latin, divisée, après la 3e, en trois sections : latin-grec, latin-langues et latin-sciences. Si, d'après les paroles de Louis Liard *(L'Enseignement des sciences mathématiques et des sciences physiques)*, les sciences devaient désormais faire partie de la véritable culture, les sciences naturelles restaient toujours relativement négligées. (Hulin, Prost.)

écrivit à une dame riche qui lui avait proposé son aide :

« Voici, ci-joint, les indications que vous nous avez demandées sur le laboratoire rêvé. Ces indications n'ont rien d'absolu, et elles peuvent être modifiées en tenant compte de la situation, de l'espace et des ressources dont nous pourrions disposer.

« Le projet de laboratoire à la campagne dont vous nous avez parlé nous paraît d'une réalisation peu probable.

« En effet l'établissement en question ne dépend pas de l'université et il est peu vraisemblable que le service dont il dépend consente à s'en dessaisir. De sorte que M. Liard nous a offert quelque chose qui n'est pas à sa disposition.

« Nous avons beaucoup insisté sur cette question du laboratoire à la campagne parce qu'il est d'une importance capitale pour nous de vivre avec nos enfants là où nous travaillons. Les enfants et le laboratoire exigent la présence constante de ceux qui s'en occupent. Et, pour ma femme surtout, la vie est très difficile lorsque la maison et le laboratoire sont loin l'un de l'autre et par moments elle trouve que sa double tâche est au-dessus de ses forces.

« La vie calme hors Paris serait très favorable aux recherches scientifiques et les laboratoires ne pourraient que gagner à y être transportés. Au contraire, la vie au centre de la ville est destructive pour les enfants et ma femme ne peut se résoudre à les élever dans ces conditions.

« Nous avons vu hier M. Kauriewitch de la Société de psychologie qui doit prochainement partir pour l'Italie et tâcher de ramener Eusapia Palladino. S'il parvient à la ramener j'espère que nous pourrons avoir une opinion absolument établie dans quelques mois sur la réalité de tous ces phénomènes. Si réellement ils existent, il n'y a rien de plus important au point de vue de la science, et c'est tout un monde entièrement nouveau [20]. »

A dix-sept mois, à Pâques 1906, Eve est sevrée à son tour. Elle a douze dents, dit « merci », « au revoir », « mam » (pour manger), « ga » (quand elle est contrariée). Elle mange seule du pain et du lait dans un bol ou dans un verre. Elle commence à courir [21]. Pierre et Marie circulent de nouveau entre la maison de Saint-Rémy et le boulevard Kellermann, dormant à la campagne ou à Paris selon leurs occupations et le temps qu'il fait ; le voyage en petit train dure à peine une demi-heure.

Ces derniers jours de la vie de Pierre Curie sont ceux qu'on connaît avec le plus de détails. Dix jours après sa mort, Marie, qui ne supportait plus son désespoir, commença à écrire un « journal », sorte de lettre fictive à son mari mort. Elle y consigna les moindres paroles et gestes de Pierre qu'elle voulut ainsi préserver dans sa mémoire *.

« 30 avril 1906

« (...) je veux me souvenir des derniers jours que nous avons vécus ensemble.

« Je suis partie à Saint-Rémy vendredi avant Pâques, c'était le 13 avril, je pensais que cela ferait du bien à Irène et qu'il serait plus facile d'y garder Eve sans la nourrice. Tu as passé la matinée autant que je me souviens à la maison et je t'ai fait promettre de nous rejoindre samedi soir. Tu es parti au laboratoire comme nous allions à la gare, et je t'ai reproché de ne pas me dire adieu. Le lendemain je t'attendais à Saint-Rémy sans être très sûre de te voir. J'ai envoyé Irène à ta rencontre à bicyclette. Vous êtes arrivés tous deux, Irène en pleurs, parce qu'elle était tombée et qu'elle s'était blessé le genou. Pauvre enfant, ton genou

* C'est encore un cahier noir, rempli d'une écriture soignée et égale, comportant de nombreuses ratures, mais rédigé dans un style très correct, sans fautes, répétitions ou lacunes. Il donne l'impression d'une mise au net d'un cahier plus ancien écrit sur le vif. Marie, en effet, recopiait souvent ses notes, ses brouillons étant toujours repris et corrigés. Ce carnet, de même que certains autres, a été mutilé ; il manque parfois des pages entières, parfois seulement quelques lignes ou un seul mot, découpé.

est presque guéri, mais ton père qui l'a soigné, n'est plus avec nous. J'étais heureuse d'avoir Pierre là. Il se chauffait les mains devant le feu que j'avais allumé pour lui dans la salle à manger, et il riait de voir Eve approcher comme lui les mains du feu pour les frotter ensuite. Nous t'avons fait manger de la crème que tu aimais. Nous avons dormi dans notre chambre avec Eve. Tu m'avais dit que tu aimais mieux ce lit que l'autre de Paris. Nous dormions blottis l'un contre l'autre comme d'ordinaire, et je t'ai donné un petit fichu d'Eve pour couvrir ta tête. Eve était derrière nous sur son panier. Je l'ai bercée dans la nuit quand elle s'était réveillée, et je n'ai pas voulu que tu te lèves comme tu le voulais. Le lendemain, beau temps, tu es allé dès ton lever voir la campagne. Puis nous partîmes tous chercher du lait à la ferme du bas. Tu riais de voir Eve aller dans toutes les ornières du chemin et monter sur les parties caillouteuses de la route. Oh ! comme je me souviens mal, les détails m'échappent. Nous avons été très étonnés d'apercevoir les ajoncs en fleurs. Tu as relevé ensuite la selle de la bicyclette d'Irène et après déjeuner nous sommes allés tous trois à bicyclette dans la vallée de Port Royal. Il faisait un temps exquis. Nous nous sommes arrêtés devant la mare qui est au fond dans le creux où la route passe de l'autre côté de la vallée. Tu as montré des plantes et des animaux à Irène, et nous regrettions de ne pas les connaître mieux. Puis nous avons dépassé Milon-la-Chapelle et nous nous sommes arrêtés dans la prairie qui suivait. Nous avons cherché des fleurs et nous avons regardé quelques-unes d'entre elles avec Irène. Nous avons aussi cueilli des branches de marronnier fleuri, et nous avons fait un grand bouquet de grosses renoncules d'eau que tu aimais tant. Ce bouquet tu l'as emporté à Paris le lendemain et il vivait encore quand tu étais mort. Au retour nous nous arrêtâmes aux troncs d'arbres, et tu apprenais à Irène à marcher dessus mettant les pieds en dehors. Puis nous sommes rentrés, tu hésitais à partir, tu étais las, je t'ai retenu, tu hésitais à aller déjeuner rue des

Martyrs [chez des parents maternels] le lendemain, mais tu as préféré rester avec nous. La nuit fut un peu troublée par Eve qui a pleuré un peu, mais tu ne t'impatientais pas. Le lendemain tu étais las, il faisait un temps divin. Dans la matinée tu t'assis dans la prairie que l'on rencontre quand en prenant le chemin vers le village on descend à droite tout de suite après avoir dépassé le petit creux du chemin après la maison des Borgeaud. Irène courait après les papillons avec un méchant petit filet et tu trouvais qu'elle n'en attrapait pas. Cependant elle en saisit un à ta grande joie, je l'ai amenée à lui rendre la liberté. Je me suis assise contre toi et je me couchais en travers de ton corps. Nous étions bien, j'avais un petit serrement de cœur à te sentir las, mais je te sentais cependant heureux. Et moi-même j'avais ce sentiment que j'avais fréquemment éprouvé les derniers temps, que plus rien ne nous troublait. Je me sentais calme et pleine d'une douce tendresse pour l'excellent compagnon qui était là avec moi, je sentais que ma vie lui appartenait, mon cœur débordait d'affection pour toi, mon Pierre, et j'étais heureuse de sentir que là, auprès de toi, dans ce beau soleil et devant la vue divine de la vallée, rien ne me manquait. Cela me donnait courage et foi dans l'avenir, et je ne savais pas qu'il n'y avait plus d'avenir pour moi.

« Irène avait chaud. Je lui ai fait ôter son tricot de bicyclette en pleine prairie, et elle courut avec son petit pantalon de tricot bleu les bras et le cou nu, à la maison chercher sa veste de toile. Nous l'admirions et nous étions heureux de sa grâce et de sa beauté.

« J'ai posé une couverture chaude pour toi dehors pour te reposer. Il fallait que nous allions à la ferme en haut. Tu as voulu venir avec nous ; j'avais un peu peur que tu ne te fatigues, mais j'étais contente tout de même car j'avais peine de te quitter. Nous allions doucement. Tu veillais à ce que Irène mette ses pieds en dehors. En haut nous avons envoyé Emma et Irène à la ferme et nous tournions à droite toi et moi avec Eve pour chercher les mares aux nénuphars dont nous avions le souvenir. Les mares étaient presque à sec, et il n'y avait pas de nénuphars, mais les ajoncs étaient en fleurs, nous les admirions beaucoup. Nous portions Eve l'un après l'autre, moi surtout. Nous nous assîmes près d'une meule, et j'ai ôté mon jupon de dessous pour que tu ne restes pas assis par terre sans rien, tu m'as traitée de folle et tu m'as grondée, mais je n'écoutais pas, j'avais peur que tu ne prennes du mal. Eve nous amusait de sa gentillesse. Emma et Irène sont enfin venues nous rejoindre. On voyait de loin la blouse de toile d'Irène, il se faisait tard. Nous descendîmes par le chemin au travers du bois, nous y trouvâmes quelques pervenches ravissantes et des violettes.

« Une fois rentrés tu as voulu partir. J'en ai eu beaucoup de peine mais je n'ai pas pu m'y opposer, c'était nécessaire, je t'ai fait dîner rapidement et tu es parti.

« Je suis restée encore le lendemain à Saint-Rémy, et je ne rentrai que mercredi par le train de 2 heures 20 par un vilain temps froid et pluvieux. C'était déjà le temps qui devait te coûter la vie. Je voulais donner aux enfants un jour de campagne de plus, pourquoi ai-je été si mal inspirée, cette journée je l'ai vécue en moins avec toi. Je suis venue te retrouver mercredi soir au laboratoire. J'entrais par la petite porte et je t'ai vu par la fenêtre avec ta blouse et ta toque dans la grande salle du pavillon devant le baromètre. J'entrais et tu me dis que tu avais pensé qu'avec ce mauvais temps je ne regretterais pas de quitter Saint-Rémy. Je t'ai répondu qu'en effet c'était vrai, et que j'avais voulu y rester un peu plus pour les enfants. Tu allais prendre ton pardessus et ton chapeau dans la pièce où je travaille, et je t'attendais près du baromètre. Tu revins et nous partîmes chez Foyot [restaurant où la Société de physique organisait ses dîners]. Chemin faisant nous parlions des invitations nécessaires, nous étions un peu ennuyés par les dérangements prévus et je me demandais si je n'aurais pas mieux fait de ne pas assister au dîner. C'était la dernière fois que je devais dîner avec toi. Nous entrâmes, je causais avec Mme Rubens, je ne me suis retrouvée près de toi qu'à table. Nous étions à un des coins de la table, Henri Poincaré entre nous. Je causais avec lui de la nécessité de remplacer l'éducation littéraire par une éducation plus rapprochée de la nature, je lui ai parlé de l'article qui nous avait plu, mon Pierre (n'est-ce pas à Saint-Rémy que nous l'avons lu ?) Puis un peu gênée d'avoir beaucoup parlé j'ai cherché à te passer la parole, obéissant à ce sentiment que j'ai eu si souvent que ce que tu pouvais dire serait plus intéressant que ce que je pouvais dire moi-même. En toutes circonstances de notre vie j'ai toujours eu en toi, en ta valeur cette confiance inébranlable. La conversation avait alors été amenée sur Eusapia et les phénomènes qu'elle produit. Poincaré faisait des objections avec son sourire de sceptique curieux de choses nouvelles, toi tu plaidais la réalité des phénomènes. Je regardais ta figure pendant que tu parlais et une fois de plus j'admirais ta belle tête, le charme de ta parole simple, éclairée par ton sourire. C'était la dernière fois que je t'entendais exposer tes idées.

« Après dîner nous nous retrouvâmes seulement au moment de partir. Nous sommes allés à la gare (avec Langevin et Brillouin je crois ?). Nous rentrâmes chez nous, et je me souviens que devant notre maison nous parlions encore de cette question d'éducation qui nous intéressait tant. Je t'ai dit que les gens à qui nous parlions n'avaient pas compris notre idée, qu'ils n'ont vu dans l'enseignement des sciences naturelles qu'un exposé de faits usuels, qu'ils n'ont pas compris qu'il s'agissait selon nous de donner aux enfants un grand amour de la nature, de la vie en même temps que la curiosité de connaître. Tu disais comme moi, et nous avons senti qu'il y avait entre nous une compréhension mutuelle rare et admirable ; me l'as-tu dit à ce moment, je ne m'en souviens plus, mais combien de fois ne m'as-tu dit, mon Pierre : “ Nous avons vraiment en toute chose la même manière de voir ”, ou des phrases analogues, dont les mots m'échappent maintenant. Et je te répondais : “ Oui Pierre, nous sommes tout à fait faits pour une existence commune ” ou quelque chose dans ce genre.

« Le souvenir de la fin de cette dernière journée m'échappe hélas (...) *.

« Emma nous avait prévenus qu'Eve était mauvaise. Je t'ai fait ôter tes souliers pour éviter le bruit. La nuit elle s'est réveillée, et j'ai dû la bercer dans mes bras. Puis je la couchais entre nous deux ; je t'ai dit qu'elle avait besoin d'être réchauffée ; tu m'as dit quelques paroles m'engageant à la garder et la consoler, puis tu l'as embrassée plusieurs fois. Elle s'est endormie peu après et j'ai pu la recoucher dans son lit. Irène a été réveillée par Eve, mais s'est rendormie facilement. Je ne me souviens pas bien du lendemain matin. Emma est entrée, et tu lui as reproché de ne pas tenir la maison suffisamment bien (elle avait demandé une augmentation). Tu sortais, tu étais pressé, je m'occupais des enfants, tu es parti, me demandant d'en bas si j'allais au laboratoire. Je t'ai répondu que je n'en savais rien et je t'ai prié de ne pas me tourmenter. Et c'est là-dessus que tu es parti, et la dernière phrase que je t'ai adressée n'a pas été une phrase d'amour et de tendresse. Et je ne t'ai revu que mort [22]. »

Le samedi 14 avril, Pierre, juste avant de prendre le train pour rejoindre Marie à Saint-Rémy, avait écrit sa dernière lettre à Georges Gouy.

« Nous aurons grand plaisir à vous voir si vous vous décidez à venir pendant ces vacances, après tout si la société de physique ne vous attire pas, elle ne doit pas vous produire un effet de répulsion.

« Vous savez que la Société des prof de faculté se réunit jeudi 19 à 10 heures du matin. Je ne sais trop ce qu'ils vont faire. Si vous avez quelque idée sur la meilleure orientation à donner à ladite société prière de m'en faire part.

* A cet endroit, deux lignes ont été découpées.

« Pour moi j'avais eu comme idée de lui faire une manifestation bruyante contre les littéraires et les philosophes et une déclaration que l'enseignement des sciences doit être l'enseignement dominant des lycées de garçons et de jeunes filles. Mais une telle motion n'aura guère de succès. Barrais y est déjà fort opposé et il pense que l'association ne doit freiner personne et que l'enseignement secondaire ne nous regarde pas. Le plus clair que l'on va faire c'est de demander le tableau de classement des maîtres de conférences et un grand nombre de membres demanderont l'avancement à l'ancienneté au lieu de l'avancement au choix. Je suis tout à fait opposé du reste à cette dernière proposition.

« Ce qu'il faudrait trouver et ce qui est légitime c'est un moyen pour empêcher que toutes les nominations ne dépendent seulement que de un ou deux gros personnages toujours les mêmes.

« Je suis aussi contre le vote anonyme d'une série de spécialistes, mais on pourrait voter pour une sorte de commission renouvelable comme on le fait en Italie.

« Du reste je pense bien que les décisions de la Société ne seront pas écoutées. Liard voit déjà paraît-il ladite Société d'un assez mauvais œil et tous les titulaires importants de Paris se sont bien gardés d'en faire partie. Je crois que dans ces conditions il est presque fatal que l'association prenne le caractère d'une association de la province contre Paris.

« Je suis bien aise de voir que vous fabriquez des mémoires et que vous avez trouvé un bon préparateur. C'est un bonheur rare, j'en avais eu un assez bon, mais le radium, avec le journalisme et le rêve de gagner beaucoup d'argent lui ont complètement tourné la tête.

« Nous travaillons Mme Curie et moi à doser le radium avec précision par l'émanation qu'il dégage, cela a l'air de rien, cependant voilà plusieurs mois que nous nous y sommes mis et nous commençons seulement à avoir des résultats réguliers. Nous avons eu quelques nouvelles séances avec Eusapia Paladina (nous avons déjà eu des séances avec elle l'été dernier). Le résultat c'est que ces phénomènes existent réellement et il ne m'est plus possible d'en douter. C'est invraisemblable mais cela est ainsi et il est *impossible de le nier* après les séances que nous avons eues dans des conditions de contrôle parfait *. Il se forme à partir du médium des espèces de membres fluidiques (en plus de ses bras et de ses jambes ordinaires) et ces membres plus ou moins informes sont capables de saisir ou de pousser avec force les objets (Richet appelle cela des *exoplasmes*). Ces membres fluidiques se forment de préférence sous un morceau d'étoffe noir, sous ses jupes, sous un rideau – mais parfois ils sortent à l'air libre. Ce qui est extrêmement troublant c'est que l'on sent très bien qu'en admettant l'existence de quelques-uns de ces phénomènes on sera amené peu à peu à tout admettre même les fantômes de Crookes et de Richet – et alors on ne comprend plus du tout comment admettre que les transformations pareilles de matière puissent se faire si rapidement et sans mettre en jeu des quantités prodigieuses d'énergie ?

« Je voudrais bien que vous assistiez à des séances de ce genre et je ne doute pas qu'après quelques bonnes séances vous ne soyez aussi convaincu. La difficulté pour l'étude de ces phénomènes c'est de ne pas toujours tourner dans le même cercle et ne faire que reproduire les mêmes déplacements d'objets sans éclaircir la question. Il faudrait conduire les expériences dans un sens déterminé et cela est bien difficile.

« Vous qui avez le plus souvent une si grande intuition des phénomènes, comment expliqueriez-vous que la chose soit possible. Il y a là à mon avis tout un domaine de faits entièrement nouveaux et des états physiques de l'espace dont nous n'avons pas l'idée.

« Croyez-moi votre bien dévoué. »

Le jeudi 19 avril, Curie alla à la réunion de l'Association organisée dans l'hôtel des sociétés savantes rue Danton. Elle fut longue et il ne sortit qu'à 2 heures

* De la part d'un expérimentateur, ce jugement est surprenant.

passées. Il devait passer ensuite à la rédaction des *Comptes rendus des séances de l'Académie des sciences*, chez Gauthier-Villars, quai des Grands-Augustins, mais la maison était fermée à cause d'une grève. Il alla alors vers la Seine. Il pleuvait depuis la veille. Un fiacre lui barra presque le chemin quand il traversait la rue Dauphine, endroit où la circulation était toujours très intense. Il se mit à courir, heurta les chevaux qui tiraient un camion, arrivant du côté du Pont-Neuf et tomba sur la chaussée glissante. Il n'était pas possible d'arrêter la voiture, très lourde, chargée en plus par 4 000 kilos d'effets militaires et roulant sur une rue en pente. Une roue écrasa la tête de Pierre Curie ; la mort fut instantanée.

On transporta le corps à une pharmacie, puis au commissariat, on l'identifia à l'aide de ses papiers, on envoya chercher Pierre Clerc, aide-préparateur à la faculté, puis Paul Appell. Le décès, immédiat, fut constaté par les docteurs Veillard et Drouet. Ce furent Paul Appell et Jean Perrin qui apprirent la nouvelle au docteur Curie, et à Marie qui rentra vers 18 heures. André Debierne accompagna le corps qui fut transporté boulevard Kellermann vers 20 heures.

On laissa Irène chez les Perrin. Jacques arriva le lendemain, puis Bronia et Józef, frère de Marie, quelques jours plus tard. C'était la présence du frère de Pierre qui la soulageait le plus ; il était la seule personne qui partageait avec elle la même douleur ; ils essayaient de se soutenir mutuellement sans parler.

Les obsèques eurent lieu le samedi 21 avril dans l'après-midi. La date et l'heure furent tenues secrètes jusqu'au dernier moment ; Marie, Jacques et le docteur Curie ne voulurent ni discours ni condoléances ; seule la présence du ministre de l'Instruction publique ne put être évitée. Pierre fut enterré dans le cimetière de Sceaux. Marie mit dans le cercueil un portrait d'elle quand elle était la « petite étudiante bien sage ». Ce portrait, écrivit-elle dans son « journal », « devait t'accompagner dans ta tombe, car c'était le portrait de celle que tu avais choisie pour ta compagne, de celle qui a eu le bonheur de te plaire tant que tu n'as pas hésité à lui faire l'offre de partager ta vie, alors que tu ne l'avais encore vue que quelques fois. Et tu m'as dit bien des fois que c'est la seule fois dans ta vie que tu as agi sans aucune hésitation, car tu avais la conviction absolue de bien faire. Mon Pierre, je crois que tu ne t'es pas trompé [23] ».

La presse, bien évidemment, s'empara de l'événement. Le récit de l'accident fit la une de plusieurs journaux, avec le plan du quartier sur lequel on indiqua le trajet de Curie et du « camion meurtrier ». D'après *Le Matin*, la foule voulut lyncher le « conducteur homicide ». On ouvrit une enquête policière.

Le 23 avril, Henri Poincaré fit lever la séance hebdomadaire de l'Académie des sciences en signe de deuil. « Ce fut le seul moyen pour l'Académie de rendre un témoignage officiel et public à Pierre Curie dont les funérailles se sont passées dans la plus stricte intimité [24] », dit Poincaré pour expliquer cette décision exceptionnelle.

On proposa à Marie de prendre la succession de son mari à la chaire de physique de la Sorbonne. Cela aussi était exceptionnel : jamais encore une femme n'avait été admise à enseigner dans une université française. Marie hésita, puis décida d'accepter. Pierre lui avait souvent dit qu'il aurait aimé qu'elle fasse un cours à la Sorbonne. Un jour, elle lui avait avoué que, sans lui, elle n'aurait pas le courage de continuer. « (...) Tu me disais que c'était mal de parler ainsi et “ qu'il faudrait continuer tout de même ”, mais combien de fois ne m'as-tu pas dit de toi-même que “ si tu ne m'avais plus, tu travaillerais peut-être encore, mais que tu ne serais plus qu'un corps sans âme [25] ”. » André Debierne (nommé aussi tuteur d'Irène) succéda à Marie au poste de chef des travaux.

Le dernier travail de Pierre, fait en commun avec Albert Laborde, « Sur la radioactivité des gaz qui proviennent de l'eau des sources thermales », fut présenté à l'Académie par Gabriel Lippmann le 25 juin 1906. En décembre, l'Académie décerna à Pierre

Curie, à titre posthume, le prix Jean Reynaud, d'un montant de 10 000 francs.

Marie, qui poursuivit toute sa vie le travail sur la radioactivité, parvint à isoler le radium métallique pur en 1910 (avec André Debierne) ; elle obtint, seule cette fois, un deuxième prix Nobel (de chimie), en 1911. Elle réussit à fonder ce laboratoire pour les études de la radioactivité dont Pierre avait tant rêvé, l'Institut du radium, dont la construction débuta en 1912. Debierne devint le directeur de l'Institut après la mort de Marie ; il prit aussi sa succession à la chaire de radioactivité à la Sorbonne. Irène, physicienne et assistante de sa mère, épousa un ancien élève de l'EPCI, Frédéric Joliot, avec lequel elle partagea le prix Nobel de chimie de 1935 pour la découverte de la radioactivité artificielle. Eve, musicienne et journaliste, écrivit une bouleversante biographie de sa mère, en 1937.

En 1910, le Congrès international de radiologie réuni à Bruxelles donna le nom de « curie », en hommage à Pierre Curie, à la première unité de mesure de l'activité radioactive.

Un portrait des époux Curie figure désormais sur un billet de banque. Le 20 avril 1995, leurs cendres furent transférées au Panthéon. Il est peu probable que Pierre Curie aurait apprécié de pareils honneurs.

NOTES

Abréviations utilisées :

CR : Comptes rendus des séances de l'Académie des sciences.

Rév. gén. des sc. : Revue générale des sciences pures et appliquées.

Phil. Mag. : Philosophical Magazine.

INTRODUCTION

1. Curie M., *Pierre Curie.*
2. Curie E., *Madame Curie.*

Chapitre I

LES CURIE

1. Brandt A., *Le docteur Curie et le saint-simonisme à Mulhouse.*
2. Curie M., *Pierre Curie,* p. 9.
3. NAF 18447.
4. F17/22812.
5. Je remercie pour ces renseignements M. Olivier Laborde, petit-fils de Madeleine et arrière-petit-fils de Jacques Curie.
6. Fabry C., « [Nécrologie] Jacques Curie (1855-1941) ».

Chapitre II

UN JEUNE HOMME QUI PROMET

1. NAF 18434.
2. Prost A., *Histoire de l'enseignement en France, 1800-1967.*
3. Ganot A., *Traité élémentaire de physique...* Daguin P. A., *Traité élémentaire de physique...* Drion C. et Fernet E., *Traité*

de physique élémentaire. Hulin-Jung N., *Organisation de l'enseignement des sciences...*

4. Fortoul H., *Rapport à l'Empereur sur la situation de l'Instruction publique ;* Paris, le 19 septembre 1853. Cité dans Hulin-Jung N., *op. cit.*, p. 114.
5. NAF 18434.
6. Curie M., *Pierre Curie,* p. 19.
7. Voir aussi Prost A., *op. cit.*, p. 230.
8. Liard L., *L'Enseignement supérieur en France, 1789-1893,* t. II, p. 406.
9. Shinn T., « The French Science Faculty System 1808-1914... ». Prost A., *op. cit.*
10. *Bulletin administratif,* 2e série, 1868, p. 106. Cité dans Hulin N., « Édouard Branly, la formation d'un physicien parmi d'autres ».
11. Hulin N., *ibid.*
12. Liard L., *op. cit.,* p. 273.
13. Ganot A., *op. cit.*
14. Drion C. et Fernet E., *op. cit.*
15. Daguin P., *op. cit.*
16. AJ 16/210.
17. NAF 18447.
18. NAF 18450.
19. NAF 18434.
20. NAF 18434.
21. Curie M., *op. cit.,* p. 11.
22. *Ibid.,* p. 20. Curie E., *Madame Curie*, p. 197.
23. Curie M., *ibid.*, p. 22. Curie E., *ibid.,* pp. 180-181.
24. Curie M., *ibid.*, p. 20.
25. Langevin P., « Pierre Curie ».
26. Hulin N., « Edouard Branly... ».
27. NAF 18434.
28. Curie P., *Notice sur les travaux scientifiques de M*[*onsieur*] *P. Curie.*
29. Curie P., *Œuvres*, p. 1.
30. *Ibid.,* p. 8.
31. Soret C., *Éléments de cristallographie physique.*
32. Curie P., *Œuvres*, p. 21.
33. Lippmann G., « Principe de la conservation de l'électricité ».
34. Curie P., *Œuvres*, p. 26.
35. Curie P., *Notice sur les travaux scientifiques de M*[*onsieur*] *P. Curie.*
36. Curie P., *Œuvres*, p. 564.
37. Curie J., « Recherches sur le pouvoir inducteur spécifique et la conductibilité des corps cristallisés ».
38. Crawford E., « The prizes of the Academy of Sciences, 1850-1914 ».

39. *CR,* CXV, 1892.
40. Bensaude-Vincent B., *Langevin. Science et vigilance.*

Chapitre III

UN PENSEUR SOLITAIRE

1. Lauth C., *EMPCI.* Shinn T., « Des sciences industrielles aux sciences fondamentales, la mutation de l'ESPC », Procès-verbaux des conseils d'administration et de perfectionnement, EPCI.
2. Rapport n° 54 du 5.7.1882, cité dans Biquard P., *Du radium aux microprocesseurs. Histoire de l'ESPC 1882-1982.*
3. Rapport du 28.7.1882, cité dans Biquard P., *op. cit.*
4. Curie P., *Œuvres*, préface par Marie Curie, p. VI.
5. Procès-verbaux des conseils d'administration et de perfectionnement, EPCI.
6. Langevin P., « Pierre Curie ».
7. Biquard P., *op. cit.,* p. 30.
8. Fox R., « Scientific Entreprise and Patronage of Research in France, 1800-1870 ».
9. Pasteur L., *Le Budget de la science.*
10. Papillon F., « Les laboratoires scientifiques en France et à l'étranger ».
11. Fox R., *op. cit.*
12. Curie P., *Œuvres*, p. 153.
13. *Ibid.*, préface, p. XVIII.
14. NAF 18379.
15. Curie P., *Œuvres*, p. 118.
16. *Ibid.*, p. 119.
17. Curie P., *Notice sur les travaux scientifiques de M*[*onsieur*] *P. Curie.*
18. Curie P., *Œuvres*, p. 135.
19. NAF 18434 ; lettre à Charles Lauth.
20. *Ibid.*
21. Langevin P., « L'esprit de l'enseignement scientifique ».
22. Curie P., *Œuvres*, p. 142.
23. NAF 18447.
24. Notes pour le cours PCN, Centre de ressources historiques, ESCPI.
25. Curie M., *Pierre Curie*, p. 33.
26. Curie P., *Œuvres*, pp. 112-113.
27. Curie P., *Notice sur les travaux scientifiques de M*[*onsieur*] *P. Curie.*
28. NAF 18378.

Chapitre IV

DES MULTIPLES USAGES DE LA BALANCE

1. Procès-verbaux des conseils d'administration et de perfectionnement, EPCI.
2. NAF 18434.
3. NAF 18434, 9 janvier 1895.
4. Curie P., *Œuvres*, p. 232.
5. *Ibid.*, p. 233.
6. Langevin P., « Magnétisme et théorie des électrons ».
7. Guillaume Ch.-E., « Souvenirs de Pierre Curie ».
8. NAF 18447, 17 septembre 1894 (voir aussi p. 94 dans le texte).
9. Procès verbaux des conseils d'administration et de perfectionnement, EPCI.
10. NAF 18434.
11. Toute la correspondance avec Georges Gouy citée est conservée à la Bibliothèque nationale, NAF 18515.
12. Guillaume Ch.-E., *op. cit.*
13. Curie M., *Pierre Curie*, pp. 42-43.
14. *Ibid.*, p. 43.
15. Toutes les lettres citées de Pierre Curie à Marie proviennent de la Bibliothèque nationale, NAF 18447.
16. Acte de mariage, mairie de Sceaux.
17. Quinn S., *Marie Curie. A life.*
18. Zeldin T., *Histoire des passions françaises.*
19. Curie E., *Madame Curie*, p. 206.
20. Lauth C., *EMPCI.*
21. Procès-verbaux des conseils d'administration et de perfectionnement, EPCI, 31 janvier 1906.
22. Cité dans Biquard, *Du radium aux micro-processeurs*, p. 38.
23. NAF 18484-495.
24. Curie M., *op. cit.*, p. 50.
25. NAF 18516.

Chapitre V

UNE ÉNERGIE QUI REMPLIT L'ESPACE

1. Guillaume Ch.-E., « Souvenirs de Pierre Curie ».
2. Poincaré H., « Les rayons cathodiques et les rayons de Röntgen ».
3. *Rev. gén. des sc.*, 7, 30 avril 1896, pp. 52-59, cité dans Barbo L., « La radioactivité. Histoire d'une découverte ».
4. NAF 18379-381.

5. Skłodowska Curie M., « Rayons émis par les composés de l'uranium et du thorium ».
6. AJ 16/5122.
7. NAF 18434, 3 mars 1898.
8. Curie P., *Œuvres,* p. 381.
9. Procès-verbaux des conseils d'administration et de perfectionnement, EPCI.
10. Curie M., *Pierre Curie,* p. 62.
11. NAF 18434.
12. Demarçay E., « Sur le spectre d'une substance radioactive ».
13. Lettre à Mittag-Leffler, 3 août 1903 (voir p. 218 dans le texte).
14. *Ibid.*
15. Curie M., « Recherches sur les substances radioactives ».
16. Voir p. 220 dans le texte.
17. NAF 18434.
18. Duclert V., *L'Affaire Dreyfus.*
19. Curie P., *Œuvres,* p. 390.
20. *Ibid.,* p. 408.
21. NAF 18476.
22. NAF 18434.
23. NAF 18476.
24. Curie P., *Œuvres,* p. 356.
25. *Ibid.,* p. 403 et 409.
26. *Ibid.*
27. Skłodowska Curie M., « Les rayons de Becquerel et le polonium ».
28. *Le Temps,* 10 décembre 1903.
29. Cotton E., *Les Curie,* p. 52, 56.

Chapitre VI

UN PROFESSEUR SANS CHAIRE

1. Blondel C., « Les premiers congrès internationaux d'électricité ».
2. Rassmussen A., « Jalons pour une histoire des congrès internationaux au XIXe siècle ». Schroeder-Gudehus B., « Les congrès scientifiques et la politique de la coopération internationale des académies des sciences ».
3. Sauf mention contraire, toutes les citations concernant le Congrès sont tirées des *Rapports présentés au Congrès international de Physique réuni à Paris en 1900.*
4. Curie M., « Les nouvelles substances radioactives ».
5. *Bulletin de la Société de physique,* 1900.
6. NAF 18434.
7. NAF 18434.

8. NAF 18434. Cette lettre est datée, par erreur sans doute, du 29 janvier 1900. Il s'agit certainement de 1901 car Ferrié y parle du Congrès de physique qui eut lieu en août 1900.

9. Une copie du dossier sur la candidature de Curie à Genève est conservée au Centre de ressources historiques de l'EPCI.

10. NAF 18434, 31 juillet 1900.

11. Centre de ressources historiques de l'EPCI, carton L76.

12. AJ 16/5737 (rapport pour la candidature au poste de professeur titulaire, 1934).

13. Laborde A., *Pierre Curie dans son laboratoire.*

14. NAF 18365-369.

Chapitre VII

UN CHERCHEUR SANS LABORATOIRE

1. *CR,* CXXXVI, mars 1903.

2. *Rapports présentés au Congrès International de Physique réuni à Paris en 1900.*

3. Skłodowska Curie M., « Les rayons de Becquerel et le polonium ».

4. Curie P., *Œuvres,* p. 343.

5. Skłodowska Curie M., « Rayons émis par les composés de l'uranium et du thorium ».

6. Rutherford E., « Uranium radiation and the Electrical Conduction produced by it ». « A radio-active Substance emitted from Thorium Compounds ».

7. Rutherford E., « Radioactivity Produced in Substances by the Action of Thorium Compounds ».

8. Curie P., *Œuvres,* p. 443.

9. *Ibid.,* p. 428.

10. *Ibid.,* p. 440.

11. Rutherford E., « Some Remarks on Radioactivity. To the Editors of the Philosophical Magazine ».

12. Rutherford E., « Excited Radioactivity and the Method of its transmission ».

13. Procès-verbaux des communications à la Société française de physique, 1905, p. 36.

14. Skłodowska Curie M., « Les rayons de Becquerel et le polonium ».

15. NAF 18516.

16. Académie des sciences, Paris, comités secrets.

17. Académie des sciences, Séance générale du mercredi 5 mars 1902.

18. NAF 18434.

19. NAF 18434

20. NAF 18434.

21. Curie M., *Pierre Curie,* p. 87.
22. AJ 16/5944, lettres au recteur, le 16 et 18 juillet 1903.
23. NAF 18435.
24. AJ 16/5123.
25. F 17/22812.
26. AJ 16/5944.
27. AJ 16/5944.
28. AJ 16/5944.
29. AJ 16/5944.
30. Archives de l'Université de Paris, fonds de l'Institut du radium, carton 15.

Chapitre VIII

UNE INSUPPORTABLE GLOIRE

1. Curie P., *Œuvres,* p. 448.
2. *Ibid.,* p. 451.
3. NAF 18434.
4. Rutherford E., « Heating effects of the Radium Emanation ».
5. Soddy F., « Some Recent Advances in Radioactivity », cité dans Weart S., *Nuclear fear.*
6. Weart S., *ibid.*
7. Laborde A., *Pierre Curie dans son laboratoire.*
8. *Ibid.*
9. NAF 18434.
10. Cotton E., *Les Curie,* p. 48.
11. AJ 17/22812.
12. Curie P., *Œuvres,* p. 470, 491.
13. Riley J. F., *The Lancet,* 21 novembre 1907. Cité par Reid R., *Marie Curie derrière la légende* et Quinn S., *Marie Curie. A Life.*
14. NAF 18434.
15. AJ 16/5944.
16. NAF 18516.
17. Cotton E., *op. cit.*
18. Archives de la Royal Institution, Londres.
19. Crawford E., *La Fondation des prix Nobel scientifiques 1901-1915.*
20. Archives de l'Académie royale des sciences de Suède.
21. *Ibid.* Lettre communiquée par E. Crawford.
22. Crawford E., Heilbron J. L., Ulrich R., *The Nobel population 1901-1937.*
23. Hypothèse suggérée par E. Crawford.
24. Archives Mittag-Leffler.
25. *Ibid.* Brouillon de la lettre communiqué par E. Crawford.
26. *Ibid.,* lettre du 12 septembre 1903 communiquée par E. Crawford.

27. Archives de l'Académie royale des sciences de Suède.
28. *Nobel lectures. Physics, 1901-1921.*
29. *Le Matin,* 29 juin 1904.
30. Figeac Raymond, « Le radium », *L'Action,* 16 janvier 1904.
31. Procès-verbaux des conseils d'administration et de perfectionnement, EPCI.
32. Curie E., *Madame Curie,* p. 303.
33. Archives de l'Académie des sciences, Paris, dossier Pierre Curie.
34. NAF 18476.
35. *La petite République,* 8 novembre 1904.
36. *Le Temps,* 15 janvier 1904.
37. NAF 18434.
38. *Le Radium,* mars 1904.

Chapitre IX

LE RADIUM : UNE SUBSTANCE IMPRÉVISIBLE

1. Marbo C., *Souvenirs et Rencontres.*
2. *Ibid.,* p. 104.
3. Jaffé G., « Recollections of three great laboratories ».
4. Curie P., *Œuvres,* p. 419.
5. Guillaume Ch.-E., « Souvenirs de Pierre Curie ».
6. AJ 16/5944.
7. Je remercie, pour ces renseignements, M. le professeur Maurice Tubiana.
8. Lettre à S. Arrhenius, 26 juin 1905, Archives de l'Académie royale des sciences de Suède.
9. *Nobel lectures. Physics, 1901-1921.*
10. NAF 18434.
11. La Cotardière Ph. de et Fuentes P., *Camille Flammarion.*
12. Lombroso C., *Hypnotisme et Spiritisme.* Flammarion C., *L'Inconnu et les Problèmes psychiques* et *Les Forces naturelles inconnues.*
13. Académie des sciences, Paris, dossier Pierre Curie.
14. NAF 18515.
15. Quinn S., *Marie Curie. A Life,* pp. 222-223.
16. *Revue du Mois,* 3, p. 372.
17. NAF 18434.
18. NAF 18516.
19. *Ibid.*
20. NAF 18434.
21. NAF 18516.
22. NAF 18517.
23. *Ibid.*
24. *CR,* 1906.
25. NAF 18517.

CHRONOLOGIE

1799 16 novembre. Naissance à Grand-Charmont de Paul Curie.
1805 Naissance d'Augustine Hofer.
1808 *John Dalton formule l'hypothèse atomique.*
1820 *Christian Œrsted découvre que le courant électrique produit un champ magnétique.*
1825 Mariage de Paul Curie et d'Augustine Hofer.
1827 28 août. Naissance à Mulhouse d'Eugène Curie.
1830 *Evariste Galois formule la théorie des groupes.*
1831 *Michael Faraday découvre l'induction magnétique.*
1832 15 janvier. Naissance à Lyon de Sophie-Claire Depoully.
1841 *Julius von Mayer énonce l'équivalence de la chaleur et de l'énergie mécanique.*
1850 *Principe de conservation d'énergie ou principe de Carnot (Mayer, James Joule, Rudolf Clausius).*
1854 20 juillet. Mariage d'Eugène Curie et de Sophie-Claire Depoully.
1855 29 octobre. Naissance à Paris de Paul-Jacques Curie.
1859 15 mai. Naissance à Paris de Pierre Curie.
1864 *James Clerck Maxwell formule la théorie électromagnétique.*
1867 7 novembre. Naissance à Varsovie de Maria Salomea Skłodowska.
1875 9 novembre. Pierre Curie bachelier ès sciences.
1876 Pierre Curie s'inscrit à l'Ecole de pharmacie.
1877 21 novembre. Pierre Curie licencié ès sciences physiques.
Réforme des facultés.

1878 1er janvier. Pierre Curie préparateur adjoint de Paul Desains au laboratoire de physique de la faculté des sciences.

1879 *William Crookes réalise un tube cathodique.*

1880 28 juin. Présentation à l'Académie des sciences du premier travail scientifique de Pierre Curie (en collaboration avec P. Desains).
1er août. Pierre Curie préparateur à la faculté des sciences.
Découverte de la piézoélectricité par les frères Curie. Publication de leurs premiers travaux communs.

1882 1er novembre. Création de l'Ecole de physique et de chimie industrielles. Pierre Curie préparateur à l'EPCI.

1882-1886 Pierre et Jacques Curie inventent le quartz piézoélectrique, le dynamomètre piézoélectrique, l'électromètre à bilame de quartz, un électromètre à quadrants, le manomètre piézoélectrique.

1884 1er article sur la symétrie.

1885 Pierre Curie travaille sur la croissance des cristaux.

1886 *Heinrich Hertz parvient à produire les ondes électromagnétiques par des moyens électriques.*

1887 *Les expériences de Michelson et Morley ne permettent pas de mettre en évidence l'éther, support hypothétique des ondes électromagnétiques.*

1888 Pierre Curie invente la balance apériodique. Il cède le brevet à la Société centrale des produits chimiques.

1888-1891 Recherches de Pierre Curie sur les mouvements amortis.

1889 Pierre Curie chef des travaux à l'EPCI.

1890 *Edouard Branly invente le cohéreur pour les ondes radio.*
Hendrik Lorentz pose les fondements de la théorie électronique de la matière.

1891 Installation des Curie à Sceaux.
Novembre. Arrivée à Paris de Maria Skłodowska.

1891-1895 Recherches sur le magnétisme.

1893 28 juillet. Marie Skłodowska licenciée ès sciences physiques.

1894 Formulation du principe de symétrie par Pierre Curie.
Rencontre de Pierre Curie et de Marie Skłodowska.

Eté. Vacances de Pierre Curie en Auvergne avec Jacques, puis à Marseille.
28 juillet. Marie Skłodowska licenciée ès sciences mathématiques.
31 octobre. Pierre Curie professeur de physique générale à l'EPCI.

1895 Pierre Curie conseiller technique de la Société parisienne de verrerie optique.
6 mars. Pierre Curie soutient sa thèse de doctorat ès sciences physiques.
26 juillet. Mariage à Sceaux de Pierre Curie et de Marie Skłodowska.
Achat des bicyclettes et vacances à la ferme la « Biche ».
Octobre. Installation au 24, rue de la Glacière.
23 décembre. Prix Planté de l'Académie des sciences décerné à Pierre et Jacques Curie.
Wilhelm Röntgen découvre les rayons X.

1896 *Henri Becquerel découvre la radioactivité.*
15 août. Marie Curie agrégée.
Vacances en Auvergne.

1897 Vacances en Bretagne.
12 septembre. Naissance à Paris d'Irène Curie.
27 septembre. Mort à Sceaux de Sophie-Claire Curie, née Depoully.
Décembre. Marie commence l'étude des rayons de Becquerel.
J. J. Thomson met en évidence l'existence de l'électron.

1898 3 mars. Echec de la candidature de Pierre Curie au poste de professeur à la Sorbonne.
12 avril. Marie découvre que le rayonnement est une propriété des atomes et met en évidence la radioactivité du thorium.
18 juillet. Découverte du polonium.
Août. Voyage dans les Cévennes.
26 décembre. Découverte du radium (en collaboration avec Gustave Bémont).
Décembre. Prix Gegner de l'Académie des sciences décerné à Marie.
James Dewar liquéfie l'hydrogène.

1899 Marie émet l'hypothèse de la transformation des atomes.

Début de la collaboration avec André Debierne.
Août-septembre. Voyage à Zakopane en Pologne.
Travaux d'isolement du radium dans l'usine de la Société centrale.
Etude des propriétés des rayons.

1900 Pierre et Marie Curie découvrent la « radioactivité induite ».
Mars. Installation au 108, bd Kellermann.
2 mars-1er octobre. Pierre Curie répétiteur à l'Ecole polytechnique.
Découverte dans le rayonnement de particules portant une charge électrique négative.
Vacances de Pâques. Excursion à vélo dans la Manche.
Mai-septembre. Pierre Curie candidat au poste de professeur à l'université de Genève.
6-12 août. Congrès de physique. Rencontre avec Woldemar Voigt.
Vacances à Noirmoutier.
2 octobre. Pierre Curie chargé d'un cours complémentaire au PCN.
Décembre. Prix Gegner de l'Académie des sciences décerné à Marie.
Max Planck découvre le quantum d'action.

1901 Janvier. Conférence de Pierre Curie à Lille.
Juin. Début de l'étude des effets physiologiques du radium.
Août. Vacances au Pouldu, en Bretagne.
Décembre. Pierre Curie reçoit le prix La Caze de l'Académie des sciences.
Premiers modèles de la structure interne de l'atome (J. J. Thomson, Jean Perrin).

1902 Marie obtient un décigramme de chlorure de radium pur et détermine la masse atomique du radium.
9 juin. Echec de Pierre Curie à l'Académie des sciences.
Vacances au Guichet et à Arromanches.
Attribution par l'Académie aux Curie de 20 000 francs du legs Debrousse, et du 3e prix Gegner à Marie.

1903 La faculté des sciences émet le vœu de la titularisation de Pierre Curie.

15 février. Pierre Curie élu à l'Académie des sciences et de lettres de Cracovie.
Mars. Découverte par Pierre Curie et Albert Laborde du dégagement de chaleur par le radium.
Vacances de Pâques au Tréport.
19 juin. Conférence de Pierre Curie à la Royal Institution à Londres. Début de la collaboration avec James Dewar.
25 juin. Soutenance de thèse de Marie. Rencontre avec Ernest Rutherford.
Pierre Curie refuse d'être présenté pour la Légion d'honneur.
Août. Vacances au Guichet et à Saint-Trojan, fausse couche de Marie.
5 novembre. Attribution aux Curie de la médaille Davy par la Royal Society. Voyage de Pierre Curie à Londres.
10 décembre. Prix Nobel de physique attribué aux Curie et à Henri Becquerel.
23 décembre. Subvention de 34 000 francs accordée par le ministère.

1904 Prix Osiris décerné à Marie Curie et à Edouard Branly.
Fondation de la revue *le Radium.*
Janvier. Pierre Curie se fait partiellement remplacer par Paul Langevin à l'EPCI.
31 janvier. Le président Loubet visite le laboratoire de Pierre Curie.
Février. Ouverture de l'usine de radium de Emile Armet de l'Isle.
14 février. Conférence de Pierre Curie à l'Ecole supérieure de télégraphie ; 18 février, conférence à la Sorbonne.
Début des études des eaux thermales.
Médaille d'honneur de la Ville de Paris attribuée aux Curie. Les Curie reçoivent la médaille d'or Matteucci de la Société italienne des sciences ; ils sont élus au Département des sciences physiques du Mexique, à la Royal Institution de Londres, à la Société batave de philosophie expérimentale de Rotterdam.
Vacances à Saint-Rémy-lès-Chevreuse.

1er octobre. Création pour Pierre Curie de la chaire de physique à la Sorbonne. Marie chef des travaux.
6 décembre. Naissance à Paris d'Eve Denise Curie.

1905 Juin. Voyage des Curie en Suède. 6 juin. Discours de Pierre Curie à l'Académie royale des sciences.
Albert Einstein énonce la théorie de la relativité restreinte.
Paul Langevin formule sa théorie du magnétisme.
3 juillet. Election de Pierre Curie à l'Académie des sciences.
29 juillet. Pierre Curie démissionne de l'EPCI.
Vacances à Saint-Rémy-lès-Chevreuse et à Carolles.
13 novembre. Pierre Curie professeur honoraire à l'EPCI.

1906 Janvier. Création de l'Association des professeurs des facultés des sciences ; Pierre Curie trésorier et vice-président.
19 avril. Mort à Paris de Pierre Curie.
Décembre. Prix Reynaud de l'Académie des sciences décerné à Pierre Curie à titre posthume.

BIBLIOGRAPHIE

Archives consultées

Archives de l'Académie des sciences, Paris : dossiers « Pierre Curie », « Marie Curie » ; Comités secrets de l'Académie des sciences (1882-1902, 1903-1912).

Archives nationales, en particulier : AJ16 (Académie de Paris) : AJ16/5944, AJ16/210, AJ16/5737, AJ16/5122-5123 (Conseil de la faculté des sciences) ; F17/22812 (personnel de l'enseignement supérieur).

Archives de Paris, état civil reconstitué de Seine : V2E7868 ; V2E9784.

Archives de l'Université de Paris, dossier Radium, carton 15.

Ecole supérieure de physique et de chimie industrielles (EPCI) : procès-verbaux des conseils d'administration et de perfectionnement ; Centre de ressources historiques, archives Pierre Curie, Paul Langevin ; archives de l'Association des anciens élèves.

Académie royale des sciences de Suède : Centre d'histoire des sciences ; archives des comités Nobel.

Archives Mittag-Leffler, Djursholm, Suède.

The Royal Institution, Londres.

Cambridge University Library.

Bibliothèque nationale, Paris, département des manuscrits. En particulier :

NAF 18434 : papiers de Pierre Curie ;
NAF 18435 : papiers de Marie Curie ;
NAF 18447 : correspondance reçue par Marie Curie ;
NAF 18365-433 : carnets et notes scientifiques ;
NAF 18476-504 : carnets divers ;

NAF 18515 : correspondance de Pierre Curie avec Georges Gouy ;
NAF 18516-517 : journaux de Marie Curie.

Revues

Annales de chimie et de physique, 1880-1906 ;
Bulletin des séances de la Société française de physique.
Comptes rendus des séances de l'Académie des sciences, 1896-1906 ;
Revue générale des sciences pures et appliquées, 1895-1906 ;
Journal de physique, 1880-1906 ;
Le Radium, 1904 ;
Philosophical Magazine, 1896-1906 ;
Procès-verbaux des communications à la Société française de physique ;
Revue du mois, 1906.

Ouvrages collectifs

Annales de l'université de Paris, numéro spécial consacré à la commémoration du centenaire de la naissance de Marie Curie-Skłodowska, novembre-décembre 1967.
L'Enseignement des sciences mathématiques et des sciences physiques, Imprimerie nationale, 1904.
Marie Skłodowska Curie et la Belgique, Université libre de Bruxelles, 1990.
Nobel lectures. Physics, 1901-1921, Elsevier Publishing Company, 1967.
Pierre et Marie Curie, Bibliothèque nationale, Paris, 1967.
Rapports présentés au Congrès international de physique réuni à Paris en 1900, Paris, Gauthier-Villars, 1900, 4 volumes.

BALIBAR Françoise, *La Science du cristal,* Hachette, 1991.
BARBO Loïc, « La radioactivité. Histoire d'une découverte », *Sciences et techniques en perspective*, vol. 18, université de Nantes, 1990-1991.
BECQUEREL Henri, *Comptes rendus de l'Académie des sciences*, 1896-1897, 1903, 1905.
BENSAUDE-VINCENT Bernadette, *Langevin. Science et vigilance*, Belin, 1987.
BENSAUDE-VINCENT Bernadette et STENGERS Isabelle, *Histoire de la chimie,* La Découverte, 1993.
BIQUARD Pierre, *Du radium aux microprocesseurs. Histoire de l'ESPC 1882-1982*, IDSET, 1982.

BLONDEL Christine, « Les premiers congrès internationaux d'électricité », *Relations internationales*, 62, 1990, pp. 171-182.

BLONDLOT René, *Comptes rendus de l'Académie des sciences*, CXXXVI, mars 1903.

BRANDT André, *Le Docteur Curie et le saint-simonisme à Mulhouse*, Imprimerie Bader & Cie, Mulhouse, 1938.

BROGLIE Louis de, « Hommage à Pierre Curie », *Musée pédagogique*, 1956.

CAULLERY Maurice, « La faculté des sciences », *La vie universitaire à Paris*, sous la direction d'Emile Durkheim, Armand Colin, 1918, pp. 50-70.

CHARLE Christophe et FERRÉ Régine (éd.), *Le Personnel de l'enseignement supérieur aux XIXe et XXe siècles*, Editions du CNRS, 1984.

COTTON Eugénie, *Les Curie*, Seghers, 1963.

CRAWFORD Elisabeth, HEILBRON J.-L., ULLRICH Rebecca, *The Nobel population 1901-1937*, University of California, Uppsala University, 1987.

CRAWFORD Elisabeth, *La Fondation des prix Nobel scientifiques 1901-1915*, Belin, 1988.

CRAWFORD Elisabeth, « The prizes of the Academy of sciences, 1850-1914 », in Fox R. et Weisz G., *The organisation of science and technology in France 1808-1914*.

CURIE Eve, *Madame Curie*, Gallimard, 1938, coll. « Folio », 1981.

CURIE Jacques, « Recherches sur le pouvoir inducteur spécifique et la conductibilité des corps cristallisés », *Annales de chimie et de physique*, XVII-XVIII, 1889.

CURIE Marie et Irène, *Correspondance (1905-1934)*, présentation par Gilette Ziegler, Les Editeurs français réunis, 1974.

CURIE Marie, *Pierre Curie and Autobiographical notes*, The Macmillan Company, New York, 1923.

CURIE Marie, *Pierre Curie*, avec une étude des « Carnets de laboratoire » par Irène Joliot-Curie, Denoël, 1955 (première édition Payot, 1923).

CURIE (SKŁODOWSKA-CURIE) Maria, *Korespondencja polska*, Instytut Historii Nauki PAN, Polskie Towarzystwo Naukowe, Varsovie, 1994.

CURIE (SKŁODOWSKA-CURIE) Marie, *Œuvres*, recueillies par Irène Joliot-Curie, Académie polonaise des sciences, Varsovie, 1954.

CURIE (SKŁODOWSKA-CURIE) Marie, « Rayons émis par

les composés de l'uranium et du thorium » *CR*, CXXVI, 12 avril 1898, p. 1101.

CURIE (SKŁODOWSKA-CURIE) Marie, « Les rayons de Becquerel et le polonium », *Rev. gén. des sc.*, 10, 30 janvier 1899, p. 41.

CURIE Marie, « Les nouvelles substances radioactives », *Revue scientifique (Revue rose)*, 14, 1900, p. 65.

CURIE Marie, « Recherches sur les substances radioactives », Annales de chimie et de physique, XXX, novembre 1930.

CURIE Pierre, voir la liste des principales publications de Pierre Curie citées en fin de bibliographie.

CURIE Pierre, *Notice sur les travaux scientifiques de M. P. Curie*, Académie des sciences, Gauthier-Villars, 1902.

CURIE Pierre, *Œuvres*, Gauthier-Villars, 1908 ; réimp. Éditions des archives contemporaines, 1984.

DAGUIN Pierre Adolphe, *Traité élémentaire de physique théorique et expérimentale avec les applications à la météorologie et aux arts industriels à l'usage des facultés, des établissements d'enseignement secondaire et des écoles spéciales du gouvernement*, Delagrave, 4e éd., 1878-1879 (1re éd., 1855).

DANNE Jacques, *Le Radium. Sa préparation et ses propriétés*, préface de Ch. Lauth, Ch. Béranger Editeur, 1904.

DEMARÇAY Eugène, « Sur le spectre d'une substance radioactive », *Comptes rendus des séances de l'Académie des sciences*, CXXVII, 1898.

DESAINS Paul, *Leçons de physique*, 2 vol., Dezorby, E. Magdeleine et Cie, Lib.-Editeurs, 1857.

DRION Charles et FERNET Emile, *Traité de physique élémentaire*, Masson, 1re éd., 1861, 12e éd., 1893, entièrement revue en 1885.

DROUIN Michel (sous la direction de), *L'Affaire Dreyfus de A à Z*, Flammarion, 1994.

DUBY Georges (sous la direction de), *Histoire de la France urbaine*, t. IV, « La ville à l'âge industriel » dirigé par Maurice Agulhon, Seuil, 1983.

DUCLERT Vincent, *L'Affaire Dreyfus*, La Découverte, 1994.

DUROSELLE Jean-Baptiste, *La France de la « Belle Epoque »*, Presses de la Fondation nationale des sciences politiques, 1992.

FABRY Charles, « [Nécrologie]. Jacques Curie (1855-1941) », *Cahiers de Physique*, 1, Editions de la Revue d'Optique, 1941.

FLAMMARION Camille, *L'Inconnu et les Problèmes psychiques*, Flammarion, 1900.

FLAMMARION Camille, *Les Forces naturelles inconnues*, Flammarion, 1907.

FOX Robert et WEISZ George (éd.), *The Organisation of Science and Technology in France 1808-1914*, Cambridge University Press et Maison des sciences de l'homme, 1980.

FOX Robert, « Scientific Entreprise and Patronage of Research in France, 1800-1870 », *The Patronage of Science in the Nineteen Century*, éd. G. l'E. Turner, Leyden, 1976, pp. 9-51.

GANOT A., *Traité élémentaire de physique expérimentale et appliquée*, 1re éd., chez l'auteur et Mathias, Libraire, 1851, 20e éd., 1887, refondue Hachette.

GENNES Pierre-Gilles de, « Pierre Curie et le rôle de la symétrie dans les lois de la physique », in *Symetries and broken symetries in condensed matter physics*, N. Boccara, IDSET, 1981.

Gernez Désiré « Notice sur Pierre Curie », *Comptes rendus des séances de l'Académie des sciences*, 1907.

GUILLAUME Charles-Edouard, « Souvenirs de Pierre Curie », *Echo de Paris*, 20 mai 1921.

GUIRAL Pierre et THULLIER Guy, *La Vie quotidienne des professeurs de 1870 à 1940*, Hachette, 1982.

HULIN Nicole, « Caractère expérimental de l'enseignement de la physique, XIXe-XXe siècles », *Bulletin de l'Union des physiciens*, 86, 1992.

HULIN Nicole, « L'Enseignement de la physique d'une réforme à l'autre, permanences et décalages », *Réformer l'enseignement scientifique*, coédition INRP, à paraître en 1995.

HULIN Nicole, « Edouard Branly, la formation d'un physicien parmi d'autres », *Rev. Hist. Sci.*, XLVI/1, 1993.

HULIN-JUNG Nicole, *Organisation de l'enseignement des sciences : la voie ouverte par le Second Empire*, Editions du CTHS, 1989.

HURWIC Józef, « La radioactivité : découverte et premiers travaux », *Cahiers d'histoire et de philosophie des sciences*, 37, 1991.

HURWIC Józef, « Maria Skłodowska-Curie i promieniotwórczosc », Wydawnictwo Edukacyjne, Varsovie, 1993.

JAFFÉ George, « Recollections of three great laboratories », *Journal of Chemical Education*, 29, 1952, p. 230.

LABORDE Albert, *Pierre Curie dans son laboratoire,* conférence faite au palais de la Découverte le 24 mars 1956.

LA COTARDIÈRE Philippe de et FUENTES Patrick, *Camille Flammarion*, Flammarion, 1994.

LANGEVIN Paul, « L'esprit de l'enseignement scientifique », *L'Enseignement des sciences mathématiques et des sciences physiques*, Imprimerie nationale, 1904.

LANGEVIN Paul, « La physique des électrons », Rapport au Congrès international des sciences et des arts, 1904, *Revue générale des sciences pures et appliquées*, 1905.

LANGEVIN Paul, « Magnétisme et théorie des électrons », *Annales de physique et de chimie*, 4, 190, p. 165.

LANGEVIN Paul, « Pierre Curie », *Revue du mois*, 7, 1906, pp. 5-36.

LAUTH Charles, *EMPCI*, 1900.

LIARD Louis, *L'Enseignement supérieur en France, 1789-1893*, Armand Colin, 1894.

LIPPMANN Gabriel, « Principe de la conservation de l'électricité », *Annales de chimie et de physique*, XXIV, 1881, pp. 145-177.

LOCHAK Georges, *La Géométrisation de la physique*, Flammarion, 1994.

LOMBROSO Cesare, *Hypnotisme et Spiritisme*, Flammarion, 1910.

MALLARD Ernest, *Cristallographie géométrique et physique*, Dunod, 1879-1884.

MARBO Camille, *Souvenirs et Rencontres*, Grasset, 1968.

MARCHAND Bertrand, *Paris, histoire d'une ville (XIXe-XXe siècle)*, Seuil, 1993.

MAXWELL James Clerk, *Traité d'électricité et de magnétisme,* Gauthier-Villars, 1885, réimp. éd. Gabay, 1989.

PAPILLON Fernand, « Les laboratoires scientifiques en France et à l'étranger », *Revue des deux mondes*, 1871, pp. 594-609.

PASTEUR Louis, *Le Budget de la science*, Gauthier-Villars, 1868.

PFLAUM Rosalynd, *Marie Curie et sa fille Irène*, Belfond, 1992.

PICARD Emile, « Eloge de Georges Gouy », *Comptes rendus de l'Académie des sciences*, CLXXXII, 1926, pp. 293-295.

PICARD Emile, *La Science moderne et son État actuel*, Flammarion, 1905.

POINCARÉ Henri, « Les rayons cathodiques et les rayons de Röntgen », *Revue générale de sciences pures et appliquées*, 7, 1896, pp. 52-59.

POINCARÉ Lucien, *La Physique moderne. Son évolution*, Flammarion, 1906.

PROST Antoine, *Histoire de l'enseignement en France, 1800-1967*, Armand Colin, 1968.

QUINN Susan, *Marie Curie. A life.* Simon & Schuster, 1995.

RASSMUSSEN Anne, « Jalons pour une histoire des congrès internationaux au XIXe siècle : régulation scientifique et propagande intellectuelle », *Relations internationales*, 62, 1990, pp. 115-133.

REID Robert, *Marie Curie derrière la légende*, Seuil, 1979.

RUTHERFORD Ernest, « Uranium radiations and the Electrical Conduction produced by it », *Philosophical Magazine*, 47, 1899, pp. 109-163.

RUTHERFORD Ernest, « A radioactive Substance emitted from Thorium Compounds », *Philosophical Magazine*, 49, 1900, pp. 1-14.

RUTHERFORD Ernest, « Radioactivity Produced in Substances by the Action of Thorium Compounds », *Philosophical Magazine*, 1900, pp. 161-192.

RUTHERFORD Ernest, « Dependence of the Current through Conducting Gases on the Direction of the Electric Field », *Philosophical Magazine*, 1901, pp. 210-228.

RUTHERFORD Ernest et SODDY Frederick, « Excited Radioactivity and Ionisation of the Atmosphere », *Philosophical Magazine*, 1902, pp. 569-585.

RUTHERFORD Ernest et GRIER A. G., « On deviable Rays of Radioactive Substances », *Philosophical Magazine*, 1902, pp. 315-330.

RUTHERFORD Ernest et ALLEN S. J., *Philosophical Magazine*, 1902, pp. 704-723.

RUTHERFORD Ernest et SODDY Frederic, « The cause and Nature of Radioactivity », *Philosophical Magazine*, 1902, pp. 370-396.

RUTHERFORD Ernest, « Excited Radioactivity and the Method of its transmission », *Philosophical Magazine*, 1903, pp. 1-95.

RUTHERFORD Ernest, *Philosophical Magazine*, 1903, pp. 177-187.

RUTHERFORD Ernest et SODDY Frederic, *Philosophical Magazine*, 1903, pp. 441-445, 445-457, 481-485, 576-591.

RUTHERFORD Ernest « Some remarks on Radioactivity to the Editors of the Philosophical Magazines », *Philosophical Magazine,* 1903, pp. 471-485.

RUTHERFORD Ernest, *Philosophical Magazine*, 1904, pp. 202-219, 636-650.

RUTHERFORD Ernest et BARNES H. T., *Philosophical Magazine*, 1905, pp. 621-628.

RUTHERFORD Ernest, *Philosophical Magazine*, 1905, pp. 163-176, 193-208, 290-306.

RUTHERFORD Ernest, *Philosophical Magazine*, 1906, pp. 166-176, 553-554.

RUTHERFORD Ernest, *Radio-activity*, Cambridge University Press, 1re éd., 1904, 2e éd., 1905.

SCHROEDER-GUDEHUS Brigitte, « Les congrès scientifiques et la politique de coopération internationale des académies des sciences », *Relations internationales,* 62, 1990, pp. 135-148.

SHINN Terry, « Des sciences industrielles aux sciences fondamentales, la mutation de l'ESPC », *Revue française de sociologie*, t. XXII, 1981, pp. 167-182.

SHINN Terry, « The French Science Faculty System 1808-1914 : Institutional Change and Research Potential in Mathematics and Physical Sciences », *Historical studies in physical sciences (HSPS)*, 10, 1979, pp. 271-333.

SKŁODOWSKA CURIE Marie, voir Curie Marie.

SODDY Frederick, « Some recent Advances in Radioactivity », *Contemporary Review,* 83, 1903.

SORET Charles, *Eléments de cristallographie physique*, H. Georg éditeur, Genève, 1893.

THOMSON J. J. et RUTHERFORD Ernest, *Philosophical Magazine*, 1896.

THOMSON J. J., *Recollections and Reflections*, Londres, Bell, 1936.

WEART Spencer, *Nuclear fear*, Harvard University Press, 1988.

WEART Spencer, *The Curies and the Public Image of Nuclear Scientists*, conférence faite à l'EPCI, novembre 1987.

WITTKOP Gabrielle et JUSTUS Frantz, *Paris. Histoire illustrée*, Atlantis, 1978.

ZELDIN Theodore, *Histoire des passions françaises*, Payot, 1994.

Principales publications de Pierre Curie

(CR : Comptes rendus de l'Académie des sciences.)

« Recherches sur la détermination des longueurs d'onde des rayons calorifiques à basse température », en commun avec P. Desains, *CR*, XC, 1506, 28.6.1880.

« Développement, par pression, de l'électricité polaire dans les cristaux hémièdres à faces inclinées », en commun avec J. Curie, *CR*, XCI, 294, 2.8.1880.

« Sur l'électricité polaire dans les cristaux hémièdres à faces inclinées », en commun avec J. Curie, *CR*, XCI, 383, 16.8.1880.

« Lois du dégagement de l'électricité par pression dans la tourmaline », en commun avec J. Curie, *CR*, XCII, 186, 24.1.1881.

« Sur les phénomènes électriques de la tourmaline et des cristaux hémièdres à faces inclinées », en commun avec J. Curie, *CR*, XCII, 350, 14.2.1881 ; et *Journal de Physique*, 2e série, I, 245, 1882.

« Les cristaux hémièdres à faces inclinées comme sources constantes d'électricité », en commun avec J. Curie, *CR*, XCIII, 204, 25.7.1881.

« Contractions et dilatations produites par des tensions électriques dans les cristaux hémièdres à faces inclinées », en commun avec J. Curie, *CR*, XCIII, 1137, 26.12.1881.

« Déformations électriques du quartz », en commun avec J. Curie, *CR*, XCV, 914, 3.11.1882.

« Sur les questions d'ordre : Répétitions », *Bulletin de la Société minéralogique de France.* VII, 89, 1884.

« Sur la symétrie », *Bulletin de la Société minéralogique de France.* VII, 418, 1884.

« Sur les répétitions et la symétrie », *CR*, C, 393, 2.6.1885.

« Sur la formation de cristaux et sur les constantes capillaires de leurs différentes faces », *Bulletin de la Société minéralogique de France*, VIII, 145, 1885.

« Dynamomètre de transmission avec système de mesure optique », *CR*, CIII, 45, 5.7.1886.

« Sur un électromètre astatique pouvant servir comme wattmètre », en commun avec R. Bloublot, *Journal de Physique*, 2e série, VIII, 80, 1889.

« Dilatation électrique du quartz », en commun avec J. Curie. *Journal de Physique*, 2e série, VIII, 149, 1889.

« Balance de précision apériodique et à lecture directe des derniers poids », *Journal de Physique,* 2e série, IX, 138, 1890.

« Equations réduites pour le calcul des mouvements amortis », *La Lumière électrique*, XVI, 1891.

« Quelques remarques relatives à l'équation réduite de Van der Waals », Archives des sciences physiques et naturelles, 3e période, XXVI, 13, 1891.

« Propriétés magnétiques des corps à diverses températures », *CR*, CXV, 805, 14.11.1892.

« Sur les propriétés magnétiques de l'oxygène à diverses températures », *CR*, CXV, 1292, 26.12.1892.

« Sur l'emploi des condensateurs à anneau de garde et des électromètres absolus », *CR*, CXV, 1068, 5.12.1892 ; et *Journal de Physique*, 3e série, II, 265, 1893.

« Remarques sur la cristallographie à propos des " Eléments de cristallographie physique " de M. Ch. Soret », Archives des sciences physiques et naturelles, 3e période, XXIX, 337, 1893.

« Sur les propriétés magnétiques des corps à diverses températures », *CR*, CXVI, 136, 25.1.1893.

« Sur la symétrie dans les phénomènes physiques. Symétrie d'un champ électrique et d'un champ magnétique », *Journal de Physique*, 3e série, III, 168, 1894.

« Sur la possibilité d'existence de la conductibilité magnétique et du magnétisme libre », *Journal de Physique*, 3e série, III, 415, 1894.

« Propriétés magnétiques du fer à diverses températures », *CR*, CXVIII, p. 796, 9.4.1894. et p. 859, 16.4.1894.

« Propriétés magnétiques des corps à diverses températures. Thèse », *Annales de Chimie et de Physique*, 7e série, V, 289, 1895.

« Sur une substance nouvelle radioactive contenue dans la pechblende », en commun avec Mme Curie, *CR*, CXXVII, 175, 18.7.1898.

« Sur une nouvelle substance fortement radioactive contenue dans la pechblende », en commun avec Mme Curie et G. Bémont, *CR*, CXXVII, 1215, 26.12.1898.

« Sur la radioactivité provoquée par les rayons de Becquerel », en commun avec Mme Curie, *CR*, CXXIX, 714, 6.1.1899.

« Effets chimiques produits par les rayons de Becquerel », en commun avec Mme Curie, *CR*, CXXIX, 823, 20.11.1899.

« Action du champ magnétique sur les rayons de Becquerel. Rayons déviés et rayons non déviés », *CR*, CXXX, 73, 8.1.1900.

« Sur la charge électrique des rayons déviables du radium », en commun avec Mme Curie, *CR*, CXXX, 647, 5.3.1900.

« Electrisation négative des rayons secondaires produits au moyen des rayons Röntgen », en commun avec G. Sagnac, *CR*, CXXX, 1013, 9.4.1900.

« Electrisation négative des rayons secondaires issus de la transformation des rayons X. », en commun avec G. Sagnac. *Journal de Physique*, 4e série, I, 13, 1902.

« Les nouvelles substances radioactives et les rayons qu'elles émettent », en commun avec Mme Curie. *Rapports présentés au Congrès international de Physique*, III, 79, 1900.

« Sur la radioactivité induite provoquée par les sels de radium », en commun avec A. Debierne, *CR*, CXXXII, 548, 4.3.1901.

« Sur la radioactivité induite et les gaz activés par le radium », en commun avec A. Debierne, *CR*, CXXXII, 768, 25.3.1901.

« Action physiologique des rayons du radium », en commun avec H. Becquerel, *CR*, CXXXII, 1289, 3.6.1901.

« Sur la radioactivité des sels de radium », en commun avec A. Debierne, *CR*, CXXXIII, 276, 29.7.1901.

« Sur la radioactivité induite provoquée par les sels de radium », en commun avec A. Debierne, *CR*, CXXXIII, 931, 2.12.1901.

« Sur les corps radioactifs », en commun avec Mme Curie, *CR*, CXXXIV, 85, 13.1.1902.

« Conductibilité des diélectriques liquides sous l'influence des rayons du radium et des rayons Röntgen », *CR*, CXXXIV, 420, 7.2.1902.

« Sur la constante de temps caractéristique de la disparition de la radioactivité induite par le radium dans une enceinte fermée », *CR*, CXXXV, 857, 17.11.1902.

« Sur la radioactivité induite et sur l'émanation du radium », *CR*, CXXXVI, 223, 26.1.1903.

« Sur la disparition de la radioactivité induite par le radium sur les corps solides », en commun avec J. Danne, *CR*. CXXXVI, 364, 9. 2 1903.

« Sur la chaleur dégagée spontanément par les sels de radium », en commun avec A. Laborde, *CR*, CXXXVI, 673, 16.3.1903.

« Sur l'émanation du radium et son coefficient de diffusion dans l'air », en commun avec J. Danne, *CR*, CXXXCVI, 1314, 2.6.1903.

« Recherches récentes sur la radioactivité », *Journal de Chimie physique*, I, 409, 1903.

« Sur un appareil pour la détermination des constantes magnétiques », en commun avec C. Chéneveau. *Journal de Physique*, 4e série, II, 796, 1903.

« Examen des gaz occlus dégagés par le bromure de radium », en commun avec J. Dewar, *CR*, CXXXVIII, 190, 25.1.1904.

« Sur la disparition de la radioactivité induite par le radium sur les corps solides », en commun avec J. Danne, *CR*, CXXXVIII, 683, 14.3.1904.

« Loi de disparition de l'activité induite par le radium après chauffage des corps activés », en commun avec J. Danne, *CR*, CXXXVIII, 748, 21.3.1904.

« Sur la radioactivité des gaz qui se dégagent de l'eau des sources thermales », en commun avec A. Laborde, *CR*, CXXXVIII, 1150, 9.5.1904.

« Action physiologique de l'émanation du radium », en commun avec Ch. Bouchard et V. Balthazard, *CR*, 1385, 6. 6. 1904.

« Sur la radioactivité des gaz qui proviennent de l'eau des sources thermales », en commun avec A. Laborde, *CR*, CXLII, 1462, 25.6.1906.

INDEX DES NOMS

TABLE DES MATIÈRES

CET OUVRAGE
A ÉTÉ TRANSCODÉ
ET ACHEVÉ D'IMPRIMER
PAR L'IMPRIMERIE FLOCH
À MAYENNE EN SEPTEMBRE 1995

N° d'éd. 16467. N° d'impr. 38131.
D.L. : octobre 1995.
(Imprimé en France)